La Cocina
fácil, de hoy.
Vol II

LA COCINA FÁCIL DE HOY

POL MARTIN

VOLUMEN II

———

BRIMAR

Diseño gráfico y formato
Zapp

Fotografías
Melissa du Fretay, Pol Martin (Ontario) Ltd. Studio

Coordinación
Josée Dugas

Traducción
Herenia Antillón Almazán
Rocío Fernández

Accesorios por cortesía de WARES & WARES,
Mississauga Home and Design Centre.

BRIMAR PUBLISHING INC.
338 St. Antoine Street East
Montreal, Canada
H2Y 1A3
Teléfono: (514) 954-1441
Fax: (514) 954-5086

ISBN: 2-89433-107-X

Impreso en Estados Unidos
Printed in the U.S.A.

La Cocina Fácil de Hoy — Volumen II
Pol Martin

Importador: Unión Monterrey S.A. de C.V.
                2 de Abril #2119 Oriente Col. Roma
                Monterrey, Nuevo León
                R.F.C.: UM09512195E4

Exportador: DS-Max U.S.A. #16-1241510
                Irvine, CA 92618

Publicado por: Brimar Publishing Inc.
                338 Saint-Antoine Street East
                Montreal, Canada H2Y 1A3
                CORP # 8568-7283

Peso Neto: 1820 g

PARA ABRIR EL APETITO

Bocaditos que dan una idea anticipada del menú.

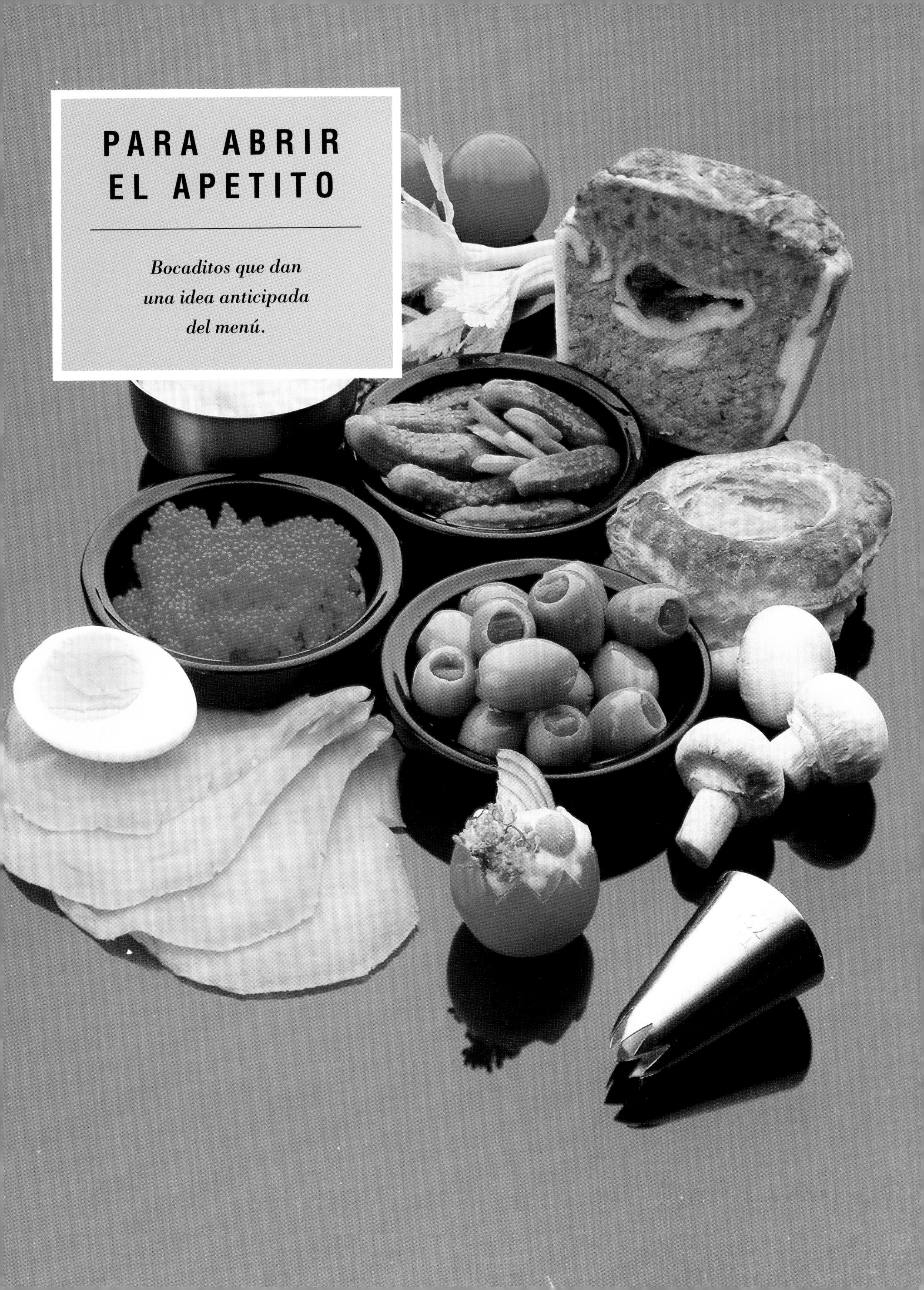

Sopa juliana de verduras

4 porciones

2 c/das	mantequilla
1	cebolla finamente picada
3	zanahorias peladas y cortadas en juliana muy fina
½	nabo pelado y cortado en juliana muy fina
5 tazas	caldo de res caliente
1 c/dita	perejil fresco picado
	sal y pimienta

Caliente la mantequilla a fuego lento en una cacerola grande. Póngale la cebolla y tape; sofría 5 minutos.

Agregue las zanahorias y nabo; mezcle bien y sazone. Tape y cocine 10 minutos más.

Agregue el caldo de res, mezcle bien y hierva la sopa de 5 a 6 minutos a fuego lento.

Espárzale perejil y sirva.

1 porción	114 calorías	13 g carbohidratos
2 g proteínas	6 g grasa	2,7 g fibra

Sopa de col de Jorge

4 a 6 porciones

2 c/das	mantequilla
1	cebolla grande cortada en cubitos
1	tallo de apio cortado en trozos grandes
2 tazas	col rallada
3	papas peladas y cortadas en rebanadas gruesas
6 tazas	caldo de pollo caliente
1 c/da	eneldo recién picado
2 c/das	harina
½ taza	crema agria
	sal y pimienta

Caliente la mantequilla a fuego medio en una cacerola grande. Póngale la cebolla, apio y col; sazone bien. Tape parcialmente y sofría 10 minutos a fuego lento.

Agregue las papas, el caldo de pollo y el eneldo; rectifique la sazón. Revuelva y deje que empiece a hervir; cueza 20 minutos a fuego medio, parcialmente tapado.

Mezcle la harina con la crema agria en un tazón pequeño. Agréguele ½ taza del caldo de la sopa e incorpore bien todo; viértalo a la sopa. Revuelva y sirva.

1 porción	190 calorías	20 g carbohidratos	**9**
5 g proteínas	10 g grasa	3,0 g fibra	

Sopa de lentejas

6 porciones

2 c/das	mantequilla
2	cebollas medianas picadas
2	zanahorias peladas y picadas
8 tazas	caldo de res caliente
2½ c/das	pasta de tomate
2 tazas	lentejas lavadas
1 c/dita	perifollo
2	hojas de laurel
1 c/da	perejil recién picado
	sal y pimienta

Caliente la mantequilla a fuego medio en una cacerola grande. Póngale las cebollas y zanahorias; cocine 5 minutos.

Agregue el caldo de res y la pasta de tomate; mezcle bien y condimente. Agregue las lentejas, el perifollo y las hojas de laurel.

Baje el fuego cuando empiece a hervir y cueza parcialmente tapado 1½ horas, a fuego lento.

Espárzale perejil y sirva.

1 porción	*125 calorías*	*15 g carbohidratos*
5 g proteínas	*5 g grasa*	*7,7 g fibra*

Crema de nabo royal

4 porciones

3 c/das	mantequilla
½	cebolla picada
2	tallos de apio finamente rebanados
2	papas peladas, cortadas en mitades y finamente rebanadas
½	nabo grande pelado y rebanado
½	pepino sin semillas y finamente rebanado
1 c/da	perejil fresco picado
1 c/dita	mejorana
5 tazas	caldo de pollo caliente
3 c/das	crema espesa
	sal y pimienta

Derrita la mantequilla a fuego lento en una cacerola grande. Póngale la cebolla y apio; tape y sofría 5 minutos.

Agregue el resto de las verduras y la sal y la pimienta. Espárzales el perejil y la mejorana; revuelva bien. Tape y cocine 5 minutos.

Vierta el caldo de pollo y deje que empiece a hervir. Tape parcialmente, reduzca el fuego a medio y deje hervir de 25 a 30 minutos o hasta que las verduras estén cocidas.

Muela la sopa en el procesador de alimentos, mézclele la crema y sirva. Si le agrada, adorne los platos con pequeños remolinos de crema hechos con un tenedor.

1 porción	161 calorías	9 g carbohidratos
2 g proteínas	13 g grasa	1,5 g fibra

Crema de brócoli

4 porciones

1	**cabeza de brócoli**
3 c/das	**mantequilla**
1	**cebolla pequeña picada**
4 c/das	**harina**
5 tazas	**caldo de pollo caliente**
½ c/dita	**albahaca**
1	**hoja de laurel**
1 c/da	**perejil recién picado**
	jugo de 1 limón
	sal y pimienta

Ponga el brócoli en un tazón grande y cúbralo con agua fría. Agregue el jugo de limón y deje reposar 1 hora. Escurra el brócoli y píquelo.

Caliente la mantequilla a fuego medio en una cacerola grande. Póngale la cebolla y sofría 3 minutos tapando parcialmente.

Agregue el brócoli picado y sazone bien. Tape parcialmente mientras lo sofríe 7 minutos. Revuelva varias veces.

Mézclele la harina hasta que se incorpore bien. Cocine 3 minutos destapado, a fuego medio.

Agregue el resto de los ingredientes y revuelva bien. Tape parcialmente y cocine la sopa 30 minutos a fuego lento. Utilice un molino para alimentos o una licuadora para moler la sopa. Rectifique la sazón y sirva.

1 porción	163 calorías	12 g carbohidratos
4 g proteínas	11 g grasa	2,0 g fibra

1. Coloque el brócoli en agua fría y agréguele el jugo de limón Deje reposar 1 hora antes de picarlo.

2. Sofría 3 minutos la cebolla, tapándola parcialmente y agregue el brócoli picado. Sazone bien y tape a medias; cocine 7 minutos más, revolviendo ocasionalmente.

3. Mézclele la harina hasta que se incorpore bien. Cocine 3 minutos a fuego medio. Agregue el resto de los ingredientes.

4. Después que la sopa haya hervido 30 minutos a fuego lento, muélala en una licuadora o en un procesador de alimentos.

13

Crema de champiñones y pimiento amarillo   *4 porciones*

3 c/das	mantequilla
1	chalote finamente picado
500 g	(*1 lb*) de champiñones frescos limpios y rebanados
1	pimiento amarillo finamente rebanado
½ c/dita	estragón
4 c/das	harina
4½	caldo de pollo caliente
¼ taza	crema espesa
	sal y pimienta
	una pizca de paprika

Caliente la mantequilla a fuego lento en una cacerola grande. Agréguele el chalote, los champiñones, el pimiento amarillo y el estragón; revuelva bien. Tape y sofría de 8 a 10 minutos.

Agregue la harina revolviéndola hasta que se incorpore bien. Cocínela de 2 a 3 minutos a fuego lento sin tapar.

Vierta el caldo de pollo, mezcle bien con un batidor y rectifique la sazón. Vierta la crema y deje que empiece a hervir.

Cueza la sopa a fuego medio de 18 a 20 minutos, tapándola parcialmente. Espolvoree paprika antes de servirla.

Si cubre esta sopa con papel encerado untado de mantequilla, se mantiene bien hasta 2 días en el refrigerador.

* Recuerde que los champiñones se limpian sin agua. Utilice tan solo un cepillo suave o un trapo de cocina.

1 porción	194 calorías	13 g carbohidratos
4 g proteínas	14 g grasa	3,6 g fibra

Crema de almejas

4 porciones

3 c/das	mantequilla
2	cebollas cortadas en cubos pequeños
1	tallo de apio cortado en cubos pequeños
3 c/das	harina
4 tazas	caldo de pescado caliente
3	papas peladas y cortadas en cubos pequeños
¼ taza	crema espesa
140 g	(*5 oz*) de almejas chirlas enlatadas
	el jugo de las almejas
	sal y pimienta
	una pizca de semillas de apio
	una pizca de tomillo
	una pizca de paprika
	una pizca de jengibre

Derrita la mantequilla en una cacerola grande. Póngale las cebollas y el apio; tape y sofría 2 minutos a fuego medio.

Mézclele la harina hasta que se incorpore bien. Cocine 3 minutos a fuego lento sin tapar.

Viértale el caldo de pescado y el jugo de las almejas; sazone y mezcle bien. Agregue todos los condimentos y deje que empiece a hervir.

Agregue las papas y deje que empiece a hervir de nuevo. Baje el fuego a medio. Cueza de 20 a 25 minutos destapado revolviendo con frecuencia.

Incorpore la crema en la sopa y agréguele las almejas. Mezcle y cocine 4 minutos a fuego lento. No deje que hierva.

Sirva en una sopera grande.

1 porción	266 calorías	27 g carbohidratos
8 g proteínas	14 g grasa	3,3 g fibra

Crema de pimientos

4 porciones

3 c/das	mantequilla
½	cebolla finamente picada
1	tallo de apio cortado en cubitos
1	pimiento amarillo cortado en cubitos
1	pimiento rojo cortado en cubitos
1 c/da	perejil fresco picado
½ c/dita	perifollo
4 c/das	harina
4½ tazas	caldo de pollo caliente
3 c/das	crema espesa
	sal y pimienta
	una pizca de paprika

Caliente la mantequilla a fuego lento en una cacerola grande. Póngale la cebolla y sofría 4 minutos.

Agregue el apio, tape y siga cociendo de 5 a 6 minutos.

Agregue los pimientos; sazone y agregue el perejil, el perifollo y la paprika. Tape y sofría a fuego medio de 5 a 6 minutos.

Agregue la harina hasta que se incorpore bien. Cocínela destapada 3 minutos a fuego lento.

Incorpore el caldo de pollo, rectifique la sazón y mezcle bien. Ponga a hervir; baje el fuego a medio y cueza 20 minutos la sopa, tapándola parcialmente.

Muela la sopa en la licuadora o en el procesador de alimentos, agréguele la crema y sirva.

1 porción	*165 calorías*	*10 g carbohidratos*
2 g proteínas	*13 g grasa*	*1,1 g fibra*

1. Sofría la cebolla en la mantequilla, agregue el apio, tape y siga sofriendo a fuego lento por 5 ó 6 minutos.

2. Agregue los pimientos, sazone y agregue el perejil, el perifollo y la paprika. Tape y sofría de 5 a 6 minutos a fuego medio.

3. Mézclele la harina hasta que se incorpore bien. Cocínela destapada 3 minutos a fuego lento.

4. Incorpore el caldo de pollo, rectifique la sazón y mezcle bien. Ponga a hervir y acabe de cocinarlo a fuego medio.

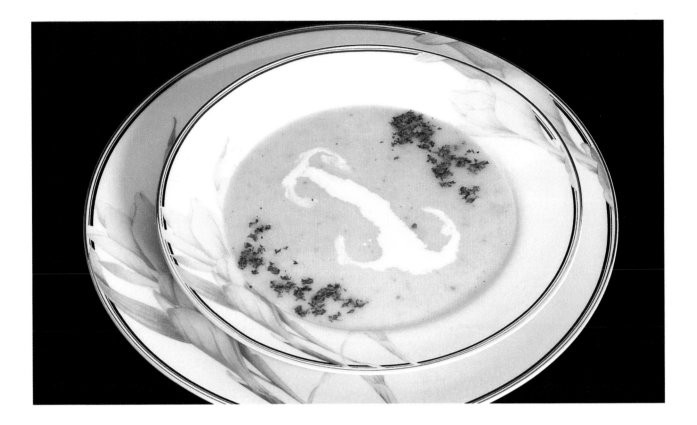

'Vichyssoise' clásica

4 porciones

3	**puerros (la parte blanca solamente)**
1 c/da	**mantequilla**
1	**cebolla finamente rebanada**
5	**papas de medianas a grandes peladas y finamente rebanadas**
¼ c/dita	**tomillo**
½ c/dita	**mejorana**
1	**hoja de laurel**
5 tazas	**caldo de pollo caliente**
¼ taza	**crema espesa**
	sal y pimienta

Es muy importante lavar los puerros adecuadamente. Parta el tallo de puerro a lo largo, dejando 1,2 cm (½ *pulg*) de tallo sin cortar en la base, para conservar intactas las hojas. Haga otro corte de la misma manera para dejar las hojas más sueltas y poder lavarlas bien. Descubrirá restos de arena y tierra muy adentro, que de otro modo pasarían desapercibidos. Rebane los puerros limpios y déjelos aparte.

Derrita la mantequilla a fuego lento en una cacerola grande. Ponga los puerros y la cebolla; tape y sofría 10 minutos.

Agregue las papas y sazone bien con sal y pimienta. Espolvoree todos los condimentos y revuelva bien. Tape y sofría 12 minutos más.

Viértale el caldo de pollo y deje que empiece a hervir. Hierva la sopa 30 minutos a fuego medio, parcialmente tapada.

Muela la sopa en una licuadora o en un procesador de alimentos. Pásela a una sopera y déjela aparte para que enfríe. Refrigere.

Cuando esté listo para servir, incorpórele la crema. Si le agrada, también puede servir la sopa caliente.

1 porción	276 calorías	46 g carbohidratos
5 g proteínas	8 g grasa	5,8 g fibra

Crema de brócoli al limón

4 porciones

5 tazas	agua
2	limones cortados en mitades
3 c/das	mantequilla
½	cebolla picada
1	brócoli entero bien lavado con agua tibia y separado en floretes
3 c/das	harina
¼ taza	crema espesa
	sal y pimienta

Vierta el agua en una cacerola. Agregue las mitades de limón y sazone con sal; deje que empiece a hervir y cocine 15 minutos.

Mientras tanto, caliente la mantequilla en una cacerola grande. Ponga la cebolla, tape y sofríala de 4 a 5 minutos a fuego lento.

Agregue el brócoli y sazone bien. Tape y cocínelo de 7 a 8 minutos.

Mézclele la harina hasta que se incorpore bien. Tape y cocine 2 minutos más.

Saque las mitades de limón del agua hirviendo y tírelas. Incorpore lentamente el líquido al brócoli que está en la cacerola, mientras revuelve con una cuchara de madera.

Sazone bien y agregue la crema; deje que empiece a hervir. Baje el fuego y cueza la sopa por 20 minutos, tapándola parcialmente.

Muela la sopa en la licuadora o en un procesador de alimentos y sirva.

Sopa de manzana al curry

4 porciones

3 c/das	mantequilla
½	cebolla picada
1	tallo de apio picado
4	manzanas grandes peladas, sin corazón y finamente rebanadas
2 c/das	curry en polvo
3 c/das	harina
4 tazas	caldo de pollo caliente
2 c/das	crema espesa
	sal y pimienta

Derrita la mantequilla a fuego lento en una cacerola grande. Agregue la cebolla, tape y sofría 5 minutos.

Añada el apio; tape y continúe la cocción de 3 a 4 minutos.

Agregue las manzanas y espolvoréeles el curry en polvo. Revuelva bien, tape y sofría 5 minutos a fuego medio.

Mezcle la harina hasta que se incorpore bien. Tape y siga cociendo 2 minutos a fuego lento.

Vierta el caldo de pollo, mezcle bien y deje que empiece a hervir. Cueza la sopa a fuego lento durante 15 minutos, tapándola parcialmente.

Pase el contenido de la cacerola a la licuadora o al procesador de alimentos; muélalo no más de 15 segundos. Incorpórele la crema; sazone ligeramente si es necesario y sirva.

1 porción	220 calorías	27 g carbohidratos
1 g proteínas	12 g grasa	3,5 g fibra

Crema de champiñones

4 a 6 porciones

4 c/das	mantequilla
375 g	(¾ *lb*) de champiñones frescos limpios
1	cebolla grande cortada en cubos pequeños
2	chalotes secos finamente picados
1	tallo de apio cortado en cubos pequeños
1 c/da	perejil finamente picado
½ c/dita	albahaca
1	hoja de laurel
una pizca	tomillo
5 c/das	harina
5 tazas	caldo de pollo caliente
	unas gotas de jugo de limón
	sal y pimienta

Caliente 1 cucharadita de mantequilla a fuego medio en una cacerola pequeña. Corte en cubitos 1 taza de champiñones y póngala en la cacerola con unas gotas de jugo de limón. Sofría 3 minutos a fuego lento; deje aparte.

Ponga el resto de la mantequilla a fuego medio en una sartén más grande. Cuando esté caliente, agregue la cebolla, los chalotes y el apio; tape y sofría 3 minutos a fuego lento.

Rebane el resto de los champiñones y agréguelos a las verduras en la cacerola. Sazone bien y agregue el perejil, la albahaca, la hoja de laurel y el tomillo. Revuelva bien y agregue unas gotas más de jugo de limón. Tape y sofría 6 minutos a fuego medio.

Agregue la harina hasta que se incorpore bien. Cocine 2 minutos sin tapar y vierta el caldo de pollo. Rectifique la sazón; deje que empiece a hervir.

Baje el fuego a suave y cueza la sopa, parcialmente tapada, 30 minutos.

Pase la sopa por un colador. Si le agrada, adorne con los champiñones que apartó y con cubitos de pan frito.

1 porción	167 calorías	13 g carbohidratos
4 g proteínas	11 g grasa	2,8 g fibra

Crema de papa y pimiento rojo

4 porciones

2	puerros (la parte blanca solamente)
3 c/das	mantequilla
2	cebollas finamente rebanadas
1	tallo de apio cortado en rebanadas
1	pimiento rojo picado
5	papas peladas y finamente rebanadas
1 c/dita	manojo de hierbas de olor*
1 c/dita	mejorana
½ c/dita	tomillo
1	hoja de laurel
5 tazas	caldo de pollo caliente
¼ taza	crema espesa
1 c/da	perejil finamente picado
	sal y pimienta

Parta cada tallo de puerro a lo largo, dejando 1,2 cm (½ *pulg*) de tallo sin cortar en la base. Haga otro corte de la misma manera para dejar las hojas más sueltas y poder lavarlas bien. Remójelos 5 minutos en agua fría y lávelos muy bien para quitar completamente la arena y la tierra. Escúrralos y rebánelos muy delgado.

Caliente la mantequilla en una cacerola grande a fuego medio. Agregue los puerros, las cebollas y el apio; sazone bien. Sofría 15 minutos, parcialmente tapados.

Agregue el pimiento rojo y las papas; revuelva bien y cocine 3 minutos más. Agregue todos los condimentos y revuelva de nuevo; vierta el caldo de pollo y deje que empiece a hervir.

Cueza la sopa a fuego medio por 30 minutos, parcialmente tapada.

Muela el contenido de la cacerola en una licuadora o en un procesador de alimentos. Incorpore la crema; rectifique la sazón y espolvoréele perejil. Sirva.

* Mezcla de tomillo, romero, hoja de laurel, albahaca y ajedrea.

1 porción	318 calorías	41 g carbohidratos
7 g proteínas	14 g grasa	6,0 g fibra

Sopa de verduras a la suiza

4 porciones

2 c/das	mantequilla
2	zanahorias grandes peladas y cortadas en cubos pequeños
2	tallos de apio cortados en cubos pequeños
2	cebollas chicas cortadas en cubos pequeños
½	nabo pelado y cortado en cubos pequeños
2	papas peladas y cortadas en cubos pequeños
1 c/dita	albahaca
½ c/dita	perifollo
¼ c/dita	tomillo
¼ taza	vino blanco seco
5 tazas	caldo de pollo caliente
1 taza	chícharos
½ taza	queso gruyère rallado
	sal y pimienta

Derrita la mantequilla a fuego medio en una cacerola grande. Póngale las zanahorias, apio, cebollas, nabo y papas; tape y sofría 8 minutos.

Espárzale todos los condimentos y viértale el vino blanco y caldo de pollo. Revuelva bien y rectifique la sazón. Tape y cocine 30 minutos más.

Agregue los chícharos, tape y cocine otros 8 minutos.

Mezcle el queso y sirva inmediatamente. Si le agrada, acompañe con rebanadas de barra de pan fresco.

1 porción	292 calorías	35 g carbohidratos
11 g proteínas	12 g grasa	6,3 g fibra

Sopa de cebolla al vino blanco

4 porciones

2 c/das	mantequilla
4 a 5	cebollas medianas finamente rebanadas
½ taza	vino blanco seco
4 tazas	caldo de res caliente
1	hoja laurel
¼ c/dita	tomillo
¼ c/dita	mejorana
4	rodajas de barra de pan tostadas
1 taza	queso gruyère rallado
	sal y pimienta

Derrita la mantequilla en una sartén grande y honda. Cuando esté caliente, agregue las cebollas y sofríalas 30 minutos a fuego medio-bajo, destapadas. Revuelva de 7 a 8 veces mientras las sofríe.

Viértales el vino blanco y mézclelas bien. Cocínelas a fuego medio para que el vino se consuma a la mitad (de 3 a 4 minutos).

Viértales el caldo de res, mezcle bien y agregue la hoja de laurel y todos los condimentos. Mezcle bien y cocine 35 minutos a fuego lento, sin tapar.

Precaliente el horno a 240°C (450°F).

Ponga la sopa en platos individuales para sopa de cebolla. Cubra con rodajas de pan tostado y póngales encima queso rallado. Hornee 15 minutos o hasta que el queso esté bien derretido y dorado. Sirva.

1 porción	319 calorías	22 g carbohidratos
15 g proteínas	19 g grasa	2,9 g fibra

1. Sofría las rebanadas de cebolla en la mantequilla caliente durante 30 minutos. Revuelva 7 u 8 veces durante la cocción para que se doren parejo.

2. Después de 30 minutos, las cebollas deben estar doradas y suaves.

3. Agregue el vino y cueza hasta que el líquido se reduzca a la mitad.

4. Agregue el caldo de res, la hoja de laurel y todos los condimentos. Hierva a fuego lento durante 35 minutos.

Ensalada de puerros cocidos

4 a 6 porciones

8	**puerros medianos**
2	**tomates sin corazón pelados y cortados en gajos**
3	**huevos cocidos y rebanados**
1 c/da	**mostaza de Dijon**
1	**yema de huevo**
3 c/das	**vinagre de vino tinto**
½ taza	**aceite de oliva**
1 c/da	**perejil recién picado**
	sal y pimienta

Corte los extremos verdes de los puerros y tírelos o guárdelos para otros usos. Córtelos longitudinalmente dos veces, casi hasta la base. Una vez que las hojas estén separadas, lávelos bien en agua fría.

Ponga los puerros en la cacerola que contenga el agua hirviendo y cocínelos a fuego alto durante 20 minutos. Sáquelos del fuego y enfríelos con agua corriente. Escurra bien. Nota: los puerros deben estar completamente fríos.

Córtelos transversalmente y póngalos en una ensaladera grande. Agregue los tomates y los huevos cocidos; sazónelos bien.

Ponga la mostaza, la yema de huevo, el vinagre y el aceite en un tazón pequeño. Sazone y revuelva con un batidor.

Vierta el aderezo sobre las verduras y esparza el perejil. Sirva.

1 porción	394 calorías	32 g carbohidratos
8 g proteínas	26 g grasa	7,2 g fibra

Ensalada de garbanzos y ejotes

4 porciones

1½ tazas	**garbanzos enlatados, bien escurridos**
125 g	**(¼ lb) de ejotes verdes frescos cocidos y cortados en 2**
125 g	**(¼ lb) de ejotes amarillos frescos cocidos y cortados en 2**
2	**chalotes picados**
1½ c/das	**mostaza de Dijon**
1	**diente de ajo picado**
2 c/das	**vinagre de vino**
6 c/das	**aceite de oliva**
1 c/da	**perejil recién picado**
¼ c/dita	**estragón**
	sal y pimienta

Mezcle los garbanzos y los ejotes verdes y amarillos en un tazón; sazónelos bien.

Ponga los chalotes, la mostaza, el ajo, el vinagre y el aceite en un tazón pequeño. Sazone y mézclelos con un batidor hasta que espese bien.

Vierta el aderezo sobre los ingredientes de la ensalada y revuélvalos bien. Agregue el perejil y el estragón; revuelva de nuevo. Deje macerar 15 minutos a temperatura ambiente, revolviéndolos una vez más durante este tiempo.

1 porción	*309 calorías*	*23 g carbohidratos*
7 g proteínas	*21 g grasa*	*6.3 g fibra*

Aguacates rellenos con verduras

4 porciones

10	tallos de espárragos frescos lavados y pelados
2	corazones de palmito enlatados cortados en trocitos
6 a 8	aceitunas negras sin semilla picadas
1 c/da	perejil fresco picado
4 c/das	mayonesa
½ taza	chícharos cocidos
2 c/das	chiles encurtidos picados
2	aguacates maduros cortados en mitades, sin hueso y rociados con jugo de limón
	unas gotas de jugo de limón
	unas gotas de salsa Pickapeppa*
	sal y pimienta
	hojas de lechuga o germinados de soya

Cueza los espárragos hasta que estén suaves (péle-los si no son de la variedad de primavera) en agua hirviendo con sal. Escúrralos y déjelos aparte.

Mezcle los corazones de palmito en un tazón con las aceitunas y el perejil. Corte los espárragos en trocitos y póngalos en el tazón, mezclando bien.

Agregue la mayonesa y ponga unas gotas de jugo de limón; revuelva hasta que se incorporen bien.

Agregue la salsa Pickapeppa, sazone bien y revuelva de nuevo. Agregue los chícharos y los chiles encurti-dos; mezcle bien de nuevo.

Acomode las mitades de aguacate sobre hojas de lechuga o germinados de soya. Este atractivo toque final completa las ensalada verde.

Llene las mitades de aguacate y sirva.

* Salsa picante proveniente de Jamaica.

1 porción	332 calorías	15 g carbohidratos
5 g proteínas	28 g grasa	6.0 g fibra

Ensalada de pimiento verde y 'roast beef' *4 porciones*

4	rebanadas de 'roast beef' de 0,65 cm (¼ *pulg*) cortadas en tiras
1	chalote picado
1 c/da	perejil fresco picado
½	pimiento rojo cortado en tiras
1	pimiento verde cortado en tiras
2 c/das	vinagre de vino
1 c/da	mostaza de Dijon
2 c/das	aceite de oliva
¼ c/dita	estragón
	unas gotas de salsa picante
	sal y pimienta
	hojas de lechuga orejona bien lavadas y secas

Ponga las tiras de carne, el chalote, el perejil y los pimientos en un tazón; revuelva.

Agregue el vinagre y la mostaza; revuelva bien.

Viértale el aceite y revuelva; sazone al gusto. Agregue el estragón y la salsa picante; revuelva muy bien. Rectifique la sazón.

Acomode las hojas de lechuga en un platón y agregue la ensalada. Acompañe con diversas verduras, como rebanadas de tomate, cebollitas de Cambray y champiñones macerados.

Ensalada de coditos con queso

6 a 8 porciones

4 tazas	**coditos cocidos fríos**
½ taza	**queso cheddar rallado**
3 c/das	**cebolla morada rallada**
½	**pimiento verde finamente picado**
½	**pimiento rojo finamente picado**
¼ taza	**mayonesa**
3 c/das	**crema agria**
1 c/dita	**mostaza en polvo**
1 c/da	**perejil fresco picado**
	jugo de ½ limón
	sal y pimienta

Ponga los coditos en una ensaladera, agregue el queso y revuelva. Deje aparte.

En otro tazón, mezcle la cebolla, los pimientos, la mayonesa, la crema agria y la mostaza. Agregue el perejil, jugo de limón y sazone bien. Mezcle de nuevo.

Vierta sobre los coditos con queso y revuelva para que se incorporen bien. Si prefiere, sirva sobre hojas de lechuga.

1 porción	*171 calorías*	*22 g carbohidratos*
5 g proteínas	*7 g grasa*	*0,2 g fibra*

Entrada rápida

4 porciones

1	**melón pequeño**
1	**aguacate**
8	**rebanadas de jamón serrano**
	sal y pimienta
	jugo de limón

Corte el melón en dos a lo ancho; sáquele las semillas y las fibras. Corte las mitades en 4 rebanadas iguales, quíteles la cáscara. Deje aparte.

Corte los aguacates por la mitad a lo largo y retire el hueso. Pele y corte cada mitad en 4 trozos iguales; úntelos inmediatamente con jugo de limón para impedir que decoloren.

Envuelva una rebanada de melón y una de aguacate en una rebanada de jamón y fíjelas con un palillo. Sirva.

1 porción	*186 calorías*	*15 g carbohidratos*
9 g proteínas	*10 g grasa*	*2,4 g fibra*

Fondos de alcachofa rellenos de verduras   *4 porciones*

2 c/das	aceite vegetal
1	chalote picado
1	calabacita cortada en trozos pequeños
¼	berenjena pelada y cortada en trozos pequeños
127 g	(*4½ oz*) de carne de cangrejo enlatada bien escurrida
1 taza	queso mozzarella rallado
400 ml	(*14 oz*) de fondos de alcachofa enlatados
2 c/das	pan molido
	sal y pimienta
	mantequilla

Caliente el aceite a fuego medio en una sartén grande. Agregue los chalotes, las calabacitas y la berenjena; sazone bien. Tape y sofría de 10 a 12 minutos.

Mézcleles la carne de cangrejo y sazone bien; sofría de 4 a 5 minutos más.

Agregue el queso y cocine 2 minutos más.

Mientras tanto, en un molde refractario caliente los fondos de alcachofa, con un poco de mantequilla.

Llene los fondos de alcachofa con la mezcla de verduras y cúbralos con el pan molido. Póngalos en el asador del horno de 1 a 2 minutos o hasta que doren.

Sirva inmediatamente.

1 porción	300 calorías	14 g carbohidratos
16 g proteínas	20 g grasa	2,4 g fibra

Fondos de alcachofa rellenos de almejas

4 porciones

2 c/das	mantequilla
2	cebollitas de Cambray picadas
6	botones de champiñones frescos grandes limpios y picados
2 c/das	harina
1 taza	leche
140 g	(5 oz) de almejas enlatadas escurridas
8	fondos de alcachofa calientes
½ taza	queso de su predilección rallado
	sal y pimienta
	una pizca de nuez moscada
	una pizca de paprika

Derrita la mantequilla a fuego medio en una sartén. Póngale las cebollitas de Cambray y los champiñones, sazone bien. Tape y sofría 5 minutos.

Mézclele la harina hasta que se incorpore bien. Cocine sin tapar 1 minuto. Viértale le leche, revuelva bien y sazone con nuez moscada y paprika. Cocine 5 minutos más a fuego lento.

Agregue las almejas, tape y cocine de 2 a 3 minutos a fuego muy bajo.

Rellene los fondos de alcachofa y cúbralos con queso. Espolvoréeles más paprika. Póngalos en el asador del horno 3 minutos.

1 porción	246 calorías	15 g carbohidratos
15 g proteínas	14 g grasa	1.5 g fibra

33

Champiñones encurtidos

4 porciones

3 c/das	aceite de oliva
3	dientes de ajo picados
1	cebolla picada
500 g	(*1 lb*) de botones pequeños de champiñones bien limpios
¼ c/dita	tomillo
½ c/dita	mejorana
1 c/dita	estragón
3	ramitas de perejil
1	hoja de laurel
1	rebanada de limón cortada por la mitad
1 taza	vino blanco seco
2 c/das	vinagre de vino
	sal y pimienta

Caliente el aceite a fuego medio en una cacerola. Agregue el ajo y la cebolla; sofría de 4 a 5 minutos, revolviendo varias veces.

Agregue los botones de champiñones, la sal y la pimienta. Añada todos los condimentos, la hoja de laurel y el limón. Mezcle bien y agregue el vino y vinagre; tape y cueza 10 minutos a fuego medio.

Destape y deje que se enfríen en la cacerola.

1 porción	156 calorías	9 g carbohidratos
3 g proteínas	12 g grasa	3,7 g fibra

Champiñones rellenos de caracoles

4 porciones

2 c/das	aceite de oliva
16	botones de champiñones, grandes, frescos y limpios
2 c/das	mantequilla
3	chalotes finamente picados
3 c/das	perejil fresco picado
16	caracoles enlatados enjuagados y escurridos
1 c/da	pimientas verdes machacadas
2 c/das	pan molido
	sal y pimienta
	rebanadas de limón

Caliente el aceite a fuego medio alto en una sartén. Agregue los botones de champiñones y sazone con sal y pimienta; sofría de 2 a 3 minutos por cada lado. Sáquelos y déjelos aparte en un molde refractario.

Ponga la mantequilla en la sartén. Sofría los chalotes, el perejil, los caracoles y las pimientas a fuego alto por 2 ó 3 minutos. Sazónelos con pimienta mientras los sofríe, pero no les ponga más sal.

Llene los botones de champiñón con la mezcla y espárzales pan molido. Áselos en el horno por 2 ó 3 minutos o hasta que doren.

Sírvalos con rebanadas de limón.

1 porción	128 calorías	9 g carbohidratos	**35**
5 g proteínas	8 g grasa	3,2 g fibra	

Novedosos sándwiches de berenjena

4 porciones

8	rebanadas de berenjena de 0,65 cm (¼ *pulg*) de grueso
1 taza	harina sazonada
¼ c/dita	paprika
2	huevos
1 taza	leche
3 c/das	aceite de cacahuate
1 c/da	mantequilla
125 g	(¼ *lb*) de champiñones frescos, limpios y picados
1	chalote picado
1 c/dita	perejil fresco picado
1 c/dita	harina
140 g	(5 *oz*) de carne de cangrejo enlatada, escurrida y picada
½ taza	crema espesa
½ taza	queso gruyère rallado
	sal y pimienta

Cubra las rebanadas de berenjena con harina, sazone con paprika y deje aparte.

Ponga los huevos y leche en un tazón; bátalos bien y sazone. Sumerja las rebanadas en la mezcla y déjelas aparte. Caliente el aceite de cacahuate en una sartén grande y fría las rebanadas de 3 a 4 minutos por lado, sazonándolas al voltearlas. Resulta mejor hacer esto en varios lotes, o utilizar más de una sartén. Cuando haya dorado todas las rebanadas de berenjena, sáquelas de la sartén y ponga 4 en un molde refractario; deje las otras en un plato.

Derrita la mantequilla a fuego medio en una cacerola. Agregue los champiñones, los chalotes y el perejil; tape y sofríalos de 3 a 4 minutos. Agrégueles 1 cucharadita de harina hasta que se incorpore y cocínela 1 minuto destapada. Añada la carne de cangrejo y sazone bien. Cocine de 2 a 3 minutos más. Viértales la crema, rectifique la sazón y cocine de 4 a 5 minutos. Agregue la mitad del queso, revuelva bien y cocine 2 minutos.

Divida la mitad de la mezcla de carne de cangrejo en las 4 rebanadas de berenjena que dejó en el molde refractario. Cierre los sándwiches con las otras rebanadas de berenjena y cubra con el relleno restante.

Espárzales el resto del queso, poniendo más si fuera necesario. Dore en el asador del horno de 5 a 6 minutos.

1 porción	544 calorías	33 g carbohidratos
22 g proteínas	36 g grasa	2,3 g fibra

1. Cubra las rebanadas de berenjena con harina sazonada, espolvoréeles paprika al gusto.

2. Sumerja las rebanadas en la mezcla de huevo y leche, cubriéndolas bien.

3. Fría las rebanadas de berenjena de 3 a 4 minutos por lado en aceite de cacahuate caliente. Es importante no poner demasiadas rebanadas en la sartén; el mejor procedimiento es freirlas en varios lotes.

4. Tenga listas las rebanadas de la base en un molde refractario y cúbralas con un poco del relleno de cangrejo. Cierre cada sándwich con otra rebanada de berenjena y cúbrala con más relleno y el queso restante antes de meterla al asador del horno.

Espárragos frescos en vinagreta

4 porciones

2	manojos grandes de espárragos frescos
1 c/da	mostaza de Dijon
1	yema de huevo
3 c/das	vinagre de vino blanco
½ taza	aceite de oliva
2 c/das	crema espesa
1 c/dita	pimienta verde machacada
	sal y pimienta
	unas gotas de salsa picante

Corte 2,5 cm (*1 pulg*) de la base del tallo de los espárragos. Pélelos y lávelos muy bien para eliminar restos de tierra.

Cueza los espárragos en agua hirviendo con sal por 7 u 8 minutos. Enfríelos en el chorro de agua y escúrralos bien; déjelos aparte.

Ponga la mostaza en un tazón y agréguele la yema y el vinagre; bata y sazone bien. Incorpórele el aceite en un hilo continuo mientras bate ininterrumpidamente. Vierta la crema batiendo continuamente con una batidora eléctrica.

Agregue las pimientas machacadas, revuelva bien y sazone con la salsa picante.

Para servir, vierta la vinagreta en una salsera o tazón. Acomode los espárragos entre los dobleces de una servilleta, lo que absorberá la humedad excesiva.

Sirva.

1 porción	337 calorías	6 g carbohidratos
4 g proteínas	33 g grasa	2,0 g fibra

Barritas de calabacita fritas

4 porciones

2	**calabacitas**
1	**diente de ajo picado**
1 taza	**harina de trigo**
2	**huevos batidos**
1½ tazas	**pan molido sazonado**
	aceite de oliva
	salsa de soya

Rebane las calabacitas sin pelar en barritas de tamaño uniforme. Lávelas en agua fría, escúrralas y séquelas.

Ponga las barras de calabacita en un tazón con el ajo; espárzales el aceite y la salsa de soya. Déjelas macerar 30 minutos.

Precaliente suficiente aceite de cacahuate en la freidora a 190°C (*375°F*).

Enharine las barras de calabacita y sumérjalas en los huevos batidos. Ruédelas en el pan molido hasta que queden completamente cubiertas.

Fríalas en el aceite caliente hasta que doren. Póngalas a escurrir en toallas de papel.

Sirva.

1 porción	*427 calorías*	*61 g carbohidratos*
12 g proteínas	*15 g grasa*	*3,4 g fibra*

Cascaritas de papa con queso

4 a 6 porciones

4	**papas cocidas**
½ taza	**queso cheddar u otro queso de su predilección**
	sal y pimienta

Precaliente bastante aceite de cacahuate en la freidora eléctrica a 190°C (*375°F*).

Parta las papas en dos a lo largo y sáqueles la mayor parte de la pulpa, que podrá utilizar para otras recetas.

Corte las cáscaras de papa restantes en trozos más pequeños, adecuados para tomarlos con las manos. Fría de 5 a 6 minutos, ajustando el tiempo a la cantidad de pulpa que tengan las cáscaras.

Escurra bien las cáscaras en toallas de papel y páselas a un molde refractario. Cubra con queso y sazone.

Dórelas 2 minutos en el asador del horno para que el queso se derrita.

Sírvalas de inmediato.

1 porción	160 calorías	11 g carbohidratos
4 g proteínas	11 g grasa	1,0 g fibra

Cáscaras de papa rellenas con verduras *4 a 6 porciones*

2 c/das	grasa de tocino
1	cebolla finamente rebanada
1	pimiento verde finamente rebanado
12	champiñones grandes frescos finamente rebanados
5	papas horneadas cortadas por mitad a lo largo
5	rebanadas de tocino dorado picado
1 taza	queso rallado (mozzarella o cheddar o ambos si prefiere)
	sal y pimienta recién molida

Caliente la grasa de tocino en una cacerola. Agregue la cebolla, el pimiento verde y los champiñones; sazone bien. Sofría de 5 a 6 minutos a fuego medio.

Revuelva bien y sofría a fuego lento otros 8 minutos.

Mientras tanto, vacíe las tres cuartas partes de la pulpa de cada mitad de papa. Guárdela para otras recetas. Acomode las cáscaras en un molde refractario y, si están frías, caliéntelas en el horno.

Llénelas con la mezcla de verduras y cubra con tocino y queso; sazónelas bien.

Dórelas de 5 a 6 minutos en el horno hasta que el queso esté burbujeante. Sírvalas en mitades o cortadas en rebanadas.

1 porción	414 calorías	30 g carbohidratos
6 g proteínas	30 g grasa	1,4 g fibra

Tomates a la moscovita

4 porciones

8	**tomates pequeños**
4	**huevos cocidos**
3	**filetes de anchoa molidos**
1 c/da	**mostaza de Dijon**
1 c/dita	**salsa inglesa**
1 c/da	**vinagre de vino**
3 c/das	**aceite de oliva**
	sal y pimienta
	unas gotas de salsa picante
	hojas de lechuga

Corte la parte superior de cada tomate con un cuchillo pequeño. Quítele la mayor parte de la pulpa. Resérvela para otras recetas. Sazone los huecos y deje aparte.

Corte los huevos en dos y pase las yemas por un cedazo fino; póngalas en un tazón. Guarde también las claras para utilizarlas en otras recetas. Agregue el puré de anchoas y la mostaza; revuelva bien.

Agregue la salsa inglesa y el vinagre de vino; revuelva bien. Incorpore el aceite mientras revuelve constantemente con un batidor. Sazone con la salsa picante y llene los tomates con la mezcla.

Sirva sobre hojas de lechuga.

1 porción	192 calorías	4 g carbohidratos
8 g proteínas	16 g grasa	1,0 g fibra

1. Corte la parte superior de cada tomate y quíteles la mayor parte de la pulpa con una cuchara. Sazone el interior.

2. Pase las yemas por un cedazo fino y póngalas en un tazón. Agregue el puré de anchoas y la mostaza; revuelva bien.

3. Después de incorporarle la salsa inglesa y el vinagre, vierta el aceite muy lentamente mientras revuelve con un batidor.

4. La mezcla ya preparada debe quedar muy espesa. Rellene los tomates.

Bocaditos de tomate parmesana

6 a 8 personas

2 c/das	aceite de oliva
1	diente de ajo picado
4	tomates cortados en rebanadas de 1,2 cm (½ pulg) de grueso
24	rebanadas de barra de pan tostadas
1¼ tazas	queso parmesano rallado
	sal y pimienta

Caliente el aceite de oliva a fuego medio en una sartén. Agregue el ajo y sofríalo 2 minutos.

Agregue los tomates poniéndolos en la sartén sin amontonarlos y fríalos 1 minuto por cada lado. Si es necesario, fríalos en dos tantos.

Ponga cada rebanada de tomate sobre una rueda de pan. Acomódelas todas en una hoja para hornear y cubra con el queso rallado. Póngalas a dorar en el asador del horno 3 minutos y sirva.

1 porción	274 calorías	34 g carbohidratos
12 g proteínas	10 g grasa	2,9 g fibra

Bocaditos de queso crema

8 a 10 porciones

½	tallo de apio cortado en cubos pequeños
1	chalote picado
127 g	(*4 ½ oz*) de carne de cangrejo enlatada bien escurrida
12	aceitunas negras sin semilla
250 g	(*½ lb*) de queso crema
2 c/das	yogurt natural
	unas gotas de salsa Pickapeppa*
	unas gotas de salsa Tabasco
	sal y pimienta

Ponga en la licuadora o en el procesador de alimentos, el apio el chalote, la carne de cangrejo, las aceitunas y el queso crema; muela 1 minuto.

Agregue las salsas Pickapeppa y Tabasco; muela 20 segundos más.

Agregue el yogurt, la sal y la pimienta; muela hasta que estén bien mezclados y vacíe a un tazón. Tape y refrigere 1 hora.

Extiéndalo sobre galletas o pan tostado, o sírvalo como salsa para verduras frescas.

* Salsa picante proveniente de Jamaica.

Aioli

4 a 6 porciones

6	**dientes de ajo pelados**
2	**yemas de huevo**
¾ taza	**aceite de oliva**
	sal y pimienta
	pimienta de Cayena al gusto
	unas gotas de salsa picante
	unas gotas de jugo de limón
	rebanadas de barra de pan tostadas

Ponga los dientes de ajo en un mortero y sazónelos con la sal, la pimienta y la pimienta de Cayena. Tritúrelos con la mano del mortero hasta que el ajo tenga la consistencia de una pasta.

Agregue las yemas y continúe mezclando y moliendo con la mano del mortero hasta que se combinen bien.

Empiece a agregar el aceite con mucha lentitud,* de preferencia gota a gota mientras revuelve continuamente con la mano del mortero.

Sazone con la salsa picante y jugo de limón al gusto; revuelva de nuevo.

Sirva el aioli sobre rebanadas de barra de pan tostadas o, si lo prefiere, sobre galletas gruesas y crujientes.

* Para obtener la textura suave del aioli, el aceite debe incorporarse muy lentamente.

1 porción	414 calorías	30 g carbohidratos
6 g proteínas	30 g grasa	1,4 g fibra

1. El mortero es muy importante en la preparación del aioli. Este utensilio es muy útil en la cocina y sirve para la preparación de otras recetas.

2. Muela los dientes de ajo sazonados con la mano del mortero hasta que tengan consistencia pastosa.

3. Agregue las yemas y siga mezclando y moliendo hasta que la mezcla esté bien combinada y tersa.

4. Para incorporarle el aceite, se requiere paciencia ya que se debe agregar muy lentamente para cerciorarse de que la salsa no se separe. Asegúrese de revolver constantemente mientras agrega el aceite gota a gota.

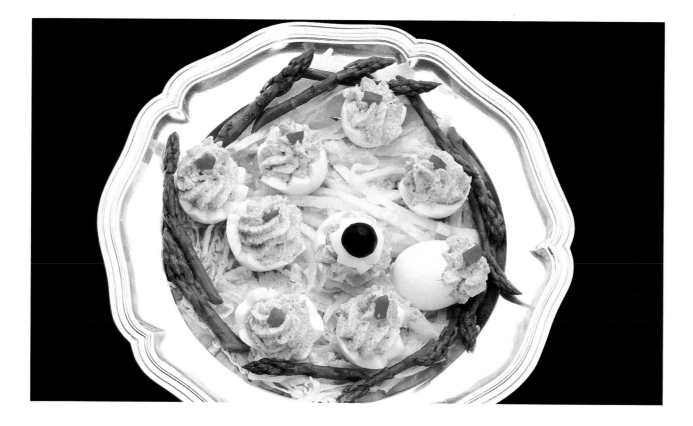

Huevos rellenos al curry

4 porciones

10	huevos cocidos y pelados
3 c/das	mayonesa
1 c/da	curry en polvo
1 c/da	mostaza de Dijon
	una pizca de paprika
	sal y pimienta
	unas gotas de salsa Pickapeppa*
	trocitos de pimiento para adornar
	lechuga picada

Utilice un cuchillo pequeño y afilado para partir 8 huevos por la mitad, con un diseño de zig-zag. Separe cuidadosamente las claras y quíteles las yemas. Corte los dos huevos restantes por mitad.

Pase las yemas de los 10 huevos por un cedazo y agregue también las claras de los dos huevos que sólo partió por mitad. Póngalos en un tazón.

Incorpore la mayonesa con el curry en polvo, la mostaza y la paprika. Sazone con sal, pimienta y salsa Pickapeppa; revuelva hasta que se mezclen bien.

Ponga la mezcla en una manga pastelera con punta de estrella y rellene las mitades que cortó en zigzag. Adórnelas con los trocitos de pimiento.

Disponga la lechuga en un platón y acomode los huevos encima. Sirva.

* Salsa picante proveniente de Jamaica.

1 porción	258 calorías	0 g carbohidratos
15 g proteínas	22 g grasa	0,1 g fibra

Huevos rellenos Dijon

4 a 6 porciones

12	huevos cocidos y pelados
1 c/da	mostaza de Dijon
3 c/das	mayonesa
¼ c/dita	jugo de limón
6	tallos de bambú enlatados cortados en trozos de 0,65 cm (¼ *pulg*) de largo
¼ taza	vinagreta
1 c/dita	perejil fresco picado
	sal y pimienta
	paprika al gusto
	aceitunas negras rebanadas

Corte los huevos por mitad a lo largo. Sáqueles las yemas cocidas y páselas por un cedazo. Póngalas en un tazón. Esta técnica elimina los grumos del relleno.

Mezcle la mostaza y la mayonesa con las yemas, revolviendo hasta que se incorporen bien. Pruebe la mezcla y, si le agrada, póngale más mayonesa.

Exprímale el jugo de limón y sazone bien; revuelva de nuevo. Pase la mezcla a una manga pastelera con punta de estrella y rellene las claras.

Acomode los huevos rellenos en un platón atractivo sobre lechuga picada. Espolvoréeles paprika al gusto y adorne con las rebanadas de aceituna.

Revuelva en un tazón pequeño los tallos de bambú con la vinagreta y sírvalos junto con los huevos. Espárzales perejil.

Estos huevos se conservan hasta 6 horas, si los refrigera cubiertos con una envoltura plástica.

1 porción	*259 calorías*	*3 g carbohidratos*
13 g proteínas	*23 g grasa*	*0,4 g fibra*

Huevos rellenos sobre puré de berros

4 porciones

4	**huevos cocidos y pelados**
½ taza	**mayonesa**
1	**manojo de berros frescos lavados y secos**
	jugo de 1 limón
	unas gotas de salsa Tabasco
	sal y pimienta

Parta los huevos por mitad a lo largo y quíteles cuidadosamente las yemas. Páselas por un cedazo. Deje las claras aparte.

Agréguele a las yemas 4 cucharadas de mayonesa, unas gotas de jugo de limón, la salsa Tabasco y sazónelas bien. Mezcle hasta que se incorporen y rellene las claras. Cierre los huevos y déjelos aparte.

Ponga los berros en una cacerola con 1 taza de agua y unas gotas de jugo de limón; sazone. Deje que empiece a hervir y cueza 3 minutos.

Saque los berros de la cacerola y escúrralos bien. Póngalos en la licuadora o en un procesador de alimentos y muélalos. Agregue el resto de la mayonesa, revuelva bien y rectifique la sazón.

Para servir, ponga una porción del puré de berros en cada plato y acomode encima medio huevo relleno.

50

1 porción	*228 calorías*	*5 g carbohidratos*
7 g proteínas	*20 g grasa*	*0,8 g fibra*

1. Pase las yemas por un cedazo. Deje las claras aparte.

2. Agregue la mayonesa y los condimentos, rellene las claras con la mezcla de las yemas, cierre los huevos. Deje aparte.

3. Cueza los berros 3 minutos en agua hirviendo con un toque de jugo de limón.

4. Escúrralos bien y muélalos en la licuadora o en el procesador de alimentos. Agregue el resto de la mayonesa e incorpore bien.

Bocaditos fritos de camembert

4 porciones

2	quesos camembert de 200 g (*7 oz*), fríos
1 taza	harina sazonada
1 c/dita	aceite de oliva
3	huevos batidos
2 tazas	pan molido
	aceite de cacahuate para freír

Quítele a los quesos algo de la costra y corte cada rueda en trozos triangulares. Enharínelos.

Mezcle bien el aceite y los huevos batidos; moje con cuidado los trozos de queso en la mezcla.

Enharine de nuevo los quesos húmedos y luego sumérjalos otra vez en la mezcla de huevo.

Termine cubriéndolos con pan molido. Ponga todos los trozos en un plato y póngalo 10 minutos en el congelador.

Mientras tanto, caliente suficiente aceite de cacahuate en la freidora a 190°C (*375°F*).

Fría los trozos de queso en el aceite caliente alrededor de 2 minutos o hasta que doren. Antes de servirlos, escúrralos en toallas de papel. Si le agrada acompáñelos con mermelada de frambuesa.

1 porción	*913 calorías*	*65 g carbohidratos*
35 g proteínas	*57 g grasa*	*3,0 g fibra*

Sándwiches 'croque-monsieur'

4 porciones

3 c/das	mantequilla
1	pimiento verde pequeño cortado en mitades y finamente rebanado
8	rebanadas delgadas de barra de pan
8	rebanadas de queso gruyère
4	rebanadas de jamón Selva Negra
	pimienta recién molida

Caliente 1 cucharada de mantequilla en una cacerola pequeña. Póngale el pimiento verde y tápela; sofría 15 minutos a fuego lento.

Para hacer los sándwiches, acomode las rebanadas de pan en la tabla de cocina. Cubra la rebanada inferior con una rebanada de queso y póngale bastante pimienta.

Reparta el pimiento cocido en los 4 sándwiches y cubra con una rebanada de jamón. Tape con la otra rebanada de queso y cierre los sándwiches.

Ponga una sartén antiadherente (puede necesitar dos) a fuego medio-alto. Unte 1 cucharada de mantequilla a un lado de los sándwiches y, cuando la sartén esté caliente, póngalos con el lado untado de mantequilla hacia abajo.

Déjelos 3 ó 4 minutos o hasta que doren. Mientras tanto, unte de mantequilla el otro lado del pan.

Voltee los sándwiches y siga cocinándolos hasta que estén bien dorados. Para servirlos, córtelos por la mitad, en tiras o en triángulos.

1 porción	472 calorías	18 g carbohidratos
28 g proteínas	32 g grasa	1,0 g fibra

Bocaditos de salchicha italiana

4 porciones

1 c/da	aceite de oliva
1	cebolla picada
1	diente de ajo picado
375 g	(¾ lb) de salchicha italiana rebanada
400 ml	(14 oz) de salsa de tomate enlatada
1	barra de pan cortada en rebanadas gruesas y tostadas
1 taza	queso gruyère rallado
	sal y pimienta
	unas gotas salsa Pickapeppa*

Caliente el aceite en una sartén a fuego medio. Póngale la cebolla y el ajo; sofría 4 minutos.

Agregue las rebanadas de salchicha, sazone bien y sofría de 7 a 8 minutos.

Viértales la salsa de tomate, rectifique la sazón y cocine de 6 a 8 minutos más.

Vierta la mezcla a la licuadora o al procesador de alimentos y muela. Unte las rebanadas de pan tostado con la mezcla y póngalas en un molde refractario.

Cubra con queso, ponga unas gotas de salsa Pickapeppa y meta al horno hasta que el queso burbujee y esté ligeramente dorado.

Sirva inmediatamente con bebidas frías.

* Salsa picante proveniente de Jamaica.

1 porción	706 calorías	56 g carbohidratos
35 g proteínas	38 g grasa	3,4 g fibra

Brochetas de piña envuelta en tocino

4 porciones

398 ml	**(*14 oz*) de trozos grandes de piña enlatados y escurridos**
½ taza	**su salsa favorita para barbacoa**
1 c/dita	**salsa teriyaki**
¼ taza	**miel**
8	**rebanadas de tocino fritas 3 minutos**
	pimienta

Ponga los trozos de piña en un tazón. Agregue la salsa de barbacoa, la salsa teriyaki y la miel; sazone con pimienta. Deje macerar 15 minutos.

Corte las rebanadas de tocino por la mitad y envuelva cada trozo de piña con una mitad. Ensártelas cuidadosamente en brochetas de madera.

Meta al asador por 1 ó 2 minutos. Sírvalas con salsa para cóctel.

1 porción	*203 calorías*	*30 g carbohidratos*
5 g proteínas	*7 g grasa*	*0,8 g fibra*

Conos de jamón con aspic de verduras

4 porciones

1	tallo de apio cortado en cubos pequeños
1	zanahoria pelada y cortada en cubos pequeños
1	papa pelada y cortada en cubos pequeños
½ taza	chícharos congelados
½	calabacita cortada en cubos pequeños
1¼ taza	consomé de res
1 sobre	(7 g) de gelatina sin sabor
¼ taza	agua hirviendo
2 c/das	mayonesa
8	rebanadas delgadas jamón cocido
	lechuga picada

Cueza las verduras de 8 a 10 minutos en agua salada hirviendo o hasta que se ablanden.

Entretanto, caliente el consomé en una cacerola pequeña. Disuelva la gelatina en ¼ taza de agua hirviendo y agréguela al consomé; deje 2 minutos al fuego; revuelva frecuentemente. Retire del fuego y refrigere.

Escurra las verduras; enfríelas en el chorro del agua y escúrralas de nuevo. Séquelas con una toalla de papel. Ponga las verduras en un tazón; agregue la mayonesa y mezcle bien.

Vierta ¼ taza de la mezcla de consomé frío en el tazón con las verduras; revuelva muy bien.

Ponga las rebanadas de jamón en su mano y acomódelas en conos asegúrelas con palillos. Llénelas con la mezcla de verduras.

Ponga los conos con cuidado en una rejilla de acero inoxidable acomodada sobre un plato grande o una hoja para hornear. Con una brocha, unte los conos con la mezcla de gelatina de consomé y refrigere 15 minutos. Bañe de nuevo los conos; refrigere 15 minutos más. Repita el procedimiento anterior*.

Sirva los conos en un platón frío sobre lechuga fresca picada. Si le agrada, adórnelo con cubitos sobrantes de gelatina.

* Es muy importante refrigerar el consomé cada vez que repite el procedimiento.

1 porción	201 calorías	12 carbohidratos
18 g proteínas	9 g grasa	4,7 g fibra

Brochetas de alas de pollo

4 porciones

12	alitas de pollo grandes
1 c/da	aceite de oliva
2 c/das	miel
2 c/das	salsa de soya
2	dientes de ajo picados
2 c/das	pan molido
	jugo de ¼ limón
	sal y pimienta

Quíteles los extremos a las alitas y parta cada una en 2. Póngalas en un tazón grande y agrégueles el aceite, la miel, la salsa de soya, el ajo y el jugo de limón. Sazone bien y revuelva; deje macerar 1 hora.

Caliente el horno previamente a 240°C (450°F).

Ensarte las alas en las brochetas y póngalas en una hoja para hornear. Hornee 10 minutos.

Voltee las brochetas y hornéelas otros 8 minutos.

Precaliente el asador del horno. Esparza pan molido sobre las alitas y dórelas 5 minutos. Sírvalas.

1 porción	209 calorías	12 g carbohidratos
20 g proteínas	9 g grasa	0,1 g fibra

Alas de pollo fritas

1 kilo	alas de pollo
2 tazas	harina sazonada
3	huevos batidos
1 c/dita	aceite vegetal
2 tazas	pan molido sazonado
	sal y pimienta
	paprika al gusto
	aceite de cacahuate para freír

Precaliente en la freidora suficiente aceite de cacahuate a 190°C (*375°F*).

Quíteles la punta a las alas y pártalas en dos. Déles un hervor por 10 ó 12 minutos. Escúrralas bien.

Enharine las alas. Sumérjalas en los huevos batidos mezclados con el aceite vegetal; empanícelas. Sazone con sal, pimienta y paprika.

Fríalas de 5 a 6 minutos o hasta que doren. Acompáñelas con su salsa picante o de sabor fuerte favorita.

1 porción	282 calorías	23 g carbohidratos
18 g proteínas	13 g grasa	1,1 g fibra

Volovan de pollo con manzanas

4 porciones

2 c/das	mantequilla
1	tallo de apio cortado en cubitos
2	manzanas peladas, sin corazón y cortadas en trozos grandes
3 c/das	harina
¼ c/dita	paprika
2 tazas	caldo de pollo caliente
2	pechugas de pollo enteras cocidas, sin pellejo y cortadas en trozos grandes
2 c/das	crema agria
4	bases para volovanes horneadas calientes
	sal y pimienta
	nueces picadas

Derrita la mantequilla a fuego lento en una sartén. Ponga el apio y las manzanas y sofríalos 5 minutos.

Agregue la harina, revolviendo hasta que se incorpore bien. Sazone y espolvoree la paprika. Cocine 2 minutos a fuego lento, sin tapar.

Vierta el caldo de pollo y deje que empiece a hervir. Cocine de 8 a 10 minutos a fuego medio, sin tapar.

Mézclele el pollo cocido y caliéntelo 2 minutos. Incorpore la crema agria y llene las conchas con la mezcla. Espárzales nueces y sirva.

1 porción	*565 calorías*	*35 g carbohidratos*
32 g proteínas	*33 g grasa*	*2,2 g fibra*

Bocaditos de pollo en pasta a la cerveza

4 porciones

1 taza	harina
1 taza	cerveza
½ taza	agua
1	yema de huevo
1	clara de huevo batida a punto de turrón
1	pechuga de pollo entera sin pellejo, deshuesada y cortada en tiras largas
	sal
	unas gotas salsa inglesa
	unas gotas de salsa picante
	aceite de cacahuate para freír

Ponga la harina en un tazón. Agregue la sal, revuelva y viértale la cerveza. Bata bien y agregue el agua; continúe batiendo hasta obtener una pasta homogénea.

Incorpore la yema de huevo y bata. Agregue la clara de huevo batida. Bata de nuevo hasta que se mezclen bien y refrigere 2 horas antes de usarla.

Precaliente suficiente aceite de cacahuate en la freidora a 190°C (*375°F*).

Mientras se calienta el aceite, ponga las tiras de pollo en un tazón y deje macerar 10 minutos en las salsas inglesa y picante.

Sumerja el pollo en la pasta. Póngalo en el aceite caliente y fríalo de 7 a 8 minutos, según el grueso de las tiras.

Antes de servir, escurra en toallas de papel y acompáñelo con la salsa de su predilección.

1 porción	*345 calorías*	*29 g carbohidratos*
19 g proteínas	*15 g grasa*	*1,2 g fibra*

Ensalada fría de pollo

2 porciones

½	**melón, la pulpa cortada en esferas**
1	**pechuga de pollo entera cocida, sin pellejo y cortada en trozos grandes**
1 c/dita	**cominos**
½	**chalote picado**
1	**tallo de apio cortado en cubos**
1 c/da	**chutney**
1 c/da	**mayonesa**
1 c/da	**crema agria**
	sal y pimienta
	unas gotas de jugo de limón

Mezcle las esferas de melón con el pollo, los cominos, el chalote, el apio y el chutney; sazone bien.

Agregue la mayonesa y la crema agria; revuelva para que se cubran bien el pollo y el melón.

Rocíelo con jugo de limón y si le agrada, sírvalo sobre hojas de lechuga.

Paté de hígados de pollo

4 porciones

500 g	**(*1 lb*) de hígados de pollo limpios**
2 c/das	**mantequilla**
2	**cebollas picadas**
2	**dientes de ajo picados**
1	**tallo de apio picado**
½ c/dita	**ajedrea**
1 c/dita	**perifollo**
½ c/dita	**ralladura de limón**
¼ taza	**vino blanco seco**
2 c/das	**cognac**
4 c/das	**crema agria**
	una pizca de tomillo
	sal y pimienta

Parta los hígados por la mitad y quíteles la grasa; deje aparte.

Derrita la mantequilla a fuego medio en una sartén grande. Agregue las cebollas, el ajo y el apio; tape y cocine de 4 a 5 minutos.

Agregue los hígados y todos los condimentos. Agregue la ralladura de limón y cocine 15 minutos a fuego medio. Revuelva ocasionalmente durante el proceso de cocción.

Vierta el vino y el cognac; tape y cocine de 5 a 6 minutos más.

Pase la mezcla a la licuadora o al procesador de alimentos y muela hasta que forme una pasta suave.

Agregue la crema agria y revuelva varios minutos más. Vierta a un tazón y refrigere toda la noche.

Sirva sobre rebanadas de barra de pan tostadas o sobre galletas. Puede acompañarse con condimentos variados.

1 porción	262 calorías	8 g carbohidratos
26 g proteínas	14 g grasa	1,3 g fibra

_1._ Limpie los hígados de pollo y córtelos por la mitad para quitarles la grasa.

_2._ Agregue las cebollas, el ajo y el apio; tape y cocine de 4 a 5 minutos.

_3._ Agregue los hígados y todos los condimentos junto con la ralladura de limón; tape y cocine 15 minutos más.

_4._ Vierta el vino y el cognac; tape y cocine de 5 a 6 minutos más.

Langosta en salsa sobre tostadas

4 porciones

2 c/das	mantequilla
1	chalote picado
1	pimiento verde cortado en cubitos
1	calabacita cortada en cubitos
500 g	(*1 lb*) de carne de langosta congelada, descongelada y escurrida
3 c/das	harina
1½ tazas	caldo de pollo caliente
¼ taza	crema espesa
	sal y pimienta
	una pizca paprika
	pan tostado

Derrita la mantequilla a fuego medio en una sartén. Agregue el chalote, el pimiento verde y las calabacitas; tape y sofría 8 minutos.

Agregue la langosta y sazone bien; espolvoréele la paprika. Cocine 3 minutos sin tapar. Saque la langosta y déjela aparte.

Agregue la harina a las verduras de la sartén y mezcle hasta que se incorporen bien. Cocine 2 minutos a fuego lento.

Vierta el caldo de pollo, mezcle y deje que empiece a hervir. Cocine de 4 a 5 minutos a fuego medio.

Agregue la crema, revuelva y rectifique la sazón. Cocine de 2 a 3 minutos a fuego lento. Regrese la langosta a la salsa, revuelva y sirva sobre el pan tostado.

1 porción	342 calorías	26 g carbohidratos
28 g proteínas	14 g grasa	2,4 g fibra

'Coquilles' de langosta en salsa de tomate   *4 porciones*

2 c/das	mantequilla
2	dientes de ajo picados
2	chalotes picados
500 g	(*1 lb*) de carne de langosta congelada, descongelada y escurrida
900 g	(*28 oz*) de tomates enlatados escurridos y picados
1 c/dita	orégano
½ taza	queso mozzarella rallado
	sal y pimienta

Derrita la mantequilla a fuego lento en una sartén. Póngale el ajo y los chalotes y sofríalos de 2 a 3 minutos.

Mézclele la carne de langosta y cocine de 2 a 3 minutos a fuego alto. Saque la langosta y déjela aparte.

Ponga en la sartén los tomates y el orégano; sazone bien. Cocine de 8 a 10 minutos a fuego medio.

Regrese la langosta a la salsa, revuelva y agregue el queso. Cocine 2 minutos y pásela a las conchas individuales. Sirva inmediatamente.

1 porción	*269 calorías*	*9 g carbohidratos*
29 g proteínas	*13 g grasa*	*1,7 g fibra*

65

Caracoles con mantequilla al ajo

4 porciones

250 g	(½ lb) de mantequilla natural
1 c/da	perejil fresco picado
3	dientes de ajo picados
3	chalotes picados
24	conchas de caracol
24	caracoles enlatados bien lavados y escurridos
	sal y pimienta
	unas gotas de salsa Tabasco
	unas gotas de salsa inglesa
	jugo de ¼ limón

Ponga en la licuadora o en el procesador de alimentos la mantequilla con el perejil, el ajo y los chalotes. Sazone con sal y revuelva hasta que se incorporen bien.

Agregue las salsas Tabasco e inglesa, la pimienta molida y el jugo de limón. Mezcle de nuevo y deje aparte.

Precaliente el horno a 200°C (*400°F*) y tenga listos cuatro platos para caracoles, pinzas y tenedores.

Ponga un pequeño trozo de mantequilla al ajo en cada concha y acomódele un caracol. Cubra el caracol con más mantequilla hasta que quede llena la concha. Póngalas en los platos para caracoles. Acomode los platos en una hoja para galletas y hornéelos 3 minutos.

Páselos al asador y déjelos dorar por 2 ó 3 minutos o hasta que la mantequilla esté caliente y burbujeante.

Es indispensable que se sirvan inmediatamente. Por lo general se acompañan con rebanadas gruesas de barra de pan.

Si necesita mantequilla al ajo para otra receta o simplemente quiere tener en reserva, siéntase libre de poner el doble de todo. Esta mantequilla se congela muy bien si le da forma cilíndrica y la envuelve bien en papel de aluminio.

1 porción	453 calorías	0 g carbohidratos
3 g proteínas	49 g grasa	0 g fibra

1. La mantequilla al ajo se prepara fácilmente con ayuda de un procesador de alimentos.

2. Agregue el ajo y los chalotes a la mantequilla y al perejil.

3. Sazone con sal y bata hasta que se combine bien.

4. Agréguele las salsas Tabasco e inglesa, la pimienta molida y el jugo de limón. Mezcle de nuevo durante unos cuantos segundos. Guárdela hasta que vaya a utilizarla.

Quiche a la griega

4 porciones

1	base de pasta para tarta
2 c/das	aceite vegetal
1	berenjena pelada y cortada en cubitos
2	dientes de ajo picados
1	calabacita cortada en cubitos
1 taza	(*250 ml*) de tomates enlatados escurridos y picados
½ c/dita	estragón
1 c/da	albahaca
1 taza	queso emmenthal rallado
1	huevo
2	yemas
1 taza	crema espesa
	una pizca de nuez moscada
	una pizca de pimienta de Cayena
	sal y pimienta negra

Precaliente el horno a 190°C (*375°F*). Extienda la pasta en una superficie enharinada y forre un molde para quiche de 23 cm (*9 pulg*). Pique el fondo de la pasta con un tenedor y deje reposar 1 hora.

Entre tanto, caliente el aceite a fuego medio en una sartén. Agregue la berenjena, el ajo y la calabacita; sazone bien. Cocine 15 minutos a fuego medio.

Agregue los tomates; mezcle y continúe la cocción 15 a 20 minutos. Agregue el estragón y la albahaca; incorpore ½ taza de queso; rectifique la sazón y cocine 2 minutos más.

Vierta el relleno en la base para quiche y ponga el molde sobre una hoja para hornear.

Ponga el huevo entero y las yemas adicionales en un tazón. Agregue la nuez moscada, la pimienta de Cayena, la sal y la pimienta negra. Viértale la crema y mezcle con un batidor.

Vierta la mezcla de huevo en la base de la quiche y revuelva cuidadosamente con un tenedor para que el líquido escurra al fondo.

Cubra con el queso restante y hornee 35 minutos.

Deje reposar varios minutos antes de servir.

1 porción	685 calorías	24 g carbohidratos
19 g proteínas	57 g grasa	2,6 g fibra

1. Sofría en aceite caliente la berenjena, el ajo y la calabacita a fuego medio durante 15 minutos.

2. Agregue los tomates y cocine de 15 a 20 minutos más.

3. Agregue los condimentos y la mitad del queso; revuelva bien y cocine otros 2 minutos.

4. Llene la base de la quiche con la mezcla y prepárela para hornearla.

Quiche de cebolla y tocino

4 porciones

1	base de pasta para tarta
5	rebanadas tocino frito
2	cebollas finamente rebanadas y sofritas
1 c/da	perejil fresco picado
1 taza	queso gruyère rallado
1	huevo
2	yemas de huevo
1 taza	crema espesa
	pimienta recién molida
	una pizca paprika
	una pizca nuez moscada

Precaliente el horno a 190°C (*375°F*). Extienda la masa en una superficie enharinada y forre un molde para quiche de 23 cm (*9 pulg*). Pique el fondo de la pasta con un tenedor y deje reposar 1 hora.

Acomode las rebanadas de tocino en el fondo de la base para quiche. Cubra con las cebollas sofritas y espolvoréeles perejil. Agregue la mitad del queso y sazone con pimienta.

Ponga el huevo entero y las yemas adicionales en un tazón. Viértales la crema y agregue la paprika y la nuez moscada; mezcle con un batidor.

Pase la mezcla de huevo a la base para quiche y cubra con el queso restante. Ponga el molde de quiche sobre una hoja para galletas y hornéelo 35 minutos.

Deje reposar varios minutos antes de partirla.

1 porción	662 calorías	23 g carbohidratos
21 g proteínas	54 g grasa	1,2 g fibra

Rebanadas de pan a la italiana

6 a 8 porciones

2 c/das	aceite de oliva
3	dientes de ajo picados
6	tomates medianos pelados y cortado en cubitos
1 c/da	orégano
8	rebanadas grandes pan italiano ligeramente tostado
1½ tazas	queso mozzarella rallado
	sal y pimienta recién molida

Precaliente el horno a 190°C (*375°F*).

Caliente el aceite a fuego medio en una sartén. Cuando esté caliente, agregue el ajo, los tomates y el orégano; sazone bien y cocine 10 minutos.

Acomode el pan sobre una hoja para hornear y cubra con la mezcla de tomates. Ponga queso encima. Meta al asador del horno y dórelo hasta que el queso se derrita y burbujee.

Sazone los trozos con pimienta recién molida, parta en dos y sirva.

1 porción   260 calorías   27 g carbohidratos
11 g proteínas   12 g grasa   3,2 g fibra

'Bruschetta'

4 porciones

2 c/das	aceite vegetal
½	pimiento verde picado
1	cebolla picada
2	dientes de ajo picados
¼ taza	vino blanco seco
900 g	(*28 oz*) de tomates enlatados escurridos y picados
½ c/dita	albahaca
1	barra de pan fresco
1 c/da	pasta de tomate
1½ tazas	queso gruyère rallado
	una pizca de tomillo
	una pizca de paprika
	sal y pimienta

Caliente el aceite en una sartén grande a fuego medio-alto. Agregue el pimiento verde, la cebolla y el ajo; sofría de 3 a 4 minutos.

Vierta el vino y cocine a fuego alto de 3 a 4 minutos.

Agregue los tomates y todos los condimentos. Cocine 15 minutos a fuego alto; revuelva varias veces.

Entretanto, corte el pan por la mitad a lo largo y corte cada mitad en 4 trozos. Tuéstelo en el horno por ambos lados.

Agregue la pasta de tomate a la mezcla de tomate que se está cocinando y cocínela a fuego medio de 3 a 4 minutos más.

Agregue el queso, rectifique la sazón y extienda sobre el pan tostado. Áselas 1 minuto en el horno. Sirva inmediatamente.

1 porción	*610 calorías*	*57 g carbohidratos*
28 g proteínas	*30 g grasa*	*4,5 g fibra*

1. Sofría el pimiento verde, la cebolla y el ajo 3 a 4 minutos en aceite caliente.

2. Agregue el vino y cocine de 3 a 4 minutos a fuego alto para que se consuma la mitad del líquido.

3. Agregue los tomates y todos los condimentos. Cueza 15 minutos a fuego alto.

4. Agregue el queso y extiéndalo sobre el pan tostado.

Salsa de queso azul

4 porciones

150 g	**(⅓ lb) de queso azul**
12	**aceitunas negras sin semilla**
1 c/da	**crema agria**
¼ c/dita	**paprika**
2 c/das	**chutney**
	sal y pimienta
	tallos de apio bien lavados y cortados en trozos

Muela el queso con las aceitunas durante 1 minuto en la licuadora o en el procesador de alimentos.

Agregue la crema agria y siga mezclando hasta que se combinen bien. Sazone y espolvoree paprika.

Agregue el chutney y mezcle de nuevo hasta que se incorpore en una crema suave. Vacíe la salsa en un tazón, tápelo y refrigere 2 horas.

Ponga la salsa en una manga pastelera con punta de estrella. Rellene los tallos de apio o, si prefiere, otras verduras.

1 porción	186 calorías	6 g carbohidratos
9 g proteínas	14 g grasa	1,9 g fibra

COMENZAR BIEN EL DÍA

Desayunos para todos los gustos

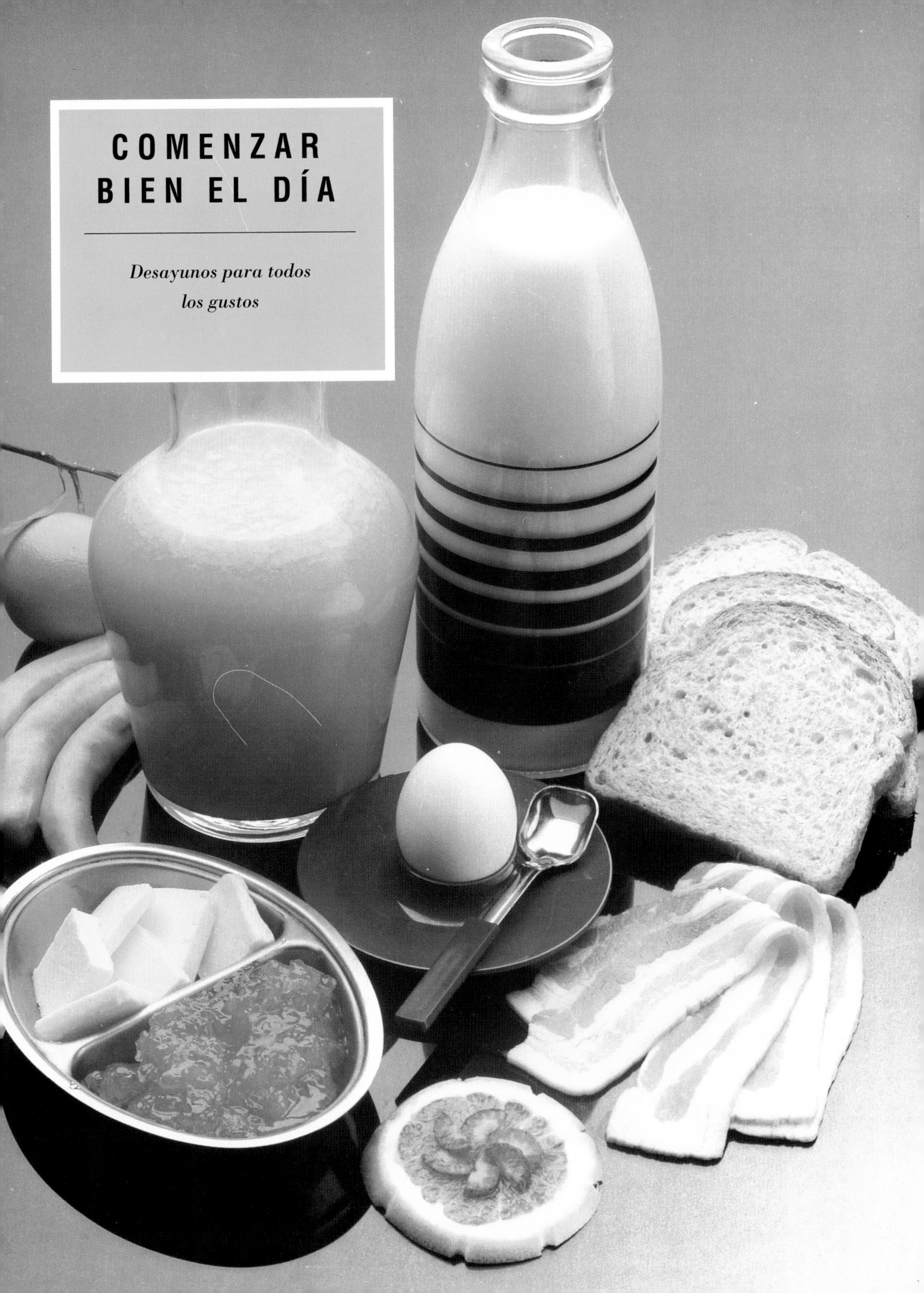

Ensalada mixta de frutas en melón

2 porciones

1	**melón valenciano**
1½ tazas	**sandía cortada en trocitos**
1	**naranja pelada y dividida en secciones**
½ taza	**uvas moradas y verdes sin semilla**
¼ taza	**ron**
2 c/das	**nueces picadas**
	jugo 1 limón sin semilla

Parta el melón por la mitad con un cuchillo pequeño, cortándolo en zigzag. Quítele las semillas y tírelas. Saque la mayor parte de la pulpa y píquela.

Ponga el resto de las frutas en un tazón con los trozos de melón; rocíe con ron y mezcle bien. Deje macerar de 15 a 20 minutos.

Rocíele jugo de limón, revuelva y sirva en las mitades de melón. Espárzale nueces y sirva.

1 porción	*329 calorías*	*50 g carbohidratos*
5 g proteínas	*6 g grasa*	*6,1 g fibra*

Ensalada de kiwis con salsa de frambuesas *4 porciones*

1½ tazas	frambuesas frescas lavadas
2 c/das	azúcar
¼ taza	vodka de durazno
4 kiwis	pelados y rebanados

Escurra bien las frambuesas y póngalas en una cacerola con azúcar y la mitad del vodka. Tape y cueza de 6 a 8 minutos a fuego medio.

Mezcle en la licuadora o en el procesador de alimentos. Deje aparte para que enfríe.

Entre tanto, ponga las rebanadas de kiwi en un tazón y déjelas macerar 15 minutos en el vodka restante.

Cuando vaya a servir, acomode las rebanadas de kiwi en platos para dulce y rocíe con la salsa de frambuesas. Si le agrada, adorne con crema batida.

1 porción	*131 calorías*	*23 g carbohidratos*
1 g proteínas	*1 g grasa*	*3,6 g fibra*

Ensalada de toronjas

4 porciones

2	**toronjas grandes cortadas por la mitad**
2	**naranjas grandes sin semillas**
½ taza	**uvas verdes y moradas sin semillas**
1 taza	**fresas sin hojas lavadas y cortadas en mitades**
1 c/da	**azúcar**
	jugo de 1 naranja
	jugo de 1 limón

Con un cuchillo pequeño corte alrededor de las mitades de toronja para separar, en una sola pieza, la pulpa de la cáscara. Deje aparte. Corte los gajos separándolos de la membrana blanca y colóquelos en un tazón.

Con una cuchara, limpie bien las cáscaras de las toronjas para que no queden restos de pulpa o de jugo.

Pele las naranjas. Corte los gajos separándolos de la membrana blanca y póngalos en un tazón. Agregue el resto de las frutas y el azúcar. Rocíele los jugos de fruta y mezcle delicadamente.

Coloque las frutas en las cáscaras y sírvala con cuernitos.

1 porción	*132 calorías*	*31 g carbohidratos*
2 g proteínas	*0 g grasa*	*3,3 g fibra*

1. Con un cuchillo pequeño corte alrededor de las mitades de toronja para separar, en una sola pieza, la pulpa de la cáscara. Corte los gajos separándolos de la membrana blanca y colóquelos en un tazón.

2. Con una cuchara, limpie bien las cáscaras de las toronjas para que no queden restos de pulpa o de jugo. Deje aparte.

3. Pele las naranjas con un cuchillo. Trate de no quitar demasiada pulpa.

4. Corte los gajos separándolos de la membrana blanca. Póngalos en un tazón.

Peras con salsa de huevo

4 porciones

4	yemas de huevo
½ taza	azúcar granulada
1½ tazas	leche caliente
2 c/das	vodka de durazno
4	peras escalfadas
2 c/das	azúcar morena
	zarzamoras para adornar

Ponga las yemas con el azúcar granulada en un tazón de acero inoxidable; bátalas muy bien.

Agregue la leche mientras sigue batiendo. Ponga el tazón sobre una cacerola con agua caliente y cocine la mezcla a fuego medio mientras revuelve sin cesar hasta que la crema cubra la parte de atrás de una cuchara de madera.

Agregue el vodka y deje aparte para que enfríe.

Ponga las peras escalfadas y escurridas en un molde para hornear. Viértales la crema cocida y espolvoréeles el azúcar morena. Dórelas 1 minuto en el asador del horno.

Adorne con las zarzamoras y sirva.

1 porción	344 calorías	61 g carbohidratos
7 g proteínas	8 g grasa	2,9 g fibra

Fresas al vino tinto

4 porciones

2½ tazas	fresas lavadas sin hojas
2 c/das	azúcar
1 taza	vino tinto seco
½ taza	crema batida

Asegúrese de que las fresas estén bien escurridas y póngalas en un tazón. Espolvoréelas con azúcar y mézclela con suavidad.

Viértales el vino y deje macerar 2 horas a temperatura ambiente.

Escurra las fresas, páselas a una dulcera y adórnelas con crema batida.

1 porción	*114 calorías*	*14 g carbohidratos*
1 g proteínas	*6 g grasa*	*2,2 g fibra*

Puré de frutas

4 porciones

1 c/da	mantequilla
3	manzanas peladas, sin corazón y rebanadas
2 c/das	miel de maple
1 c/dita	canela en polvo
½ taza	pasas sin semillas
1 taza	crema espesa batida
	jugo de ½ naranja
	zarzamoras frescas para adornar

Derrita la mantequilla a fuego medio en una cacerola. Póngale las manzanas, la miel de maple, la canela y el jugo de limón; cocínelas 6 minutos revolviendo ocasionalmente.

Agregue las pasas y cueza de 3 a 4 minutos más.

Pase los ingredientes a la licuadora o al procesador de alimentos y muela hasta tener un puré. Déjelo aparte para que enfríe.

Al momento de servir, incorpórele la crema batida con la fruta y sirva en copas para postre o frutas. Adorne con zarzamoras frescas.

1 porción	397 calorías	41 carbohidratos
2 g proteínas	25 g grasa	3,5 g fibra

Barquitas de piña y sandía

2 porciones

1	**piña madura fresca**
1 taza	**sandía sin semillas picada**
2 c/das	**pasas doradas sin semilla**
1 c/dita	**su licor favorito**

Corte la piña por la mitad a lo largo con un cuchillo bien afilado. Separe las mitades y quíteles el corazón. Corte la pulpa en zigzag formando un hueco para el relleno.

Pique una parte de la piña y póngala en un tazón con la sandía y las pasas. Rocíe el licor, revuelva y deje reposar 15 minutos.

Llene las mitades de piña con las frutas y sirva bien frío.

1 porción	173 calorías	39 g carbohidratos
2 g proteínas	1 g grasa	3,9 g fibra

Peras en almíbar ligero

1 taza	azúcar granulada
2 tazas	agua
4	peras sin corazón y peladas
2 c/das	azúcar morena
1 c/dita	mantequilla
1 c/dita	canela
½ taza	jugo de naranja
2 c/das	nueces picadas
	jugo de 1 limón
	cáscaras de 1 naranja y de 1 limón cortadas en juliana

Ponga el azúcar granulada, el agua y el jugo de lima en una cacerola pequeña. Deje que hierva 3 minutos a fuego alto, sin revolver.

Entre tanto, ponga las peras, el azúcar morena, la mantequilla y las cáscaras de fruta en otra cacerola. Espolvoréeles la canela y agregue el jugo de naranja.

Viértales el almíbar y cocine de 10 a 12 minutos a fuego medio.

Retire la cacerola del fuego y deje que las peras se enfríen en el almíbar.

Sírvalas frías con nueces picadas.

1 porción	292 calorías	62 g carbohidratos
2 g proteínas	4 g grasa	3,2 g fibra

1. Pele las peras y quíteles el corazón.

2. Coloque las peras en una cacerola.

3. Agregue el azúcar morena, la mantequilla y las cáscaras de naranja y limón cortadas en juliana.

4. Póngales la canela, el jugo de naranja y el almíbar. Cocine a fuego medio por 10 ó 12 minutos.

Panquecitos de plátano

6 a 8 porciones

1 taza	harina de trigo
1 taza	harina de trigo integral
¾ taza	azúcar morena
½ taza	nueces picadas
2 c/ditas	polvo para hornear
1 c/dita	canela en polvo
½ c/dita	sal
2	plátanos medianos triturados
2	huevos grandes
1 taza	leche
⅓ taza	aceite vegetal

Precaliente el horno a 200°C (*400°F*).

Mezcle las harinas con el azúcar morena y las nueces. Agregue el polvo para hornear, la canela y la sal.

Ponga los plátanos triturados en otro tazón y agregue los huevos, la leche y el aceite; revuelva hasta que se combinen bien.

Incorpore los ingredientes húmedos a los secos, mezclando hasta que se humedezcan. Vierta la pasta en moldes para panquecitos ligeramente engrasados y hornéelos de 15 a 20 minutos, según el tamaño.

Antes de sacar los panquecitos del horno, cerciórese de que estén bien cocidos. Antes de servirlos, deje que se enfríen en rejillas de alambre durante varios minutos.

1 porción	307 calorías	53 g carbohidratos
8 g proteínas	7 g grasa	3,6 g fibra

Huevos en 'cocotte'

4 porciones

4	**huevos grandes**
1 taza	**crema espesa**
	sal y pimienta

Precaliente el horno a 180°C (*250°F*).

Prepare un molde refractario hondo, con 2,5 cm (*1 pulg*) de agua caliente.

Ponga los huevos en moldes refractarios individuales y repártales la crema. Sazone y póngalos en el molde refractario hondo; hornee de 10 a 12 minutos.

Acompáñelos con pan tostado y mermelada.

1 porción	288 calorías	2 g carbohidratos
7 g proteínas	28 g grasa	0 g fibra

Dos en uno

4 porciones

1½ tazas	harina de trigo cernida
3 c/das	azúcar morena
¼ c/dita	sal
1 taza	leche
1 taza	agua caliente
12	huevos grandes
3 c/das	mantequilla derretida
2 c/das	mantequilla
12	rebanadas tocino frito
	miel de maple

Cierna la harina, el azúcar morena y la sal; póngalas en un tazón grande. Agregue la leche batiendo hasta que se incorpore bien; sin parar de batir, agregue el agua.

Agregue 4 huevos y bata hasta obtener una pasta homogénea. Pase por un cedazo a un tazón limpio y bátale la mantequilla derretida. Cubra con una envoltura plástica que toque la superficie y refrigere 1 hora.*

Haga las crepas siguiendo la técnica para los Cerillos, página 117.

Coloque 12 de las crepas que acaba de preparar en un plato y consérvelas calientes en el horno. Refrigere o congele las crepas restantes para uso posterior.

Ponga a calentar a fuego medio, 2 sartenes grandes antiadherentes; coloque 1 cucharada de mantequilla en cada una.

Ponga 4 huevos en cada sartén; tape y cocínelos de 4 a 5 minutos a fuego lento o hasta que estén cocidos al gusto. Las claras deben quedar blandas y húmedas.

Entre tanto, acomode 3 crepas en cada plato, entrecruzándolas ligeramente, pero cubriendo la mayor parte del plato.

Cuando los huevos estén cocidos, acomode con cuidado 2 en cada plato, cubriendo parcialmente las claras con los lados de las crepas. Adorne el plato con tocino y humedezca con miel de maple. Sirva inmediatamente.

* Si prefiere, puede preparar la pasta la noche anterior.

1 porción	875 calorías	96 g carbohidratos
26 g proteínas	43 g grasa	1,8 g fibra

1. Cierna la harina, el azúcar morena y la sal y ponga en un tazón grande.

2. Agregue la leche batiendo hasta que se incorpore bien; sin parar de batir, agregue el agua.

3. Agregue 4 huevos y bata hasta obtener una pasta homogénea.

4. Pase la mezcla por un cedazo a un tazón limpio e incorpórele la mantequilla. Cubra con una envoltura plástica que toque la superficie y refrigere 1 hora.

Huevos al horno

4 porciones

2 c/das	**mantequilla**
8	**huevos grandes**
	sal y pimienta

Precaliente el horno a 180°C (*350°F*).

Reparta la mantequilla en 4 platos individuales refractarios para huevos y póngala a derretir en el horno.

Acomode 2 huevos en cada plato y sazónelos bien. Hornee de 12 a 15 minutos.

Sírvalos con rodajas pequeñas de pan tostado.

1 porción	*201 calorías*	*0 g carbohidratos*
12 g proteínas	*17 g grasa*	*0 g fibra*

Salchichas con papas picadas fritas

4 porciones

8	salchichas de cerdo
4	papas cocidas con cáscara*
2 c/das	mantequilla
2	chalotes picados
1 c/da	perejil fresco picado
1 c/dita	cebollines frescos picados
	sal y pimienta
	nuez moscada al gusto

Antes de asar las salchichas, cuézalas en agua hirviendo durante 3 minutos. Con esta técnica les quita algo de grasa. Escúrralas bien y déjelas aparte.

Pele las papas y píquelas. Caliente la mantequilla en una sartén de hierro forjado (o en una sartén pesada). Ponga las papas y dórelas a fuego lento durante 20 minutos revolviendo ocasionalmente.

Mientras tanto, ase las salchichas en el horno hasta que estén cocidas por dentro y doradas por fuera.

Agrégueles el resto de los ingredientes y mezcle bien. Cocine de 3 a 4 minutos más.

Acompañe las salchichas con las papas fritas y huevos al gusto.

* No cueza demasiado las papas. Para esta receta, resultan más sabrosas si quedan todavía firmes.

1 porción	*462 calorías*	*52 g carbohidratos*
14 g proteínas	*22 g grasa*	*2,5 g fibra*

Huevos al horno con berenjena

2 porciones

2 c/das	mantequilla
1	cebollita de Cambray picada
½	cebolla pequeña picada
1	diente de ajo picado
½	berenjena pelada y picada
1 c/dita	perejil fresco picado
½ c/dita	orégano
¼ c/dita	tomillo
1	tomate maduro sin corazón y picado
½ taza	queso cheddar rallado
2 c/das	mantequilla derretida
4	huevos
	sal y pimienta
	una pizca de azúcar
	rebanadas de barra de pan tostadas

Derrita la mantequilla a fuego medio en una sartén. Póngale ambas cebollas y el ajo; sofría 3 minutos.

Agregue la berenjena, el perejil, el orégano y el tomillo; mezcle. Sazone, tape y sofría 15 minutos revolviendo frecuentemente.

Agregue el tomate y el azúcar; rectifique la sazón y revuelva bien. Tape y cocine 10 minutos.

Mientras tanto, precaliente el horno a 180°C (*350°F*).

Agregue el queso a la mezcla de berenjenas, mezcle bien y cocine 1 ó 2 minutos más. Deje aparte.

Reparta la mantequilla derretida en dos platos refractarios individuales. Hornéelos unos minutos para que se calienten.

Cubra el fondo de los platos con la mezcla de berenjenas y hornee de 5 a 6 minutos.

Ponga 2 huevos en cada plato sobre las berenjenas y sazone bien. Hornee de 12 a 15 minutos.

Acompáñelos con el pan tostado.

1 porción	494 calorías	16 g carbohidratos
22 g proteínas	38 g grasa	2,5 g fibra

Huevos revueltos con verduras

4 porciones

2 c/das	mantequilla
1	zanahoria cocida cortada en cubitos
18	champiñones frescos limpios y cortados en cubitos
1	pimiento verde cortado en cubitos
1	pimiento amarillo cortado en cubitos
1 c/dita	cebollinos frescos picados
1	chalote picado
8	huevos grandes
2 c/das	crema ligera
	sal y pimienta

En una sartén antiadherente, caliente la mitad de la mantequilla a fuego medio. Póngale todas las verduras, sazone y sofría de 3 a 4 minutos a fuego medio alto.

Agregue los cebollinos y el chalote; sofría 1 minuto más a fuego lento.

Bata los huevos con la crema y sazónelos con pimienta.

Ponga el resto de la mantequilla en la sartén con las verduras y revuelva bien. Vierta los huevos en la sartén y cocínelos 1 minuto a fuego medio alto. Revuelva rápidamente y cocine 1 minuto.

Revuélvalos rápidamente y siga cocinando hasta que todavía estén suaves por encima.

1 porción	*276 calorías*	*9 g carbohidratos*
15 g proteínas	*20 g grasa*	*3,7 g fibra*

Tomates rellenos con huevos revueltos

2 porciones

1	tomate grande
2 c/ditas	mantequilla al ajo
4	huevos grandes
2 c/das	crema ligera
1 c/dita	perejil fresco picado
2 c/das	queso gruyère rallado
1 c/dita	mantequilla
	sal y pimienta

Precaliente el horno a 200°C (*400°F*).

Quítele el corazón al tomate. Córtelo en mitades a lo ancho en zigzag.

Ponga las mitades de tomate en un plato refractario con el lado cortado hacia arriba y únteles por encima 1 cucharadita de mantequilla al ajo. Hornéelas 10 minutos.

Bata los huevos con la crema y el perejil y sazónelos. Espárzales el queso y mezcle de nuevo.

Caliente la mantequilla a fuego medio en una sartén antiadherente. Vacíele los huevos y cocínelos 30 segundos. Revuélvalos rápidamente. Cocínelos 30 segundos más y mézclelos de nuevo. Cocínelos hasta que estén blandos por encima.

Coloque los huevos sobre los tomates y sirva.

1 porción	345 calorías	6 g carbohidratos
15 g proteínas	29 g grasa	1,5 g fibra

1. Quítele el corazón al tomate. Córtelo en mitades a lo ancho en zigzag.

2. Ponga las mitades de tomate en un plato refractario y riéguelas con mantequilla al ajo. Hornéelas 10 minutos.

3. Mientras tanto, bata los huevos con la crema, el perejil y el queso. Cocínelos a fuego medio en una sartén antiadherente.

4. Coloque los huevos sobre los tomates y sirva.

Huevos revueltos con camarones

4 porciones

3 c/das	mantequilla
375 g	(¾ *lb*) de camarones medianos pelados, desvenados y cortados en 3
1	chalote picado
1 c/da	perejil fresco picado
2 c/das	harina
1 taza	leche caliente
6	huevos grandes
2 c/das	crema ligera
	sal y pimienta
	una pizca de nuez moscada

Caliente 1 cucharadita de mantequilla a fuego medio en una sartén. Agregue los camarones, el chalote y el perejil y sazone. Sofría de 5 a 6 minutos a fuego muy lento.

Mientras tanto, en otra sartén caliente 1½ cucharadas de mantequilla a fuego medio. Espolvoréele la harina revolviendo rápidamente. Cocine 1 minuto y vierta la leche; mezcle bien y sazone con la nuez moscada. Cocine la salsa 7 minutos a fuego lento, revolviendo ocasionalmente.

Ponga los camarones en la salsa blanca mezclándolos bien. Déjelos a fuego muy lento mientras cocina los huevos.

Bata los huevos con la crema; sazone con pimienta. Caliente el resto de la mantequilla a fuego medio en una sartén antiadherente grande. Agregue los huevos y cocínelos 1 minuto.

Revuelva rápidamente, cocine 1 minuto más. Siga revolviendo y cocine hasta que estén blandos por encima.

Sírvalos con los camarones en salsa.

1 porción	*375 calorías*	*8 g carbohidratos*
34 g proteínas	*23 g grasa*	*0,3 g fibra*

Huevos revueltos con queso

4 porciones

6	**huevos grandes**
2 c/das	**crema ligera**
2 c/das	**cebollinos frescos picados**
1 taza	**queso cheddar blanco añejo rallado**
2 c/das	**mantequilla**
	sal y pimienta
	una pizca de paprika

Con un tenedor bata los huevos, la crema, los cebollines y el queso. Sazone con sal y pimienta.

En una sartén grande antiadherente, caliente la mantequilla a fuego medio.

Cuando la mantequilla haga burbujas, viértale los huevos y cocínelos 15 minutos sin revolverlos. Muévalos con suavidad con una pala de madera para darles forma. Déjelos 15 segundos más sin revolverlos.

Vigile atentamente, una cocción prolongada endurece los huevos.

Cuando ya estén cocidos pero todavía blandos y húmedos, retírelos del fuego; espárzales paprika y sirva. Acompáñelos con rebanadas de pan de pasas y fruta fresca.

1 porción	*310 calorías*	*2 g carbohidratos*
17 g proteínas	*26 g grasa*	*0 g fibra*

Huevos revueltos con champiñones sobre pan   *4 porciones*

2 c/das	mantequilla
½	cebolla finamente rebanada
250 g	(½ lb) de champiñones frescos limpios y rebanados
6	huevos grandes
½ c/dita	semillas de apio
1	barra de pan
	sal y pimienta
	una pizca de paprika
	una pizca de nuez moscada

Caliente la mantequilla a fuego lento en una sartén antiadherente. Póngale la cebolla y sofríala de 8 a 10 minutos o hasta que esté suave.

Agregue los champiñones y todos los condimentos; sofríalos a fuego lento de 3 a 4 minutos.

Bata los huevos con un tenedor, vacíelos a la sartén con los champiñones y revuélvalos.

Mientras tanto, corte el pan en dos y corte de nuevo cada porción en dos partes a lo largo, para tener un total de 4 pedazos. Tueste ligeramente el pan en el horno.

Sirva los huevos sobre el pan.

1 porción	*429 calorías*	*51 g carbohidratos*
18 g proteínas	*17 g grasa*	*4.3 g fibra*

Huevos revueltos a la francesa

6 a 8 porciones

8	**huevos grandes**
¼ taza	**crema ligera**
½ taza	**queso suizo rallado**
2 c/das	**mantequilla**
	sal y pimienta

Con un tenedor, bata los huevos, la crema y el queso. Sazone con pimienta.

Acomode un tazón de acero inoxidable sobre una cacerola con 3 tazas de agua que esté hirviendo a fuego medio.

Ponga a derretir la mantequilla en el tazón. Vierta la mezcla de huevos y bátala suave y constantemente hasta que los huevos estén bien revueltos. Si deja de revolver, los huevos se pegarán al tazón.

Sírvalos, estilo buffet, con papas rösti (página 122) o con salchichas con papas picadas fritas (página 91).

1 porción	144 calorías	0 g carbohidratos
9 g proteínas	12 g grasa	0 g fibra

Huevos tibios envueltos en crepas

4 porciones

4	**huevos grandes a temperatura ambiente**
8	**crepas***
½ taza	**queso cheddar blanco añejo rallado**
	sal y pimienta

Sumerja los huevos cuidadosamente con una cuchara en una cacerola llena de agua hirviendo a fuego lento. Cuézalos 5 minutos.

Saque los huevos del agua y páselos rápidamente por agua fría, no más de 1 minuto.

Pélelos con cuidado y acomode cada huevo en 2 crepas puestas una sobre otra. Forme un paquetito y póngalos en un molde refractario.

Espárzales el queso. Póngalos 2 minutos en el asador del horno. Sirva inmediatamente. Tenga sal y pimienta a mano para sazonar.

* Para la receta de las crepas, vea la página 224.

1 porción	*436 calorías*	*35 g carbohidratos*
20 g proteínas	*24 g grasa*	*1,4 g fibra*

1. Sumerja los huevos cuidadosamente con una cuchara en una cacerola llena de agua hirviendo a fuego lento. Cuézalos 5 minutos.

2. Saque los huevos del agua y páselos rápidamente por agua fría, no más de 1 minuto, lo suficiente para detener el proceso de cocción.

3. Pélelos con cuidado y acomode cada huevo en 2 crepas puestas una sobre otra. Envuélvalos formando un paquetito.

4. Un huevo cocido bien preparado, debe tener la yema espesa, similar a la que se ve en la ilustración.

Huevos tibios

4	**huevos grandes**
4	**rebanadas pan tostado cortadas en barras**

Tenga los huevos a temperatura ambiente. Ponga bastante agua a hervir en una cacerola.

Sumerja cuidadosamente los huevos en el agua y déjelos hervir de 3 a 4 minutos o un poco más, dependiendo de su gusto.

Saque los huevos del agua y colóquelos en platos para huevos tibios. Corte con cuidado la parte superior de cada huevo y sírvalos con pan tostado.

1 porción	*118 calorías*	*8 g carbohidratos*
8 g proteínas	*6 g grasa*	*0,4 g fibra*

Huevos tibios con guarnición de champiñones   *2 porciones*

4	**huevos grandes a temperatura ambiente**
2 c/das	**mantequilla**
250 g	**(½ lb) de champiñones frescos limpios y rebanados**
3	**chalotes picados**
1 c/da	**cebollinos frescos picados**
1	**diente de ajo machacado y picado**
½ taza	**queso emmenthal rallado**
	sal y pimienta

Sumerja cuidadosamente los huevos con una cuchara en una cacerola llena de agua hirviendo a fuego lento. Cuézalos 5 minutos.

Saque los huevos del agua y enfríelos rápidamente en agua fría, solamente durante 1 minuto.

Pélelos con cuidado. Coloque 2 huevos en cada plato y deje aparte.

Caliente la mantequilla a fuego medio alto en una sartén grande. Agregue el resto de los ingredientes menos el queso y cocínelos 3 minutos.

Sirva la guarnición a un lado de los huevos, sazone y cubra con queso. Ase en el horno hasta que el queso se derrita.

Huevos a la 'bretonne'

4 porciones

2 c/das	mantequilla
1	cebolla finamente rebanada
1	puerro* con el tallo blanco lavado y finamente rebanado
250 g	(½ lb) de champiñones frescos limpios y rebanados
1½ tazas	salsa blanca caliente
4	huevos cocidos y rebanados
½ taza	queso cheddar rallado
	paprika
	sal y pimienta

Precaliente el horno a 200°C (*400°F*).

Caliente la mantequilla a fuego medio en una sartén. Póngale la cebolla y el puerro; sazone con paprika y sofría de 3 a 4 minutos.

Agregue los champiñones y sazone bien; sofría de 5 a 6 minutos más. Saque la sartén del fuego.

Vierta la mitad de la salsa blanca en un molde refractario mediano. Agregue la mezcla de verduras de la sartén. Tape con una capa de huevos rebanados y cubra con el resto de la salsa blanca. Espárzale el queso cheddar y sazone.

Hornee 8 minutos y sirva.

* Corte el puerro dos veces a lo largo, casi hasta la base. Abra las hojas y lave bien en agua fría para quitarle la arena y la tierra.

1 porción	344 calorías	20 g carbohidratos
12 g proteínas	24 g grasa	3,1 g fibra

Tortilla con pimientos y champiñones

2 porciones

2 c/das	**mantequilla**
¹⁄₃	**pimiento verde finamente rebanado**
¹⁄₃	**pimiento amarillo finamente rebanado**
8	**champiñones grandes frescos limpios y rebanados**
1	**chalote picado**
1 c/da	**perejil fresco picado**
4	**huevos grandes batidos**
	sal y pimienta

Caliente la mitad de la mantequilla a fuego medio en una sartén mediana antiadherente. Agregue las verduras, el chalote y el perejil; sazone bien. Cocine 3 minutos, revolviendo una vez durante el proceso.

Agregue la mantequilla restante y cuando se derrita, viértale los huevos. Aumente el fuego a medio alto y cocine 30 segundos.

Revuelva el centro de la tortilla con una cuchara de madera. Déle forma de nuevo y cocínela 1 minuto o más hasta que empiece a tomar forma pero aún esté blanda.

Doble la tortilla en 3 (primero el lado derecho hacia el centro, luego el izquierdo) y voltéela a un platón caliente. Córtelo en dos y sirva.

1 porción	287 calorías	6 g carbohidratos
14 g proteínas	23 g grasa	2,6 g fibra

Tortilla con manzanas y pasas

2 porciones

2 c/das	mantequilla
2	manzanas peladas, sin corazón y cortadas en rebanadas
2 c/das	azúcar morena
2 c/das	pasas sin semillas
1 c/da	jalea de ciruela
4	huevos grandes
2 c/das	crema ligera
1 c/da	azúcar granulada

Precaliente el horno a 120°C (*250°F*).

Caliente 1 cucharada de mantequilla en una sartén antiadherente. Agregue las manzanas y el azúcar morena y cocine 4 minutos a fuego medio.

Agregue las pasas y cocine 2 minutos. Agregue la jalea, mezcle bien y cueza destapado de 3 a 4 minutos más. Pase a un molde refractario y consérvelo caliente en el horno.

Caliente el resto de la mantequilla a fuego medio en una sartén antiadherente. Bata los huevos y la crema con un tenedor.

Vierta los huevos en la mantequilla caliente y déjelos cocerse 30 segundos sin revolver.

Revuelva suavemente el centro de la tortilla. Cocine 30 segundos más o hasta que la tortilla tome forma pero aún esté blanda. Empiece a enrollarla de derecha a izquierda mientras inclina la sartén en la dirección que enrolla. Espolvoree la parte inferior de la tortilla con azúcar a fin de glasearla.

Voltee la tortilla en un platón caliente y haga una hendidura en la mitad, como se ve en la página opuesta. Rellene con un poco de la mezcla de manzana y viértale encima el resto. Parta y sirva.

1 porción	481 calorías	51 g carbohidratos
13 g proteínas	25 g grasa	3,4 g fibra

1. Caliente 1 cucharada de mantequilla en una sartén antiadherente. Agregue las manzanas y el azúcar morena y cocine 4 minutos a fuego medio.

2. Agregue las pasas y cocine 2 minutos más.

3. Agregue la jalea de ciruela, revuelva bien y cocine destapado de 3 a 4 minutos más.

4. Haga una hendidura en la mitad de la tortilla y rellene con un poco de mezcla de manzana. Vierta la mezcla restante sobre la tortilla.

Tortilla con fresas

2 personas

1 taza	fresas lavadas y sin hojas
3 c/das	azúcar
1 c/da	cáscara de limón finamente picada
4	huevos grandes
2 c/das	crema ligera
1 c/da	mantequilla
	fresas frescas para adorno

Ponga las fresas, el azúcar y la cáscara de limón en una cacerola. Cocínelas de 3 a 4 minutos a fuego medio, revuelva bien.

Pase el contenido a la licuadora o al procesador de alimentos; muela hasta tener un puré. Deje aparte.

Bata los huevos con la crema en un tazón pequeño. Caliente la mantequilla a fuego medio en una sartén mediana antiadherente.

Aumente el fuego a medio alto y vierta los huevos; déjelos cocinarse 30 segundos sin revolver.

Revuelva suavemente el centro de la tortilla. Cocine otros 30 segundos o hasta que la tortilla tome forma pero aún esté blanda.

Extienda 4 cucharadas de la salsa de fresas sobre la tortilla y empiece a enrollarla de derecha a izquierda con una espátula, inclinando la sartén en la dirección que enrolla.

Deslice la tortilla a un plato caliente y sírvala con la salsa restante. Adorne con fresas frescas.

1 porción	327 calorías	26 g carbohidratos
13 g proteínas	19 g grasa	2,2 g fibra

Tortilla rellena de plátanos

2 porciones

3 c/das	mantequilla
2	plátanos rebanados
2 c/das	azúcar morena
4	huevos grandes
¼ taza	leche o crema ligera
2 c/das	ron

En una sartén pequeña, caliente 1 cucharada de mantequilla a fuego medio. Agregue los plátanos y el azúcar morena. Cocínelos de 2 a 3 minutos y déjelos aparte.

Bata los huevos con la leche y el ron y deje aparte.

Caliente el resto de la mantequilla a fuego medio en una sartén antiadherente. Cuando esté caliente, viértale los huevos y cocínelos 30 segundos sin revolver.

Revuelva suavemente el centro de la tortilla. Cocine 30 segundos más o hasta que la tortilla tome forma pero aún esté blanda.

Extienda la mitad de los plátanos sobre los huevos y empiece a enrollar la tortilla de derecha a izquierda con una espátula e inclinando la sartén en la dirección que enrolla.

Ponga la tortilla dorada en un platón caliente y adórnela con el resto de los plátanos.

1 porción	509 calorías	37 g carbohidratos
14 g proteínas	30 g grasa	3,9 g fibra

Tortilla 'western'

2 porciones

2 c/das	mantequilla
½	cebolla picada
1	cebollita de Cambray picada
½	pimiento verde picado
½ taza	jamón cocido picado
4	huevos
	sal y pimienta

Caliente la mantequilla a fuego medio en una sartén mediana antiadherente. Agréguele las verduras y el jamón y sofríalos 4 minutos. Sazone bien.

Bata los huevos con un tenedor y sazónelos. Aumente el fuego a medio alto y vierta los huevos sobre las verduras. Déjelo cocerse 1 minuto sin revolver.

Revuelva suavemente el centro de la tortilla. Cocine 1 ó 2 minutos más o hasta que la tortilla tome forma pero todavía esté blanda. Empiece entonces a enrollarla con una espátula, del lado derecho hacia el izquierdo, inclinando la sartén en la dirección que enrolla.

Consérvela en el fuego mientras la enrolla para que acabe de cocerse: la parte inferior debe quedar dorada. Cuando el rollo esté listo, coloque el platón contra la orilla de la sartén y voltéelo dejándolo caer en el platón. Esta técnica requiere algo de práctica, pero una vez que tenga la habilidad, todas sus tortillas tendrán forma perfecta.

Parta la tortilla y sírvala inmediatamente.

1 porción	321 calorías	4 g carbohidratos
20 g proteínas	25 g grasa	0,7 g fibra

Huevos escalfados con salsa holandesa

4 porciones

2	yemas de huevo
2 c/das	agua fría
1 taza	mantequilla clarificada
4	rebanadas pequeñas de pan tostado
4	rebanadas de jamón selva negra caliente
4	huevos escalfados calientes
	unas gotas de jugo de limón
	sal y pimienta

Coloque las yemas en un tazón de acero inoxidable. Agrégueles el agua y acomode el tazón en una cacerola con 3 tazas de agua caliente. No la ponga al fuego.

Bata las yemas hasta que estén muy espesas. Incorpore la mantequilla derretida en un chorro delgado mientras bate constantemente.

Agregue unas cuantas gotas de jugo de limón y sazone al gusto.

Ponga el pan tostado en los platos, cúbralo con una rebanada de jamón y coloque encima un huevo escalfado. Vierta la salsa y sirva inmediatamente.

1 porción	602 calorías	8 g carbohidratos
12 g proteínas	58 g grasa	0,4 g fibra

'Soufflé' de queso

4 porciones

1¼ tazas	queso gruyère, emmenthal o mozzarella rallado
4 c/das	mantequilla
4 c/das	harina
1¼ tazas	leche fría
4	yemas de huevo a temperatura ambiente
5	claras de huevo a temperatura ambiente, batidas a punto de turrón
	sal y pimienta
	mantequilla adicional para el molde

Precaliente el horno a 190°C (*375°F*). Unte con' mantequilla un molde para soufflé de 6 tazas; espárzale queso en los lados y en el fondo.

Derrita la mantequilla en una cacerola a fuego lento. Mézclele la harina con una cuchara de madera y cocine de 3 a 4 minutos.

Viértale la mitad de la leche y revuelva 2 minutos a fuego medio. Agregue poco a poco el resto de la leche mientras revuelve constantemente para formar una pasta uniforme.

Agregue la sal y deje que empiece a hervir lentamente mientras revuelve sin cesar hasta que la mezcla comience a adherirse ligeramente al molde. Esto tarda de 3 a 4 minutos. Saque del fuego y deje enfriar un poco.

Agregue las yemas de una en una, revolviendo con una cuchara de madera entre una adición y otra. Agregue el queso y la pimienta.

Incorpore una cucharada grande de clara batida a la mezcla de yemas. Vierta las yemas en el tazón con las claras. Utilice una espátula para incorporarlas hasta que la pasta tenga un color uniforme.

Vierta la pasta en el molde. Hunda su pulgar en la pasta, en la orilla, aproximadamente 1,2 cm (*½ pulg*). Deslícelo dándole la vuelta alrededor del molde. Esto formará un pequeño copete adicional. Hornee 35 minutos.

1 porción	455 calorías	11 g carbohidratos
24 g proteínas	35 g grasa	0,3 g fibra

1. Prepare el molde de soufflé untándole suficiente mantequilla y esparza el queso rallado en los lados y en el fondo; deje aparte.

2. Derrita la mantequilla en una cacerola a fuego lento. Agréguele la harina e incorpórela usando una cuchara de madera. Cocine de 3 a 4 minutos a fuego muy bajo.

3. Vierta la mitad de la leche en una cacerola y revuelva varios minutos mientras continúa la cocción a fuego medio. Siga incorporando la leche poco a poco, revolviendo para formar una pasta uniforme.

4. Agregue las yemas de una en una, revolviendo bien con la cuchara de madera después de cada adición. Observe que la cacerola ya no está al fuego.

'Soufflé' de papa

4 porciones

¼ taza	queso mozzarella rallado
500 g	(*1 lb*) de papas blancas peladas
3 c/das	mantequilla
¼ c/dita	nuez moscada
½ taza	crema ligera caliente
4	yemas de huevo a temperatura ambiente
6	claras de huevo a temperatura ambiente
	sal y pimienta
	una pizca de paprika
	una pizca de ajedrea
	una pizca de pimienta de Cayena
	mantequilla adicional para el molde

Precaliente el horno a 190°C (*375°F*).

Unte con mantequilla un molde para soufflé de 6 tazas y espárzale queso mozzarella en el fondo y en los lados; deje aparte.

Corte las papas en trozos pequeños para disminuir el tiempo de cocción y póngalas en una cacerola llena de agua; sazone con sal. Deje hervir hasta que estén cocidas, sin que se ablanden demasiado.

Escurra bien las papas y regréselas a la cacerola. Póngalas a fuego lento y séquelas varios minutos. Muélalas con un prensapapas o con un procesador de alimentos y páselas a un tazón grande.

Agregue la mantequilla hasta que se incorpore bien. Agregue todos los condimentos y mezcle. Vierta la crema e incorpórela. La mezcla debe tener consistencia de puré.

Incorpore las yemas en una sola vez y revuelva con una cuchara de madera. Deje aparte.

Bata las claras hasta que estén a punto de turrón, de preferencia en un tazón de cobre; ponga un poco de las claras en la mezcla de yemas. Incorpórela bien.

Vierta la mezcla de yemas en las claras y revuelva uniformemente con una espátula de hule. Gire el tazón mientras las incorpora y continúe hasta que no quede huella de las claras.

Vierta la pasta en el molde. Hunda su pulgar en la pasta, en la orilla, aproximadamente 1,2 cm (*½ pulg*). Deslícelo dándole la vuelta alrededor del molde. Esto formará un pequeño copete adicional. Hornee 35 minutos.

1 porción	296 calorías	18 g carbohidratos
11 g proteínas	20 g grasa	2,4 g fibra

Bocaditos de crepas

6 a 8 porciones

3 c/das	mantequilla
2	chalotes finamente picados
125 g	(¼ lb) de botones de champiñones limpios finamente picados
1 c/da	perejil fresco recién picado
1 c/dita	manojo de hierbas de olor*
2 c/das	harina
1½ tazas	leche
½ taza	queso gruyère rallado
8	crepas**
	unas gotas de salsa Tabasco
	una pizca de paprika
	sal y pimienta
	varias naranjas grandes (opcional)

Caliente la mantequilla en una sartén a fuego medio. Sofría los botones de champiñones, los condimentos y las hierbas de 3 a 4 minutos para que se evapore la humedad de los champiñones.

Sazone bien y agregue la harina. Revuelva y cocine 2 minutos más a fuego lento.

Vierta la leche mientras revuelve con una cuchara de madera. Aumente el fuego a medio bajo y sazone. Cocine de 3 a 4 minutos más o hasta que la mezcla esté uniforme.

Agregue el queso y revuelva bien. Quite la salsa del fuego y deje aparte para que se enfríe.

Unte la mezcla de champiñones sobre cada crepa, cubriendo toda la superficie. Enróllelas sin apretarlas y póngalas en un platón; cubra ligeramente con una envoltura de plástico. Refrigere 2 horas.

Rebane los rollos de crepas en trozos de 2,5 cm (1 pulg) aproximadamente. Sírvalos fríos o, si prefiere, caliéntelos unos minutos en el asador.

Si le agrada, utilice las naranjas para presentarlos en forma atractiva.

* Mezcla de tomillo, romero, hoja de laurel, albahaca y ajedrea.
** Para la receta de crepas, vea la página 224.

1 porción	121 calorías	5 g carbohidratos
5 g proteínas	9 g grasa	0,5 g fibra

115

Crepas 'saboyardes'

4 porciones

8	crepas*
8	rebanadas delgadas jamón Selva Negra
8	rebanadas delgadas queso gruyère ó 1½ tazas queso rallado
2 c/das	mantequilla derretida
	una pizca de paprika
	pimienta

Precaliente el horno a 180°C (*350°F*).

Ponga una rebanada de queso y una de jamón sobre cada crepa. Sazone ligeramente con paprika y pimienta. Enrolle y ponga en un plato refractario.

Rocíe las crepas con mantequilla derretida y hornéelas de 10 a 15 minutos.

* Para la receta de crepas, vea la página 224.

1 porción	560 calorías	50 g carbohidratos
27 g proteínas	28 g grasa	1,4 g fibra

Cerillos

6 a 8 porciones

1½ tazas	harina de trigo
¼ c/dita	sal
1 taza	leche fría
3	huevos
1 taza	cerveza
3 c/das	mantequilla derretida
	su mermelada favorita
	azúcar granulada

Ponga la harina y la sal en un tazón grande. Agréguele la leche mientas bate. Agregue los huevos; mezcle muy bien.

Agregue la cerveza hasta que la pasta esté uniforme. Cuele la pasta y agréguele la mantequilla. Tape con una hoja de envoltura plástica tocando la superficie; refrigere 1 hora.

Saque la pasta del refrigerador y mezcle bien. Unte ligeramente con mantequilla una cacerola para crepas y póngala a calentar a fuego alto. Cuando esté caliente, retire del fuego. Limpie la cacerola con papel de cocina para quitarle el exceso de mantequilla. Vierta una pequeña cantidad de la pasta. Mueva la sartén rotándola para que la pasta cubra el fondo de la sartén. Cueza 1 minuto a fuego medio alto hasta que la parte inferior esté ligeramente dorada.

Voltee la crepa; cocínela 30 segundos. Coloque las crepas en un platón conforme se van cociendo y manténgalas calientes. Si es necesario, engrase de nuevo la sartén.

Para servirlas, unte cada crepa con mermelada; enróllela y póngala en un molde refractario. Espolvoree con azúcar granulada y póngalas 3 minutos en el asador del horno.

1 porción	295 calorías	50 g carbohidratos
6 g proteínas	7 g grasa	1,1 g fibra

'Croque-madame'

4 porciones

8	**rebanadas gruesas de pan tostado**
4	**rebanadas de jamón**
1 taza	**queso gruyère rallado**
1 taza	**salsa blanca* caliente**
	sal y pimienta

Acomode 4 rebanadas de pan en un molde refractario grande. Tape cada una con una rebanada de jamón y cúbrala con ½ taza de queso. Sazone bien.

Cierre los sándwiches con el resto del pan y báñelos con la salsa.

Cubra con el queso restante y hornéelos de 5 a 6 minutos hasta que estén burbujeantes y dorados.

* Para la receta de salsa blanca, vea la página 324.

1 porción	476 calorías	39 g carbohidratos
26 g proteínas	24 g grasa	1,6 g fibra

1. Acomode 4 rebanadas de pan en un molde refractario grande y cúbralas con jamón.

2. Aparte la mitad del queso rallado y ponga el resto sobre el jamón. Sazone bien.

3. Cierre los sándwiches con el resto del pan.

4. Bañe cada sándwich con salsa y espárzales el resto del queso. Dórelos en el horno.

Tostadas francesas con manzanas y pasas   *4 porciones*

2 c/das	mantequilla
3	manzanas peladas, sin corazón y rebanadas
½ taza	pasas sin semillas
¼ c/dita	canela en polvo
2 c/das	miel de maple
	una pizca de nuez moscada

Caliente la mantequilla en una cacerola a fuego medio. Agregue las manzanas, las pasas, la canela y la nuez moscada, mezclándolas bien. Saltéelas de 8 a 10 minutos.

Agregue la miel de maple y cocínelas 5 minutos más. Sirva sobre tostadas francesas, panqueques o huevos.

1 porción	206 calorías	37 g carbohidratos
1 g proteínas	6 g grasa	3,4 g fibra

Tostadas francesas

4 porciones

5	huevos grandes
¼ taza	crema ligera
1 c/da	miel
8	rebanadas gruesas de pan
3 c/das	mantequilla
	mermelada de fresa
	azúcar pulverizado

Precaliente el horno a 100°C (*200°F*).

Bata los huevos con la crema y la miel en un tazón grande.

Sumerja 4 rebanadas de pan en la mezcla hasta cubrirlas bien; páselas a un platón.

Caliente la mitad de la mantequilla en una sartén antiadherente grande. Cuando esté caliente, ponga las primeras 4 rebanadas de pan. Cocine cada lado 2 minutos a fuego medio, o hasta que estén bien doradas.

Ponga estas rebanadas en un molde refractario y consérvelas calientes.

Repita el procedimiento anterior con el resto de la mantequilla y con las otras rebanadas de pan.

Sírvalas con mermelada de fresa y espolvoréelas parcialmente con un poco de azúcar pulverizado.

1 porción	*483 calorías*	*65 g carbohidratos*
13 g proteínas	*19 g grasa*	*1,8 g fibra*

Papas 'rösti'

4	**papas grandes cocidas con cáscara***
4	**rebanadas de tocino finamente picado**
2 c/das	**mantequilla**
	sal y pimienta

Pele las papas y rállelas en tiras largas y delgadas; déjelas aparte.

Dore el tocino a fuego medio en una sartén anti-adherente. Retire los trozos de tocino, pero deje la grasa en la sartén.

Agregue rápidamente las papas ralladas y cocínelas de 10 a 12 minutos a fuego medio, revolviéndolas frecuentemente. Sazónelas varias veces mientras se cocinan.

Aplane las papas con una espátula de metal. Levante una esquina de las papas y deslice la mantequilla debajo. Cocínelas de 6 a 7 minutos más o hasta que la parte inferior esté dorada.

Voltéelas para servirlas.

* No las cueza demasiado.

1 porción	205 calorías	27 g carbohidratos
4 g proteínas	9 g grasa	2,7 g fibra

1. Pele las papas y rállelas en tiras largas y delgadas; déjelas aparte.

2. Dore el tocino a fuego medio en una sartén antiadherente. Retire los trozos de tocino, pero deje la grasa en la sartén.

3. Ponga rápidamente las papas ralladas y cocínelas de 10 a 12 minutos a fuego medio, revolviéndolas frecuentemente. Sazónelas varias veces mientras se cocinan.

4. Aplane las papas con una espátula de metal. Levante una esquina de las papas y deslice la mantequilla debajo. Cocínelas de 6 a 7 minutos más o hasta que la parte inferior esté dorada.

Panqueques con queso cottage

4 porciones

4	huevos con la clara y la yema separadas
1½ c/das	azúcar
4 c/das	queso cottage
¼ taza	harina de trigo
2 c/das	mantequilla derretida
	queso cottage adicional y miel de maple

Bata las claras de huevo con un batidor eléctrico en un tazón pequeño hasta que estén espumosas. Agrégueles el azúcar y bátalas a punto de turrón.

Bata las yemas en otro tazón e incorpóreles el queso; mezcle bien.

Agréguele la harina a las yemas e incorpóreles las claras batidas. Bata la mezcla hasta que esté uniforme. Vacíele la mantequilla derretida.

Caliente la sartén o plancha con una delgada capa de aceite. Cocine los panqueques a fuego medio alto hasta que doren por ambos lados.

Sírvalos con más queso cottage y miel de maple.

1 porción	308 calorías	39 g carbohidratos
11 g proteínas	12 g grasa	0,2 g fibra

Chocolate caliente con crema batida

2 porciones

1 taza	crema espesa fría
½ c/dita	vainilla
1 c/da	azúcar pulverizado
4 c/das	cocoa
4 c/das	azúcar granulada
2 tazas	leche hirviendo
	chocolate con sabor de menta rallado

Para preparar la crema batida, refrigere un tazón de acero inoxidable. Viértale la crema fría y la vainilla y bata con una batidora eléctrica hasta que forme picos.

Espolvoréele el azúcar pulverizado e incorpórela con una espátula de hule. Deje aparte en el refrigerador.

Ponga la cocoa con el azúcar granulada en otro tazón de acero inoxidable. Agréguele poco a poco la leche sin dejar de batir.

Vierta la cocoa en 2 copas grandes. Cubra con la crema batida (resulta más fácil si se hace con una duya) y espolvoree cada porción con un poco de chocolate rallado.

1 porción	778 calorías	58 g carbohidratos
15 g proteínas	54 g grasa	1,2 g fibra

Café bávaro

4 oz	**chocolate semidulce**
1½ tazas	**crema espesa batida**
	café fuerte caliente para cuatro personas
	una pizca de canela

Ponga el chocolate dentro de un tazón de acero inoxidable. Coloque el tazón sobre una cacerola con agua caliente. Derrita el chocolate.

Ponga el café caliente en una jarra y mézclele el chocolate derretido. Viértalo en cuatro copas para café irlandés o jarros atractivos, asegurándose de dejar por lo menos 2,5 cm (*1 pulg*) libres para la crema. Coloque crema batida en cada copa o taza. Espolvoree la canela y sirva inmediatamente.

1 porción	518 calorías	12 g carbohidratos
5 g proteínas	50 g grasa	0,8 g fibra

LA COCINA EXPRÉS

Cocina rápida para quienes tienen prisa

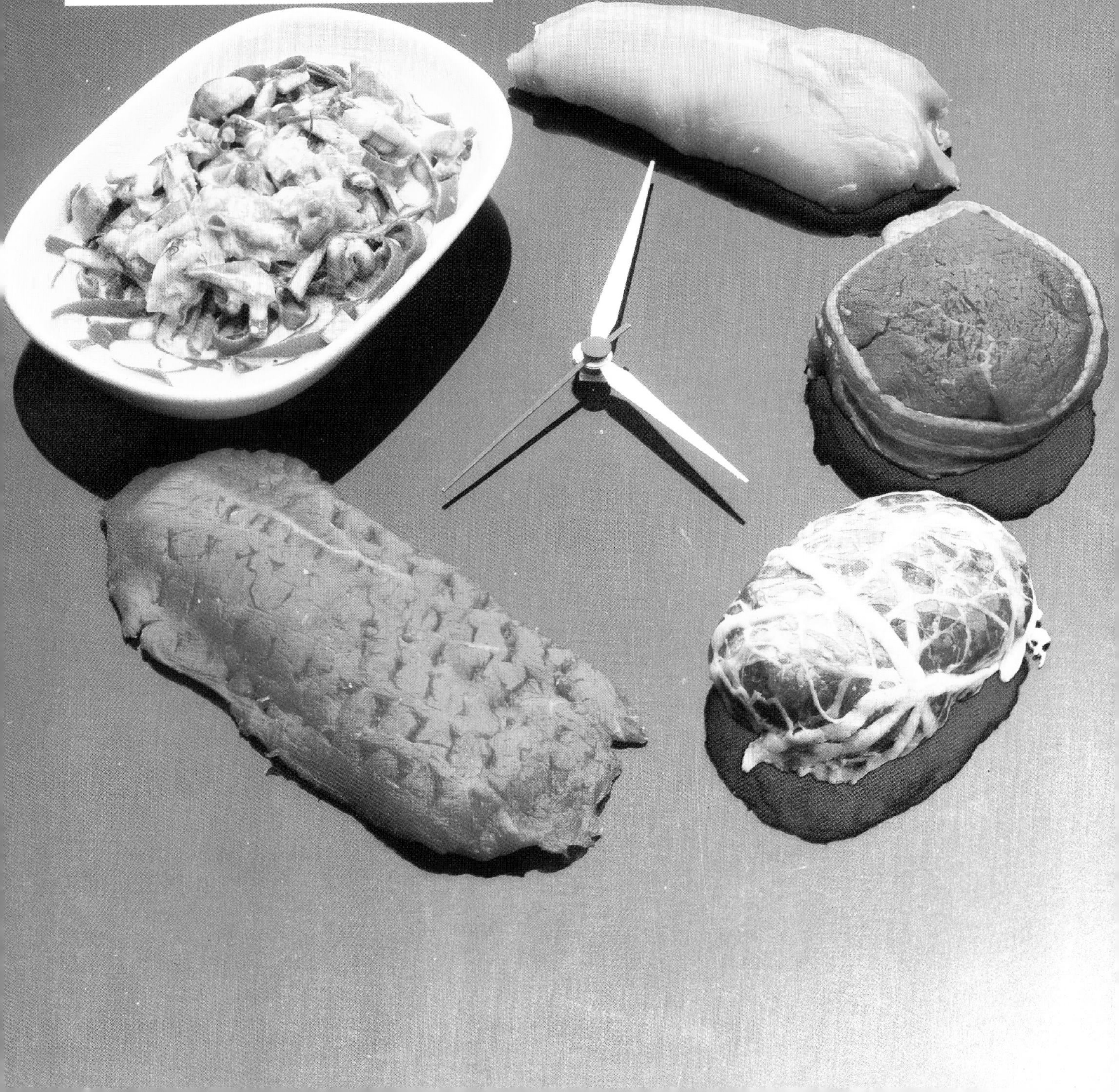

Pequeña pizza 'gourmet'

4 porciones

1 c/da	aceite de oliva
1	diente de ajo picado
1 c/da	perejil fresco picado
1	cebolla picada
2	chalotes picados
900 g	(*28 oz*) de tomates enlatados, escurridos y picados
2 c/das	pasta de tomate
½	chile jalapeño picado
4	panes pita
½	pimiento verde finamente rebanado
250 g	(*½ lb*) de champiñones frescos limpios y rebanados
2 tazas	queso mozzarella rallado
	sal y pimienta
	una pizca de azúcar
	peperoni rebanado
	una pizca de paprika

En una sartén grande caliente el aceite. Póngale el ajo, el perejil, la cebolla y los chalotes. Sofríalos de 5 a 6 minutos a fuego lento.

Agregue los tomates y sazónelos bien; cocine 20 minutos a fuego lento.

Incorpore la pasta de tomate y el chile jalapeño. Espárzale el azúcar, revuelva y cocine la mezcla a fuego lento 7 u 8 minutos.

En este punto, la salsa está lista y la puede guardar para uso posterior. Deje que enfríe y tápela con envoltura plástica de modo que toque la superficie. Refrigérela hasta por 4 días.

Para preparar la pizza, precaliente el horno a 200°C (*400°F*).

Acomode los panes pita sobre una hoja para hornear galletas. Úntelos con la salsa de tomate y adórnelos con pimiento verde, champiñones y rebanadas de peperoni.

Póngales queso rallado encima y sazone con sal, pimienta y paprika. Hornéelos 12 minutos.

1 porción	*854 calorías*	*70 g carbohidratos*
40 g proteínas	*46 g grasa*	*4,0 g fibra*

1. En una sartén grande caliente el aceite. Póngale el ajo, el perejil, la cebolla y los chalotes. Sofríalos de 5 a 6 minutos a fuego lento.

2. Agregue los tomates y sazone bien; cocine 20 minutos a fuego lento.

3. Incorpore la pasta de tomate y el chile jalapeño. Espárzale el azúcar, revuelva y cocine la mezcla a fuego lento 7 u 8 minutos.

4. Acomode los panes pita sobre una hoja para hornear galletas. Úntelos con la salsa de tomate y adórnelos con pimiento verde, champiñones y rebanadas de peperoni o cualquier otro ingrediente de su agrado.

Sándwiches de camarones

2 porciones

12	**camarones medianos**
2	**rebanadas de limón**
½	**tallo de apio picado**
¼	**pimiento verde picado**
2	**rebanadas de tomate picadas**
1 c/dita	**perejil fresco picado**
1 c/dita	**mostaza de Dijon**
2 c/das	**mayonesa**
	unas gotas de jugo de limón
	sal y pimienta
	unas gotas de salsa Tabasco
	barra de pan fresca

Ponga los camarones en una cacerola y cúbralos con agua fría. Agregue las rebanadas de limón y deje que empiecen a hervir.

Saque la cacerola del fuego y deje reposar de 5 a 6 minutos sobre la tabla de cocina. Escurra, pele y desvene los camarones.

Córtelos en trocitos y póngalos en un tazón con las verduras y revuelva bien. Agregue el perejil, la mostaza y la mayonesa; mezcle bien.

Sazone la ensalada con el jugo de limón, la sal, la pimienta y la salsa Tabasco.

Sírvala sobre barras de pan abiertas.

1 porción	747 calorías	95 g carbohidratos
49 g proteínas	19 g grasa	6,4 g fibra

Ensalada en panecillos

4 porciones

1 taza	**verduras mixtas congeladas**
4	**rebanadas de jamón cocido y cortadas en tiras**
3	**huevos cocidos picados**
1 c/da	**cebollines frescos picados**
3 c/das	**mayonesa**
	sal y pimienta
	jugo de 1 limón
	panecillos

Cueza las verduras congeladas siguiendo las instrucciones del paquete. Enjuáguelas con agua fría, escúrralas bien y póngalas en un tazón.

Agregue el jamón y los huevos; salpimiente.

Espárzales los cebollines y mézclele la mayonesa. Viértale el jugo de limón y mezcle nuevamente.

Corte la parte superior de los panecillos y sáqueles el migajón. Rellénelos con la ensalada de verduras y sírvalos adornados con la tapa de pan. Si le agrada, acompañe con fruta fresca rebanada.

1 porción	360 calorías	37 g carbohidratos
17 g proteínas	16 g grasa	2,5 g fibra

131

Sándwiches 'western' para dos

2 porciones

1 c/da	**mantequilla**
½	**cebolla picada**
1 taza	**jamón cocido picado**
½	**pimiento verde picado**
1 c/dita	**perejil fresco picado**
4	**huevos grandes**
4	**rebanadas de pan tostado**
	sal y pimienta

En una sartén antiadherente derrita la mantequilla. Agregue la cebolla, el jamón, el pimiento verde y el perejil; sofríalos de 3 a 4 minutos.

Mientras tanto, rompa los huevos en un tazón y bátalos bien con un tenedor; sazónelos ligeramente.

Incorpore los huevos a la mezcla de jamón. Revuelva ligeramente, baje el fuego a medio y cocine 2 minutos más.

Voltee la tortilla con una pala de metal y cocine 1 minuto más.

Parta la tortilla en 4 y arme los sándwiches. Si le agrada, sírvalos con papas fritas o nachos.

1 porción	454 calorías	33 g carbohidratos
31 g proteínas	22 g grasa	1,1 g fibra

Ensalada de pescado y camarones

4 porciones

2	**filetes de lenguado cocido**
500 g	**(*1 lb*) de camarones cocidos**
2	**zanahorias blanqueadas y rebanadas**
1 taza	**vainitas de chícharo blanqueadas**
2	**manzanas grandes sin corazón y rebanadas con cáscara**
1	**cebollita de Cambray picada**
1 c/da	**perejil fresco picado**
4 c/das	**aceite de oliva**
2 c/das	**vinagre de vino tinto**
	sal y pimienta
	jugo de limón al gusto
	hojas de lechuga orejona

Desmenuce los filetes de lenguado en pedazos pequeños y póngalos en un tazón con los camarones.

Agregue las verduras y las manzanas; mezcle los ingredientes.

Espárzales el perejil, el aceite y el vinagre; sazone y mezcle bien.

Sazone la ensalada con jugo de limón al gusto y sírvala sobre una cama de hojas de lechuga fresca y crujiente.

1 porción	*376 calorías*	*18 g carbohidratos*
40 g proteínas	*16 g grasa*	*5,0 g fibra*

133

Ensalada caliente de pollo y espárragos

4 porciones

1	**manzana sin corazón, pelada y rebanada**
1 c/dita	**jugo de limón**
2	**cebollitas de Cambray rebanadas**
1	**tallo de apio picado**
2	**pechugas de pollo deshuesadas, partidas por la mitad, cocidas y calientes**
2	**tomates sin corazón cortados en mitades y rebanados**
1	**endivia separada en hojas**
2	**manojos de espárragos frescos pelados, cocidos y calientes**
2 c/das	**mayonesa**
2 c/das	**crema espesa**
2	**hojas de menta fresca picadas**
4 c/das	**nueces picadas**
	sal y pimienta

Ponga las manzanas en un tazón grande y revuélvalas con jugo de limón. Agregue las cebollitas de Cambray y el apio; sazone bien.

Corte el pollo en tiras grandes y póngalas en el tazón. Mézcleles los tomates y las hojas de endivia.

Corte los tallos de los espárragos en 3 y póngalos en el tazón.

Mézclele la mayonesa y la crema. Sazone y agregue la menta picada; revuelva bien. Esparza las nueces y sirva la ensalada con rebanadas de fruta fresca como adorno.

134

1 porción	263 calorías	14 g carbohidratos
18 g proteínas	15 g grasa	3,9 g fibra

Ensalada de camarones

4 porciones

350 g	(¾ *lb*) de camarones cocidos
1	tallo de apio picado
½	pimiento rojo picado
1 c/da	perejil fresco picado
1	manzana roja sin corazón, pelada y cortada en trozos medianos
1 c/da	jugo de limón
125 g	(¼ *lb*) de ejotes verdes cocidos y cortados en cubitos
1 taza	floretes de brócoli blanqueado
1	cebollita de Cambray blanqueada y rebanada
4 c/das	mayonesa
	sal y pimienta blanca
	una pizca de paprika

Enjuague los camarones en agua fría, escúrralos bien y séquelos con toallas de papel.

Ponga los camarones, el apio, el pimiento rojo, el perejil y la manzana en un tazón. Rocíelos con jugo de limón y sazone bien.

Agregue las verduras cocidas y mezcle bien.

Incorpore la mayonesa y sazone la ensalada con paprika; revuelva hasta combinar bien los ingredientes.

Rectifique la sazón y sirva.

Tomates rellenos

4 porciones

4	**tomates grandes bien lavados**
1 c/da	**aceite**
2	**dientes de ajo picados**
1	**cebolla finamente picada**
1 taza	**carne de chorizo de cerdo**
1 c/dita	**tomillo fresco picado**
1 c/dita	**cebollines frescos picados**
1 c/da	**perejil fresco picado**
4	**rebanadas delgadas de jamón cocido picadas**
1¼ taza	**arroz de grano cocido**
1 taza	**queso cheddar añejo blanco rallado**
	sal y pimienta
	una pizca de pimienta de Cayena

Precaliente el horno a 190°C (*375°F*).

Corte una rebanada pequeña de la parte inferior de cada tomate para que puedan sostenerse. Corte la parte superior con un cuchillo afilado y guárdelas. Saque aproximadamente ¾ de la pulpa de los tomates; guárdela para otros platillos.

Sazone las cavidades de los tomates, rocíelos con unas gotas de aceite y acomódelos en un molde refractario.

Caliente el aceite a fuego medio en una sartén. Sofría 3 minutos el ajo y la cebolla.

Ponga la carne de chorizo de cerdo y las hierbas frescas; sazone con sal y pimienta. Sofría 3 minutos a fuego medio.

Agregue el jamón, mezcle bien y continúe cocinando 3 minutos.

Ponga el arroz, revuelva, rectifique la sazón y cocine 3 ó 4 minutos más.

Incorpore el queso y rectifique la sazón; espolvoree con pimienta de Cayena al gusto. Cocine 2 minutos.

Rellene los tomates y hornéelos 30 minutos o el tiempo necesario según el tamaño.

Decórelos con las tapas que les cortó. Sirva

1 porción	339 calorías	22 g carbohidratos
20 g proteínas	19 g grasa	2,9 g fibra

1. Corte una rebanada de la parte inferior de cada tomate. Quite las tapas y apártelas para adorno. Saque aproximadamente ¾ de la pulpa.

2. Sofría el ajo y la cebolla. Agregue la carne de chorizo de cerdo y las hierbas frescas.

3. Mézclele el jamón y cocine 3 minutos más.

4. Agregue el arroz. Revuelva, rectifique la sazón y cocine 3 ó 4 minutos más.

'Welsh rarebit'

2 porciones

2	rebanadas de pan tostado de 2 cm (¾ *pulg*) de grueso
3 tazas	queso cheddar añejo rallado
¼ c/dita	paprika
1 c/dita	mostaza en polvo
½ taza	cerveza
	pimienta recién molida

Ponga el pan tostado en un platón.

Ponga el queso y la paprika en un tazón. Ponga pimienta al gusto. Agréguele la mostaza y revuelva bien.

Vierta la cerveza en una sartén antiadherente y deje que empiece a hervir. Cocine hasta que se consuma la mitad del líquido.

Agregue el queso y cocínelo a fuego medio de 7 a 8 minutos revolviendo en una o dos ocasiones.

Rocíe el pan con esta mezcla y sírvalo.

138

1 porción   816 calorías   22 g carbohidratos
47 g proteínas   60 g grasa   0,8 g fibra

Super 'hot dogs'

2 porciones

1 c/da	aceite
1	cebolla finamente rebanada
2	panes para 'hot dogs' tostados o calentados al vapor
2	salchichas de carne de res, de cerdo o de ternera para 'hot dog', cocidas
½	chile largo en encurtido finamente rebanado
2	rebanadas de tomate cortadas en mitades
	mostaza, salsa agridulce y catsup

Caliente el aceite en una sartén pequeña. Ponga la cebolla, tápela y sofríala 15 minutos a fuego medio. Revuelva varias veces mientras lo hace.

Para armar los 'hot dogs', ponga primero un poco de cebolla y una salchicha en cada bollo.

Cubra al gusto con los condimentos y termine con la cebolla restante, el chile largo rebanado y el tomate.

Sírvalos con pepinillos encurtidos y nachos.

1 porción	*533 calorías*	*38 g carbohidratos*
21 g proteínas	*33 g grasa*	*2,8 g fibra*

139

'Quiche' de cebolla con menta

4 a 6 porciones

2 c/das	mantequilla
1	cebolla grande finamente rebanada
1 c/da	perejil fresco picado
2	huevos
1	yema de huevo
2	hojas de menta frescas y picadas
1 c/dita	cebollines frescos picados
1 taza	crema espesa
1 taza	queso cheddar rallado
	pasta para tarta
	huevo batido
	sal y pimienta

Precaliente el horno a 190°C (*375°F*). Extienda la pasta sobre una superficie enharinada y forre un molde para tarta de 23 cm (*9 pulg*). Pique la pasta del fondo con un tenedor y barnícela con huevo batido. Deje aparte.

Derrita la mantequilla a fuego medio en una sartén. Póngale la cebolla y el perejil; tape y sofría 15 minutos.

Quite la tapa y continúe sofriendo de 4 a 5 minutos más.

Mientras tanto, mezcle los huevos y las yemas en un tazón pequeño. Agregue la menta, los cebollines y la crema; bata todo junto y salpimiente generosamente.

Cuando las cebollas estén bien doradas, vacíelas en sobre la pasta. Cubra con queso.

Vierta la mezcla de huevo sobre el queso y acomode el molde para tarta sobre una hoja para hornear galletas; hornéelo 35 minutos.

1 porción	*437 calorías*	*15 g carbohidratos*
11 g proteínas	*37 g grasa*	*0,8 g fibra*

1. Forre un molde para tarta de 23 cm (*9 pulg*). Pique la pasta del fondo con un tenedor y barnícela con huevo batido.

2. Sofría la cebolla y el perejil en la mantequilla caliente a fuego lento por 15 minutos. Tape la sartén.

3. Mezcle los huevos y las yemas en un tazón pequeño. Agregue la menta, los cebollines y la crema; bata todo junto y salpimiente generosamente.

4. Cuando las cebollas estén bien doradas, vacíelas en sobre la pasta. Cubra con queso y vierta la mezcla de huevo.

Crepas rellenas de jamón y manzana

4 porciones

2	manzanas sin corazón, peladas y cortadas en cubos
3 c/das	mantequilla
1	pimiento rojo picado
3	cebollitas de Cambray rebanadas
250 g	(½ lb) de champiñones frescos limpios y cortados en trozos
2 tazas	jamón cocido cortado en cubos
1 c/da	perejil fresco picado
¼ c/dita	mejorana
4 c/das	harina
2 tazas	caldo de pollo caliente
1½ tazas	queso gruyère rallado
8	crepas*
	jugo de limón
	sal y pimienta
	una pizca de paprika
	una pizca de nuez moscada
	unos chiles machacados
	una pizca de clavo en polvo

Ponga las manzanas en un tazón lleno de agua fría con jugo de limón. Déjelas aparte.

Separe 1 cucharadita de mantequilla y derrita el resto a fuego medio en una sartén. Póngale el pimiento rojo, las cebollitas de Cambray y los champiñones; sofría de 3 a 4 minutos.

Escurra las manzanas, póngalas en la sartén y rectifique la sazón. Mézclele el jamón, tape y cocine 6 minutos a fuego lento. Agregue el perejil y todos los condimentos; revuelva bien. Mézclele la harina y revuelva hasta que se incorpore perfectamente; tape y sofría 3 minutos a fuego lento.

Agregue el caldo de pollo, rectifique la sazón y deje que empiece a hervir. Cueza destapado a fuego medio por 5 ó 6 minutos. Agregue la mitad del queso rallado y cocine 2 minutos.

Precaliente el horno a 200°C (*400°F*).

Extienda las crepas sobre una tabla de cortar. Repártales el relleno con una cuchara perforada; dóblelas por la mitad y luego nuevamente por la mitad para formar triángulos. Póngalas en un molde refractario, báñelas con la salsa sobrante y espárzales el resto del queso.

Reparta 1 cucharadita de mantequilla en trocitos; póngales pimienta y hornee 5 minutos.

* Para la receta de crepas, vea la página 224.

1 porción	825 calorías	71 g carbohidratos
43 g proteínas	41 g grasa	4,9 g fibra

1. Sofría en mantequilla caliente el pimiento rojo, las cebollitas de Cambray y los champiñones, de 3 a 4 minutos.

2. Agregue las manzanas y el jamón; tape y cocine 6 minutos a fuego lento.

3. Ponga el perejil y todos los condimentos; revuelva bien. Mézcleles la harina hasta que se incorpore perfectamente; tape y cocine 3 minutos a fuego lento.

4. Agregue el caldo de pollo, rectifique la sazón y deje que empiece a hervir. Termine la cocción.

Rebanadas de jamón con salsa de hongos
4 porciones

3 c/das	mantequilla
1	cebolla pequeña finamente picada
1 taza	champiñones frescos limpios y rebanados
1 taza	pleurotos* limpios y rebanados
¼ c/dita	nuez moscada
3 c/das	harina
2 tazas	leche caliente
8	rebanadas de jamón cocido de 0,65 cm (¼ *pulg*) de grueso
2	yemas de huevo
	sal y pimienta

Precaliente el horno a 180°C (*350°F*).

Derrita la mantequilla a fuego medio en una sartén. Ponga la cebolla, tape y sofría 3 minutos.

Agregue las dos clases de champiñones y la nuez moscada; sazone bien. Tape la sartén y sofría 3 minutos más.

Mézcleles la harina hasta que se incorpore bien. Cocine 2 minutos a fuego lento, sin tapar.

Agregue la leche, revuelva bien y sazone de nuevo; cocine 8 minutos más.

Enrolle las rebanadas de jamón y colóquelas en un molde refractario.

Retire la salsa del fuego y agréguele las yemas de huevo; mezcle muy bien. Vierta la salsa sobre los rollos de jamón y hornéelos de 5 a 6 minutos.

Sírvalos con ensalada verde.

* Variedad de hongo. En los meses de lluvia, generalmente se encuentran otras variedades comestibles en el mercado.

1 porción	314 calorías	17 g carbohidratos
21 g proteínas	18 g grasa	1,7 g fibra

Tortilla de papa

4 porciones

3 c/das	**mantequilla**
4	**papas peladas, cortadas por la mitad y finamente rebanadas**
1	**cebolla pequeña picada**
1 c/da	**cebollines frescos picados**
1 c/da	**albahaca fresca picada**
1 c/dita	**perejil fresco picado**
1 c/da	**leche**
8	**huevos batidos**
	sal y pimienta

El éxito de un tortilla depende generalmente del tipo de sartén que se utiliza. Elija una sartén anti-adherente, mediana o grande.

Derrita la mantequilla a fuego medio. Agregue las papas y tape; fría 8 minutos removiendo de 2 a 3 veces durante la cocción.

Agregue la cebolla y todas las hierbas frescas; salpimiente. Cocine destapada de 3 a 4 minutos. Revise si las papas están cocidas y, si es necesario, cocínelas un poco más.

Bata la leche con los huevos. Aumente el fuego a alto y vierta la mezcla sobre las papas. Sazone ligeramente y cocine 1 minuto sin revolver.

Remueva la tortilla suavemente para ayudar a que cuajen los huevos. Cocine 1 ó 2 minutos más o hasta que empiecen a tener consistencia pero todavía estén suaves. Voltee después la tortilla y cocine 1 minuto más.

Doble la tortilla por la mitad y sirva inmediatamente.

1 porción	*356 calorías*	*29 g carbohidratos*
15 g proteínas	*20 g grasa*	*2,9 g fibra*

Picadillo de papa con jamón

4 porciones

2 c/das	mantequilla
1	cebolla pequeña finamente picada
500 g	(*1 lb*) de jamón cocido y picado
1 c/da	perejil fresco picado
3	papas grandes cocidas, peladas y cortadas en cubitos
1 c/da	cebollines frescos picados
	sal y pimienta
	aceite (si es necesario)

Derrita la mantequilla en una sartén grande. Póngale la cebolla, el jamón y el perejil; sofría 3 minutos a fuego alto.

Agregue las papas y sazónelas bien. Cocínelas de 8 a 10 minutos más, revolviendo ocasionalmente; agregue aceite si es necesario. Hacia el final de la cocción, empiece a aplanar las papas con una espátula grande de metal.

Esparza los cebollines sobre las papas, revuelva bien y cocínelas 2 minutos más antes de servirlas.

1 porción	*407 calorías*	*30 g carbohidratos*
29 g proteínas	*19 g grasa*	*2,9 g fibra*

Huevos escalfados con salsa cazadora

4 porciones

1 c/da	mantequilla
3	rebanadas de tocino picadas
1	cebolla pequeña picada
125 g	(¼ *lb*) de champiñones frescos limpios y cortados en cuartos
2 c/das	harina
¼ taza	vino blanco seco
1¼ tazas	caldo de res caliente
1 c/dita	pasta de tomate
8	huevos escalfados
8	rebanadas de barra de pan tostado
	sal y pimienta
	unas gotas de salsa Pickapeppa*

Derrita la mantequilla a fuego medio en una cacerola. Póngale el tocino y sofría de 4 a 5 minutos. Mézclele la cebolla y cocínelos otros 3 minutos.

Agregue los champiñones, sazone y sofría 3 ó 4 minutos. Mézclele la harina y revuelva hasta que se incorpore bien; cocine 2 minutos a fuego lento.

Viértale el vino, revuelva bien y agregue el caldo de res, la pasta de tomate y la salsa Pickapeppa. Cueza 15 minutos a fuego medio.

Ponga cada huevo escalfado sobre una rebanada de pan tostado y báñelo con la salsa. Sirva inmediatamente.

* Salsa picante proveniente de Jamaica.

1 porción	*330 calorías*	*24 g carbohidratos*
18 g proteínas	*18 g grasa*	*2,3 g fibra*

147

Crepas rellenas de berenjena

4 porciones

3 c/das	mantequilla
1	cebolla picada
1	cebollita de Cambray rebanada
1	diente de ajo picado
1	berenjena pelada y cortada en cubos
1 c/da	perejil fresco picado
½ c/dita	orégano
½ c/dita	tomillo
¼ c/dita	estragón
2	tomates sin corazón y cortados en cubos
1 taza	queso gruyère rallado
8	crepas*
	sal y pimienta
	una pizca de azúcar

Derrita 2 cucharadas de mantequilla a fuego medio en una sartén grande. Agréguele la cebolla, la cebollita de Cambray y el ajo; sofría de 3 a 4 minutos.

Agregue la berenjena y todos los condimentos; tape la sartén y cocine 20 minutos revolviendo ocasionalmente.

Agregue los tomates, sazone y ponga el azúcar. Revuelva y cocine 15 minutos.

Agregue la mitad del queso, rectifique la sazón y cocine otros 2 minutos.

Precaliente el horno a 200°C (*400°F*).

Extienda las crepas sobre una tabla de cocina. Reparta el relleno en las crepas; dóblelas por la mitad y nuevamente por la mitad para formar triángulos. Colóquelas en un molde refractario grande y esparza el resto del queso y de la mantequilla.

Hornee 4 minutos y sirva.

* Para la receta de crepas, vea la página 224.

1 porción	*612 calorías*	*58 g carbohidratos*
23 g proteínas	*32 g grasa*	*3,8 g fibra*

1. Sofría la cebolla, la cebollita de Cambray y el ajo 3 ó 4 minutos en mantequilla caliente a fuego medio.

2. Agregue la berenjena y todos los condimentos; tape la cacerola y sofría 20 minutos revolviendo ocasionalmente.

3. Agregue los tomates, sazone y agregue el azúcar. Revuelva y cocine otros 15 minutos.

4. Agregue la mitad del queso, rectifique la sazón y sofría 2 minutos más.

Pasta con pesto de berros

4 porciones

2 tazas	berros frescos lavados y bien secos
1 taza	perejil fresco lavado y bien seco
2	dientes de ajo picados
1 taza	queso romano rallado
4	porciones de tubitos cocidos y calientes
	aceite de oliva
	pimienta recién molida

Muela perfectamente el berro y el perejil en un procesador de alimentos.

Agregue el ajo y muela varios minutos más. Agregue el queso y muela de nuevo hasta que se incorpore bien.

Agregue sólo el aceite necesario para formar una pasta. Sazone la mezcla con pimienta al gusto y muélala una vez más.

Ponga los tubitos calientes en un tazón y báñelos con el pesto; agítelos para que se cubran bien.

Sirva inmediatamente.

1 porción	447 calorías	43 g carbohidratos
17 g proteínas	23 g grasa	3,3 g fibra

Ternera con verduras y pasta

4 porciones

2 c/das	mantequilla
2	chuletas de ternera sin grasa y cortadas en tiras
4	hongos grandes frescos limpios y cortados en rebanadas gruesas
½	pimiento rojo cortado en tiras
2	cebollitas de Cambray rebanadas gruesas
2	hojas frescas de menta finamente picadas
¾ taza	caldo de pollo caliente
1 c/dita	fécula de maíz
2 c/das	agua fría
4	porciones de tallarines de espinacas cocidos y calientes
	sal y pimienta

Derrita la mantequilla a fuego alto en una sartén. Póngale las tiras de ternera y fríalas 2 minutos, dorándolas por todos lados.

Sazone bien la carne, sáquela de la sartén y manténgala caliente en el horno.

Agregue todas las verduras y la menta picada a la sartén; sazone bien. Sofría 3 minutos a fuego alto y, si es necesario, agregue un poco de mantequilla.

Saque las verduras de la sartén y póngalas en el horno junto con la carne.

Agregue el caldo de pollo a la sartén y deje que empiece a hervir. Mezcle la fécula de maíz con el agua e incorpórela al caldo de pollo; revuelva y cocine 1 minuto a fuego medio.

Ponga la carne y las verduras de nuevo en la sartén con la salsa. Deje que hiervan varios minutos a fuego lento; revuélvalas con la pasta caliente y sirva.

Pasta con mariscos

4 porciones

2 c/das	mantequilla
1	chalote picado
250 g	(*½ lb*) de champiñones frescos limpios y rebanados
1 c/da	perejil fresco picado
2 c/das	harina
1½ tazas	leche caliente
125 g	(*4 oz*) de carne de cangrejo enlatada bien escurrida
4	porciones de tornillos cocidos* y calientes
	sal y pimienta

Derrita la mantequilla a fuego medio en una cacerola. Póngale los chalotes, los champiñones y el perejil; sofríalos de 3 a 4 minutos.

Agregue la harina y revuelva hasta que se incorpore bien. Cocine 2 minutos a fuego lento.

Sazone bien la mezcla y viértale la leche; revuelva y cueza a fuego lento de 8 a 10 minutos.

Agregue la carne de cangrejo, revuelva bien y rectifique la sazón. Cocine 2 minutos a fuego muy bajo.

Vacíe sobre la pasta y sirva.

* Usted puede utilizar pasta que le haya sobrado. Lávela con agua caliente, escúrrala muy bien y sofríala en un poco de mantequilla antes de ponerle la salsa.

1 porción	362 calorías	52 g carbohidratos
16 g proteínas	10 g grasa	3,3 g fibra

1. Derrita la mantequilla a fuego medio en una cacerola. Póngale los chalotes, los champiñones y el perejil; sofríalos de 3 a 4 minutos.

2. Agregue la harina y revuelva hasta que se incorpore bien. Cocine 2 minutos a fuego lento.

3. Después de sazonar la mezcla, viértale la leche, revuelva y cocine a fuego lento de 8 a 10 minutos.

4. Agregue la carne de cangrejo y rectifique la sazón. Cocine 2 minutos a fuego muy bajo.

Sándwiches abiertos de ternera y champiñones   *2 porciones*

2	**escalopas de ternera***
2 c/das	**mantequilla**
4	**rebanadas gruesas de pan italiano fresco tostado**
1 c/da	**mantequilla al ajo**
8	**champiñones frescos limpios y rebanados**
1 c/dita	**perejil fresco picado**
¼ taza	**caldo de pollo caliente**
	sal y pimienta

Sazone la ternera con un poco de pimienta. Derrita la mantequilla en una sartén y fría la carne por 2 minutos a fuego medio alto.

Voltee las escalopas, sazónelas bien y fríalas 2 minutos más.

Ponga 2 rebanadas de pan en 2 platos calientes. Coloque encima las escalopas de ternera y manténgalas calientes en el horno.

Derrita la mantequilla al ajo en la sartén. Póngale los champiñones y perejil; cocínelos 2 minutos a fuego alto.

Vierta el caldo de pollo y sazónelo; deje consumir la mitad del líquido.

Rocíe los sándwiches abiertos con la salsa y sírvalos.

* Las escalopas son piezas de chuleta de ternera aplanadas de 0,65 cm (¼ *pulg*) de grueso.

154

1 porción	*576 calorías*	*38 g carbohidratos*
34 g proteínas	*32 g grasa*	*4,2 g fibra*

Escalopas de ternera al limón

4 porciones

4	escalopas de ternera
2 c/das	mantequilla
¼ taza	caldo de pollo caliente
1 c/da	perejil fresco picado
	sal y pimienta
	jugo de 1 limón
	rebanadas de limón

Sazone la ternera sólo con un poco de pimienta.

Derrita la mantequilla a fuego medio alto en una sartén grande. Póngale la ternera y fríala 2 minutos.

Voltee la carne, salpimiente y fríala 2 minutos más. Tenga cuidado de no dejar la carne demasiado cocida. Sáquela de la sartén y póngala en un platón caliente, cubriendo con papel de aluminio.

Ponga el caldo de pollo, perejil y jugo de limón en la sartén. Aumente el fuego a alto y deje consumir el líquido durante 3 minutos.

Inmediatamente después, vierta la salsa sobre la carne y adórnela con rebanadas de limón. Sirva enseguida y si le agrada, acompáñela con espárragos frescos.

1 porción	*283 calorías*	*1 g carbohidratos*
27 g proteínas	*19 g grasa*	*0,1 g fibra*

Escalopas de ternera estilo chino

4 porciones

500 g	(*1 lb*) de escalopas de ternera sin grasa
1 taza	harina sazonada
2 c/das	mantequilla
1	tallo de apio cortado en trozos de 5 cm (*2 pulg*) de largo
1	calabacita finamente rebanada
1 c/dita	semillas de ajonjolí
½ taza	caldo de pollo caliente
3 c/das	salsa de ciruela
1 c/dita	fécula de maíz
2 c/das	agua fría
	sal y pimienta

Enharine ligeramente la ternera. Derrita la mantequilla en una sartén y póngale la carne; fría 2 minutos a fuego medio.

Voltéela, sazone bien y fría otros 2 minutos. Saque la carne de la sartén y deje aparte.

Ponga las verduras y las semillas de ajonjolí en la sartén. Revuelva bien y cocínelas 3 minutos con la sartén tapada.

Viértale el caldo de pollo y deje que empiece a hervir. Agregue la salsa de ciruela y cocine 2 minutos a fuego medio.

Mezcle la fécula de maíz con agua; revuélvala con la salsa hasta que se incorpore bien y cuézala 1 minuto. Caliente la ternera en la salsa durante 1 minuto a fuego lento. Sirva.

1 porción	453 calorías	35 g carbohidratos
31 g proteínas	21 g grasa	2,6 g fibra

Escalopas de ternera fritas

4 porciones

4	**escalopas de ternera grandes sin grasa**
1 taza	**harina sazonada**
2	**huevos**
1 taza	**leche**
2 c/das	**aceite de cacahuate**
	pan molido*
	sal y pimienta

Precaliente el horno a 180°C (*350°F*).

Enharine ligeramente la ternera. Bata los huevos junto con la leche y sumerja la carne en esta mezcla. Empanícela presionando el pan con las yemas de los dedos.

Caliente el aceite en una sartén grande. Cuando esté caliente, ponga la ternera y fríala 2 minutos a fuego medio. Voltéela, sazone y fría otros 3 minutos.

Cambie la carne a un molde refractario y hornéela de 4 a 5 minutos. Sírvala con gajos de limón.

* Seleccionar pan molido de buena calidad es primordial para obtener el buen sabor de esta receta.

1 porción	*529 calorías*	*39 g carbohidratos*
37 g proteínas	*25 g grasa*	*3.3 g fibra*

Chuletas de ternera con champiñones

4 porciones

4	chuletas de ternera sin grasa de 2,5 cm (*1 pulg*) de grueso
1 taza	harina sazonada
4 c/das	mantequilla
500 g	(*1 lb*) de champiñones frescos limpios y rebanados
1 c/da	perejil fresco y picado
	sal y pimienta
	aceite de ajonjolí

Enharine la ternera.

Caliente la mitad de la mantequilla a fuego medio en una sartén grande. Ponga la carne y fríala 5 minutos.

Voltee las chuletas, salpimiente bien y siga friéndolas de 3 a 4 minutos más, dependiendo del tamaño.

Mientras tanto, caliente la mantequilla restante en otra sartén y sofría los champiñones con el perejil por aproximadamente 3 minutos a fuego alto. Asegúrese de sazonarlos bien.

Rocíe los champiñones con el aceite de ajonjolí y cocínelos 1 minuto más.

Cuando las chuletas estén listas, sírvalas inmediatamente con los champiñones.

1 porción	536 calorías	32 g carbohidratos
30 g proteínas	32 g grasa	4,4 g fibra

Escalopas de ternera al vino de marsala

4 porciones

4	escalopas de ternera
2½ c/das	mantequilla
¼ taza	vino de marsala
1 c/da	perejil fresco picado
	sal y pimienta

Ponga solamente un poco de pimienta a las escalopas.

Derrita 2 cucharadas de mantequilla a fuego medio alto en una sartén grande; ponga la ternera y fríala 2 minutos.

Voltee la carne, salpimiente y fríala 2 minutos más. Tenga cuidado de no cocerla en exceso. Sáquela de la sartén y consérvela en un molde refractario caliente; cubra con papel de aluminio.

Vierta el vino en la sartén y agregue la mantequilla restante y el perejil. Deje que se consuma el líquido 3 minutos a fuego alto.

Rocíe inmediatamente la carne con la salsa y sírvala enseguida. Acompáñela con tomates o champiñones salteados.

1 porción	*293 calorías*	*0 g carbohidratos*
26 g proteínas	*21 g grasa*	*0,1 g fibra*

Chuletas de cerdo a la italiana

4 porciones

4	**chuletas de cerdo de 0,65 cm (¼ *pulg*) de grueso**
1 taza	**harina sazonada**
1 taza	**crema espesa**
1 taza	**pan molido con especias**
2 c/das	**aceite de cacahuate**
1¼ tazas	**salsa de tomate caliente**
	sal y pimienta

Precaliente el horno a 180°C (*350°F*).

Enharine las chuletas, sumérjalas en la crema espesa y después empanícelas perfectamente.

Caliente el aceite a fuego alto en una sartén grande. Ponga las chuletas y fríalas 2 minutos por cada lado. Páselas a un molde refractario y termine de cocinarlas 7 minutos en el horno.

Cuando estén listas, sirva salsa de tomate en platos calientes. Acomode las chuletas sobre la salsa y si le agrada, adórnelas con yema de huevo cocido triturada. Sirva con verduras salteadas.

1 porción	*808 calorías*	*53 g carbohidratos*
41 g proteínas	*48 g grasa*	*2,6 g fibra*

Plato de cerdo a la parrilla

4 porciones

4	**salchichas de cerdo frescas cocidas 4 minutos**
4	**chuletas de cerdo pequeñas sin grasa**
2 c/das	**aceite de oliva**
1 c/da	**salsa teriyaki**
1 c/dita	**jugo de limón**
1	**diente de ajo picado**
	unas gotas de aceite de ajonjolí
	pimienta recién molida

Ponga todos los ingredientes en un tazón grande y deje macerar la carne 15 minutos. Mientras tanto, prenda el asador y engrase la parrilla.

Ase la carne aproximadamente 15 minutos o ajuste el tiempo según el grosor de la carne. Voltee la carne y báñela varias veces con la salmuera restante.

Sírvala acompañada con verduras a la parrilla.

1 porción   *358 calorías*   *1 g carbohidratos*
30 g proteínas   *26 g grasa*   *0 g fibra*

Cerdo salteado con salsa soya

4 porciones

⅓ **taza**	**aceite**
3	**chuletas de cerdo sin grasa cortadas en tiras**
3 tazas	**arroz hervido**
2 c/das	**salsa de soya ligera**
2	**huevos batidos**
2 c/das	**cebollines frescos picados**
	sal y pimienta

Caliente 2 cucharadas de aceite en un wok o en una sartén grande y gruesa. Cuando empiece a humear el aceite, ponga el cerdo y saltéelo a fuego alto por 4 ó 5 minutos.

Saque la carne y déjela aparte en un plato.

Ponga el aceite restante en el wok y caliéntelo hasta que humee. Agregue rápidamente el arroz y fríalo de 7 a 8 minutos revolviendo ocasionalmente.

Regrese el cerdo al wok y sazónelo bien. Cocínelos otros 3 minutos.

Rocíe con salsa de soya, mezcle bien e incorpore los huevos batidos. Baje el fuego a bajo y revuelva rápidamente hasta que los huevos estén cocidos.

Espárzale los cebollines y sirva.

1 porción	496 calorías	40 g carbohidratos
21 g proteínas	28 g grasa	1,3 g fibra

Arroz pilaf con verduras

4 porciones

1 c/da	mantequilla
2	cebollitas de Cambray picadas
1	tallo de apio picado
1 taza	arroz de grano largo lavado y escurrido
1 c/da	albahaca
½ c/dita	orégano
¼ c/dita	chiles machacados
1½ tazas	caldo de pollo caliente
1 c/da	aceite de oliva
6	puntas de espárragos cocidas y cortadas en 3
1	zanahoria pelada y finamente rebanada
1	pimiento verde cortado en tiras
½	pepino sin semillas finamente rebanado
1	tomate grande sin corazón cortado en gajos
1	diente de ajo picado
	sal y pimienta
	aceite de ajonjolí al gusto

Precaliente el horno a 180°C (*350°F*).

Caliente la mantequilla a fuego medio en una cacerola refractaria que pueda ponerse directamente en la llama. Póngale las cebollitas de Cambray y el apio; sofríalos de 2 a 3 minutos.

Agregue el arroz y mézclelo bien. Sazónelo con sal, pimienta, albahaca, orégano y los chiles machacados. Cocínelo de 2 a 3 minutos o hasta que se empiece a pegar en el fondo de la cacerola. Revuelva bien.

Viértale el caldo de pollo, tape la cacerola y deje que empiece a hervir. Hornéelo tapado por 18 minutos.

5 minutos antes de que el arroz esté listo, empiece a preparar las verduras. Caliente el aceite de oliva a fuego alto en una sartén.

Póngale las verduras y el ajo y sazone bien. Sofríalos de 2 a 3 minutos y revuelva una sola vez. Si le agrada, sazone con aceite de ajonjolí.

Sírvalas con el arroz.

1 porción	*159 calorías*	*21 g carbohidratos*
3 g proteínas	*7 g grasa*	*2,8 g fibra*

Hígado de ternera con cebolla

4 porciones

4 c/das	mantequilla
1	tomate grande sin corazón cortado por la mitad y rebanado
1	cebolla cortada por la mitad y rebanada
1 c/dita	albahaca fresca picada
4	rebanadas grandes de hígado de ternera
1 taza	harina sazonada
	sal y pimienta

Derrita la mitad de la mantequilla a fuego medio en una sartén. Póngale el tomate, la cebolla y la albahaca; sazone bien y sofría de 20 a 25 minutos. Revuelva ocasionalmente.

Enharine el hígado. Derrita la mantequilla restante a fuego lento en otra sartén. Fría el hígado 3 minutos por uno de los lados. Voltee las rebanadas, sazónelas y fríalas 2 minutos más.

Sírvalas con la mezcla de tomate y cebolla.

1 porción	462 calorías	38 g carbohidratos
37 g proteínas	18 g grasa	2,7 g fibra

Hígado de ternera con champiñones y hierbas finas   *4 porciones*

4	**rebanadas de hígado de ternera fresco**
3 c/das	**mantequilla**
250 g	**(½ lb) de champiñones frescos limpios y cortados en cuartos**
2 c/das	**perejil fresco picado**
1 c/da	**estragón fresco picado**
	harina
	sal y pimienta

Enharine el hígado. Derrita 2 cucharadas de mantequilla a fuego medio en una sartén. Ponga el hígado y sazónelo; fríalo de 2 a 3 minutos por cada lado.

Pase el hígado en un platón y consérvelo caliente en el horno.

Ponga la mantequilla restante en la sartén. Sofría los champiñones, el perejil y el estragón a fuego alto de 2 a 3 minutos; salpimiente generosamente.

Sírvalos con el hígado y si le agrada, acompañe con espárragos al vapor.

1 porción	262 calorías	7 g carbohidratos
27 g proteínas	14 g grasa	1,8 g fibra

Pollo escalfado en vino blanco

4 porciones

2 c/das	mantequilla
2	pechugas de pollo enteras sin piel, deshuesadas y partidas en 2
½ taza	vino blanco seco
1 c/da	perejil fresco picado
6	pleurotos* frescos grandes, lavados y cortados en 2
½	pepino sin semillas en rebanadas gruesas
1 taza	caldo de pollo caliente
1 c/da	fécula de maíz
2 c/das	agua fría
	sal y pimienta

Derrita la mantequilla a fuego lento en una sartén. Agréguele el pollo, el vino y el perejil; sazone bien. Tape la sartén y cocine 10 minutos.

Voltee el pollo. Agregue los champiñones y el pepino; sazone de nuevo. Tape y cocine de 6 a 7 minutos más.

Saque el pollo de la sartén y manténgalo caliente en el horno.

Vierta el caldo de pollo en la sartén y deje que empiece a hervir sin tapar.

Mezcle la fécula de maíz con agua y revuélvala con la salsa hasta que se incorpore bien. Cocínela a fuego lento 1 minuto.

Vierta la salsa sobre el pollo y sírvalo. Acompáñelo con pan fresco.

* Variedad de hongo. En los meses de lluvia, generalmente se encuentran otras variedades comestibles en el mercado.

1 porción	213 calorías	5 g carbohidratos
28 g proteínas	9 g grasa	1,3 g fibra

Pollo a la crema sobre pan tostado

4 porciones

2	**pechugas de pollo enteras sin piel y cortadas en cubos grandes**
2 c/das	**mantequilla**
125 g	**(¼ lb) de champiñones frescos limpios y cortados en cuartos**
2	**chalotes picados**
1 c/dita	**perejil fresco picado**
1½ tazas	**caldo de pollo caliente**
¼ taza	**crema espesa**
	harina
	sal y pimienta
	pan tostado

Enharine y sazone generosamente los cubos de pollo. Derrita la mantequilla a fuego medio en una sartén. Agregue los cubos de pollo, tape la sartén y sofría 10 minutos revolviendo ocasionalmente.

Ponga los champiñones, los chalotes y el perejil. Sazone, tape y cocine 5 minutos más.

Agregue el caldo de pollo y revuelva bien. Incorpore la crema, mezcle y siga cocinando el pollo de 3 a 4 minutos sin tapar.

Sirva sobre pan tostado.

Sorpresa de pollo con cheddar

4 porciones

2	**pechugas de pollo enteras sin piel, deshuesadas y partidas en 2**
1 taza	**queso cheddar añejo rallado**
4	**rebanadas grandes y delgadas de jamón Selva Negra**
1 taza	**harina sazonada**
2	**huevos batidos**
1 taza	**pan molido**
2 c/das	**aceite de cacahuate**
	sal y pimienta

Corte cada mitad de pechuga para formar una cavidad. Rellénela con queso y compacte la carne con las manos. Envuelva en una rebanada de jamón.

Enharine las pechugas con cuidado y sumérjalas en huevo batido. Empanícelas uniformemente. El pollo debe quedar bien cubierto por el pan molido, de lo contrario, el queso se escurrirá mientras se fríen.

Precaliente el horno a 190°C (*375°F*).

Caliente el aceite en una sartén refractaria grande. Cuando esté caliente, póngale el pollo y fríalo de 2 a 3 minutos por lado, a fuego medio alto para que dore el pan molido. Sazone bien al voltearlo.

Termine de cocinarlo en el horno por 10 o más minutos, dependiendo del tamaño de las pechugas.

Sirva con panecillos frescos.

1 porción   *622 calorías*   *46 g carbohidratos*
51 g proteínas   *26 g grasa*   *2,1 g fibra*

1. Corte cada mitad de pechuga para formar una cavidad. Rellénela con queso y compáctela con las manos.

2. Envuelva la carne en una rebanada de jamón.

3. Enharine las pechugas.

4. Sumerja en huevo batido y empanice.

Pollo salteado

4 porciones

2	**pechugas de pollo enteras sin piel y cortadas en trozos de 5 cm (*2 pulg*)**
1 c/da	**aceite**
1	**calabacita finamente rebanada**
1	**zanahoria grande pelada y finamente rebanada**
1	**pimiento rojo finamente rebanado**
3	**cebollitas de Cambray cortadas en tiras**
1 c/da	**salsa de soya**
	harina
	sal y pimienta
	unas gotas de aceite de ajonjolí*

Enharine el pollo. Caliente el aceite a fuego medio en una sartén. Agregue el pollo, tape y fríalo de 3 a 4 minutos. Sáquelo de la sartén y deje aparte.

Ponga la calabacita y la zanahoria, revuelva y sazone bien. Tape y sofría 6 minutos a fuego medio, revolviendo ocasionalmente.

Agregue el pimiento rojo, las cebollitas de Cambray, la salsa de soya y el aceite de ajonjolí. Ponga el pollo de nuevo en la sartén; tape y cocínelo 3 minutos. Sirva.

* Si no encuentra el aceite de ajonjolí, sustitúyalo con salsa picante como la Tabasco.

1 porción	*231 calorías*	*13 g carbohidratos*
29 g proteínas	*7 g grasa*	*2,8 g fibra*

Lomo de res con setas

4 porciones

1 c/da	aceite
8	rebanadas de lomo de res
8	pleurotos* frescos grandes limpios y cortados en trozos grandes
1	diente de ajo picado
1 c/da	cebollines frescos picados
2	tomates sin corazón cortados a la mitad y rebanados
	sal y pimienta

Caliente el aceite a fuego medio alto en una sartén. Ponga las rebanadas de carne y dórelas de 1 a 2 minutos dependiendo del grosor de la carne. Voltéelas, sazone y dore 1 minuto.

Saque la carne de la sartén y deje aparte.

Ponga los pleurotos, el ajo y los cebollines en la sartén y sofría de 3 a 4 minutos.

Agregue los tomates y sazónelos bien; siga cocinando por 3 ó 4 minutos más.

Coloque la carne de nuevo en la sartén y cocínela 1 ó 2 minutos más. Sirva inmediatamente.

* Variedad de hongo. En los meses de lluvia, generalmente se encuentran otras variedades comestibles en el mercado.

1 porción   347 calorías   5 g carbohidratos
48 g proteínas   15 g grasa   2,2 g fibra

171

Albóndigas a la griega

4 porciones

1 c/da	mantequilla
2	cebollas picadas
4	rebanadas de pan blanco sin corteza
½ taza	leche
625 g	(*1 ¼ lb*) de carne magra de res molida
1	diente de ajo picado
1 c/dita	orégano
1	huevo
2 c/das	crema agria
1 c/da	aceite
	un poco de paprika
	sal y pimienta

Derrita la mantequilla en una cacerola. Agréguele las cebollas y sofría a fuego medio por 4 ó 5 minutos.

Mientras tanto, ponga el pan en un tazón y agréguele la leche; déjelo aparte para que se remoje.

Cuando las cebollas estén listas, póngalas en el procesador de alimentos junto con la carne. Agrégueles el ajo, todos los condimentos y el huevo.

Exprima el pan para quitarle el exceso de leche y póngalo en el procesador de alimentos. Muela los ingredientes durante varios minutos para que se mezclen bien.

Agregue la crema agria y muela de nuevo para que se combine perfectamente. Cambie la mezcla a un tazón y tápelo con película plástica. Refrigérela 1 hora.*

Cuando vaya a cocinar las albóndigas saque la mezcla del refrigerador, unte sus manos con aceite y forme pequeñas bolas.

Caliente el aceite a fuego medio en una sartén grande. Fría las albóndigas de 3 a 4 minutos por cada lado o más tiempo si es necesario. No las amontone en la sartén; si es necesario, fríalas en lotes.

Sírvalas con una salsa picante, con pasta en salsa de tomate o con una ensalada ligera.

* Si lo desea, puede preparar la primera parte de la receta el día anterior y dejarla en el refrigerador.

1 porción	402 calorías	19 g carbohidratos
41 g proteínas	18 g grasa	1,9 g fibra

1. Derrita la mantequilla en una cacerola. Agréguele las cebollas y sofría a fuego medio por 4 ó 5 minutos.

2. Cuando las cebollas estén listas, póngalas en el procesador de alimentos junto con la carne. Asegúrese de que la carne quede en el fondo, de lo contrario las cebollas no se incorporarán fácilmente. Agregue el ajo, todos los condimentos y el huevo.

3. Agregue el pan remojado y muela los ingredientes durante varios minutos hasta que se combinen bien. Agregue la crema agria, muela nuevamente y refrigere.

4. Caliente el aceite a fuego medio en una sartén grande. Fría las albóndigas de 3 a 4 minutos por cada lado o más tiempo si es necesario. No las amontone en la sartén; si es necesario, fríalas en lotes.

Brochetas de camarones al jengibre

4 porciones

20	camarones grandes pelados, desvenados y limpios
3	cebollitas de Cambray cortadas en trozos de 5 cm (*2 pulg*) de largo
1 taza	vainitas de chícharo blanqueadas
2	cebollas en gajos
2	zanahorias grandes peladas, rebanadas y cortadas en trozos de 1,2 cm (*½ pulg*) de grueso y blanqueadas
2 c/das	aceite
2 c/das	salsa teriyaki
1 c/da	jugo de limón
2 c/das	jengibre fresco picado
	sal y pimienta

Ensarte en forma alternada los camarones y las verduras en las brochetas.

Combine el resto de los ingredientes en un tazón y unte las brochetas con la mezcla.

Póngalas en el asador del horno, aproximadamente a 15 cm (*6 pulg*) de la fuente térmica. Hornéelas de 3 a 4 minutos por lado, dependiendo del tamaño. Si le agrada, áselas a la parrilla; tardan lo mismo.

Asegúrese de rociarlas varias veces mientras las cocina.

1 porción	*265 calorías*	*15 g carbohidratos*
31 g proteínas	*9 g grasa*	*4,7 g fibra*

Camarones salteados al cognac

4 porciones

2 c/das	mantequilla
800 g	(*1 ¾ lb*) de camarones medianos pelados, desvenados y limpios
3 c/das	cognac
1	zanahoria pelada y cortada en cubitos
1	tallo de apio cortado en cubos muy pequeños
1 c/da	perejil fresco finamente picado
1 c/dita	estragón fresco finamente picado
2	chalotes picados
1 taza	vino blanco seco
1 taza	crema espesa
	sal y pimienta
	unas gotas de jugo de limón

Caliente la mantequilla a fuego alto en una sartén. Ponga los camarones y sofríalos 3 minutos sin moverlos.

Voltéelos, sazónelos y cocínelos otros 3 minutos. Viértales el cognac y flaméelos.

Tan pronto como se haya quemado el alcohol, saque los camarones y déjelos aparte.

Ponga las verduras, el perejil, el estragón y los chalotes en la sartén. Sofríalos a fuego alto de 3 a 4 minutos. Sazone bien.

Viértales el vino y siga cocinándolos por 3 ó 4 minutos hasta que el líquido se consuma a la mitad.

Agregue la crema y deje la salsa al fuego, revolviendo ocasionalmente hasta que espese.

Reduzca el calor y ponga los camarones en la salsa. Hiérvalos a fuego lento varios minutos hasta que se calienten nuevamente.

Rocíelos con el jugo de limón y sírvalos.

1 porción	*393 calorías*	*6 g carbohidratos*
27 g proteínas	*29 g grasa*	*0,8 g fibra*

Camarones tempura

4 porciones

1 kilo	camarones medianos
2 c/das	salsa teriyaki
1 c/da	jugo de limón
1 c/da	miel
1	diente de ajo picado
	sal y pimienta
	mezcla comercial de pasta para tempura
	rebanadas de limón

Pele y desvene los camarones dejando las colas intactas. Lávelos muy bien con agua fría, escúrralos y séquelos con toallas de papel.

Ponga los camarones en un tazón; agregue la salsa teriyaki, el jugo de limón, la miel y el ajo. Sazone con pimienta y déjelos reposar 30 minutos.

Mientras tanto, prepare la pasta siguiendo las instrucciones del paquete.

Caliente bastante aceite de cacahuate en una freidora eléctrica a 190°C (*375°F*).

Cubra los camarones con la pasta y fríalos por lotes durante 2 ó 3 minutos o hasta que doren. Antes de servirlos, escúrralos bien sobre toallas de papel.

Acompáñelos con rebanadas de limón.

1 porción	*374 calorías*	*21 g carbohidratos*
32 g proteínas	*18 g grasa*	*0,4 g fibra*

PLATILLOS ECONÓMICOS

*Deliciosas y tentadoras recetas
que le ahorran dinero sin
decepcionar al paladar*

Ensalada de pasta caliente

4 porciones

1 c/da	aceite de oliva
1	cebolla cortada en cubitos
1	pimiento verde cortado en cubos
2	tallos de apio rebanados
2	zanahorias peladas y cortadas en rebanadas delgadas
1 c/da	jengibre fresco picado
3 tazas	tubitos* cocidos todavía calientes
1 c/da	perejil fresco picado
2 c/das	aceite de oliva
2 c/das	vinagre de vino
1 c/da	mostaza de Dijon
1 taza	garbanzos enlatados escurridos
	sal y pimienta

Caliente una cucharada de aceite en una cacerola a fuego alto. Póngale las verduras y el jengibre; sofría de 4 a 5 minutos.

Ponga la pasta caliente en un tazón. Agréguele el perejil, las 2 cucharadas de aceite de oliva, el vinagre y la mostaza; revuelva hasta que se combinen bien.

Agregue los garbanzos y sazónelos bien; mezcle de nuevo.

Agregue las verduras calientes y revuelva nuevamente. Sirva la ensalada en una ensaladera atractiva; si le agrada, adorne con hojas de lechuga.

* Variedad de pasta también llamada plumas.

1 porción	336 calorías	48 g carbohidratos
9 g proteínas	12 g grasa	6,6 g fibra

Pasta Abigaíl

6 porciones

2 c/das	aceite de oliva
1	cebolla mediana picada
2	chalotes picados
½	chile verde sin semillas y picado
1	calabacita pequeña cortada en cubos y sin pelar
500 g	(*1 lb*) de carne magra de res molida
800 g	(*28 oz*) de tomates enlatados, escurridos y picados
1 c/da	perejil fresco picado
1½ tazas	frijoles rojos enlatados escurridos
1 c/dita	albahaca
½ c/dita	chile en polvo
5 tazas	tubitos cocidos
1 taza	queso mozzarella rallado
	sal y pimienta
	unas gotas de salsa Pickapeppa*

Caliente el aceite en una sartén grande y honda. Póngale la cebolla, los chalotes, el chile picante y la calabacita; sofríalos a fuego alto de 7 a 8 minutos.

Mézcleles la carne de res y cocine de 3 a 4 minutos más; muévalos varias veces.

Sazone bien la carne y agregue los tomates, el perejil y los frijoles. Mezcle bien y espárzales la albahaca, el chile en polvo y la salsa Pickapeppa.

Revuelva de nuevo, rectifique la sazón y cocine la mezcla de 8 a 10 minutos a fuego alto.

Baje el fuego a medio y cocínelo otros 15 minutos.

Incorpore la pasta y cocine de 3 a 4 minutos más. Agréguele el queso y cocine otros 2 minutos o hasta que el queso se derrita.

* Salsa picante proveniente de Jamaica.

1 porción	448 calorías	38 g carbohidratos
29 g proteínas	20 g grasa	2,5 g fibra

Caracolitos con salsa de tomate y almejas   *4 porciones*

2 tazas	caracolitos de pasta
1 c/dita	vinagre de vino
2 c/das	aceite de oliva
1	cebolla finamente picada
1	diente de ajo finamente picado
1,2 kg	(*42 oz*) de tomates enlatados escurridos y picados
1 c/dita	orégano
1 c/dita	perejil fresco picado
140 g	(*5 oz*) de almejas miniatura enlatadas escurridas; aparte el jugo
	sal y pimienta
	queso parmesano rallado

Ponga la pasta en una cacerola llena de agua hirviendo con sal. Agréguele el vinagre y cuézala 10 minutos o 'al dente'. Cuando esté lista, retire la cacerola del fuego y póngala bajo el chorro de agua fría por unos segundos. Escurra bien la pasta y déjela aparte.

Caliente el aceite a fuego medio en una sartén. Póngale la cebolla y el ajo; sofría 3 minutos.

Agregue los tomates, el orégano y el perejil; revuelva bien, sazone y cocine 5 minutos a fuego alto.

Viértales el jugo de las almejas, sazone y cocine a fuego lento de 8 a 10 minutos. Agregue las almejas y deje hervir 2 minutos a fuego muy bajo.

Mientras tanto, llene una cacerola grande con agua salada y unas cuantas gotas de aceite. Deje que empiece a hervir a fuego alto. Ponga la pasta en una coladera y sumérjala 2 minutos en el agua para calentarla.

Escurra la pasta de nuevo y sírvala con la salsa y el queso parmesano rallado.

1 porción	*498 calorías*	*69 g carbohidratos*
24 g proteínas	*14 g grasa*	*3,5 g fibra*

Tallarines con verduras

4 porciones

2 c/das	aceite de oliva
4	cebollitas de Cambray picadas
1	tallo de apio finamente rebanado
1	pimiento rojo finamente rebanado
10	botones grandes de champiñones frescos limpios y cortados en 3
15	vainitas de chícharo peladas
1	diente de ajo picado
1 c/da	hinojo fresco recién picado
1½ tazas	caldo de pollo caliente
1 c/da	fécula de maíz
3 c/das	agua fría
4	porciones de tallarines cocidos y calientes
	sal y pimienta

Caliente el aceite a fuego medio en una sartén grande. Póngale las cebollitas de Cambray y el apio; sofría 4 minutos.

Agregue el resto de las verduras y el ajo; sazónelos bien. Revuelva y cocine a fuego alto 4 minutos.

Incorpore el hinojo y caldo de pollo; cocine la mezcla a fuego medio 4 minutos.

Mezcle la fécula de maíz con el agua fría; revuélvala con las verduras hasta que se incorpore bien. Rectifique la sazón y cocine 1 minuto. Vacíe la mezcla sobre la pasta caliente y sirva.

1 porción	441 calorías	77 g carbohidratos
13 g proteínas	9 g grasa	4,5 g fibra

181

Espaguetis con chícharos

4 porciones

3 c/das	**mantequilla**
3 c/das	**harina**
2 tazas	**leche caliente**
4	**rebanadas de tocino cocido y cortadas en tiras delgadas**
½	**pimiento verde cortado en tiras**
1 c/da	**cáscara de limón picada**
1 taza	**chícharos congelados cocidos**
4	**porciones de espaguetis cocidos y calientes**
1 taza	**queso mozzarella rallado**
	una pizca de nuez moscada
	sal y pimienta

Derrita 2 cucharadas de mantequilla a fuego medio en una cacerola. Póngale la harina y revuelva bien con una cuchara de madera; dórela 3 minutos a fuego lento revolviendo constantemente.

Viértale la leche caliente y mezcle bien; deje que hierva a fuego lento por 8 ó 10 minutos. Revuelva frecuentemente.

Espolvoree nuez moscada, sazone y deje la salsa aparte.

Derrita el resto de la mantequilla en una sartén. Ponga el tocino, el pimiento verde y la cáscara de limón; sazónelos bien. Sofría 3 minutos a fuego medio.

Agregue los chícharos, la pasta y la salsa blanca. Póngale el queso y, antes de servir, cocine 2 minutos a fuego medio.

1 porción	559 calorías	60 g carbohidratos
28 g proteínas	23 g grasa	3,9 g fibra

Canelones rellenos

4 porciones

1 c/da	aceite
1	cebolla mediana picada
8	champiñones frescos grandes limpios y picados
1	cebollita de Cambray picada
1 c/dita	cáscara de limón picada
½ c/dita	comino
3	aceitunas verdes grandes picadas
170 g	(*6 oz*) de carne magra de res molida
90 g	(*3 oz*) de queso de cabra desmoronado
12	canelones cocidos
1 taza	salsa de tomate
½ taza	caldo de pollo caliente
	una pizca de paprika
	sal y pimienta
	queso parmesano recién rallado

Precaliente el horno a 160°C (*325°F*).

Caliente el aceite en una sartén. Póngale la cebolla picada, los champiñones, la cebollita de Cambray y la cáscara de limón; sazone bien.

Espolvoree todos los condimentos y sofríalos a fuego medio por 4 ó 5 minutos.

Mezcle las aceitunas y carne molida; revuelva bien, sazone nuevamente y cocine 4 minutos.

Agregue el queso de cabra y cocine 3 minutos más.

Pase la mezcla al tazón del procesador de alimentos; mezcle bien. Póngala en una duya con una punta sencilla.

Rellene los canelones y colóquelos en un molde refractario. Mezcle la salsa de tomate con el caldo de pollo y vacíela sobre la pasta.

Tape el molde con una hoja de papel de aluminio y hornéelo 1 hora. Sirva con el queso parmesano.

1 porción	412 calorías	45 g carbohidratos
22 g proteínas	16 g grasa	2,7 g fibra

Estofado de carnero con zanahorias

4 porciones

1,5 kg	**(*3 lb*) de brazuelo de carnero deshuesado y sin grasa**
2	**chalotes picados**
1 taza	**vino blanco seco**
1 c/da	**aceite de oliva**
2 c/das	**aceite de cacahuate**
3 c/das	**harina**
2½ tazas	**caldo de res caliente**
2 c/das	**pasta de tomate**
1 c/dita	**aceite de oliva**
1	**cebolla partida en 6**
1	**diente de ajo picado**
3	**zanahorias peladas y cortadas en barras gruesas**
½ c/dita	**orégano**
1 c/da	**perejil fresco picado**
1 c/dita	**salsa de soya**
	sal y pimienta
	una pizca de paprika

Corte la carne en cubos. Póngala en un tazón y salpiméntela. Agréguele los chalotes, el vino y 1 cucharada de aceite de oliva; déjela macerar 1 hora.

Precaliente el horno a 180°C (*350°F*).

Caliente el aceite de cacahuate en una sartén grande. Escurra la carne y aparte el líquido; ponga la carne en el aceite caliente. Fríala a fuego alto por 7 u 8 minutos. Voltee los cubos, sazónelos y cocínelos 2 ó 3 minutos más.

Espolvoree la carne con la harina y revuelva muy bien. Baje el fuego a medio y fría otros 5 minutos o hasta que la harina dore y empiece a pegarse al fondo de la sartén. Revuelva ocasionalmente para evitar que se queme.

Vierta el caldo de res y la salmuera que apartó. Mezcle bien y deje que empiece a hervir. Agregue la pasta de tomate y deje la sartén aparte.

Caliente 1 cucharadita de aceite de oliva en una sartén pequeña. Sofría la cebolla y el ajo a fuego alto por 3 ó 4 minutos. Pase la cebolla y el ajo a la sartén con la carne. Agréguele las zanahorias, los condimentos y la salsa de soya; revuelva bien. Tape la sartén y deje que empiece a hervir.

Ponga el estofado en el horno, tápelo y cuézalo 2 horas. Si es necesario, agréguele caldo de res durante la cocción. Sírvalo sobre tallarines.

1 porción	669 calorías	15 g carbohidratos
69 g proteínas	37 g grasa	2,5 g fibra

Carne de res salteada con higos

4 porciones

2 c/das	aceite de cacahuate
500 g	(*1 lb*) de bola de res rebanada diagonalmente
12	higos cortados en mitades
1	manzana sin corazón cortada en gajos y sin pelar
12	castañas de agua rebanadas
1	pimiento verde finamente rebanado
½ taza	garbanzos enlatados escurridos
1½ c/das	fécula de maíz
3 c/das	agua fría
1 taza	caldo de res caliente
	sal y pimienta
	unas gotas de salsa Pickapeppa*

Caliente 1 cucharada de aceite a fuego alto en una sartén. Ponga la carne y fría 2 minutos por lado. Sazone bien, sáquela de la sartén y déjela aparte.

Vacíe el resto del aceite en la sartén y caliéntelo. Sofría los higos, las manzanas, las castañas de agua, el pimiento verde y los garbanzos a fuego alto por 3 ó 4 minutos. Asegúrese de sazonarlos bien durante el proceso.

Disuelva la fécula de maíz en el agua. Vierta el caldo de res en la sartén, agréguele la fécula de maíz disuelta y la salsa Pickapeppa. Mezcle bien y deje hervir a fuego lento por 2 ó 3 minutos.

Ponga la carne en la salsa, cuézala 30 segundos y sírvala sobre pasta con mantequilla.

* Salsa picante proveniente de Jamaica.

1 porción	478 calorías	54 g carbohidratos
34 g proteínas	14 g grasa	13.4 g fibra

Albóndigas al curry

4 porciones

500 g	(*1 lb*) de carne magra de res molida
¼ c/dita	chile en polvo
2 c/das	perejil fresco picado
1	huevo batido
2 c/das	aceite
1½	cebollas grandes finamente picadas
1	tallo de apio cortado en cubitos
1	manzana roja sin corazón pelada y picada
2 c/das	curry en polvo
1 c/da	mantequilla
2 c/das	harina
1½ tazas	caldo de pollo caliente
	sal y pimienta
	unas gotas de salsa picante

Ponga la carne, el chile en polvo, la mitad del perejil, el huevo, un poco de sal y la salsa picante en el procesador de alimentos. Mezcle hasta que la carne forme una bola. Haga albóndigas pequeñas y déjelas aparte.

Caliente el aceite en una sartén grande. Sofría las cebollas, el apio, la manzana y el resto de perejil a fuego medio por 6 ó 7 minutos.

Espolvoree con curry en polvo y revuelva bien. Sofría de 5 a 6 minutos a fuego lento.

Agregue la mantequilla y cocínelos 1 minuto más.

Ponga las albóndigas en la sartén y fríalas a fuego medio de 5 a 6 minutos volteándolas frecuentemente.

Espárzales la harina, revuelva y siga cocinándolas por 2 ó 3 minutos.

Viértales el caldo de pollo y sazónelo muy bien. Deje que empiece a hervir y cueza las albóndigas por 15 minutos a fuego lento.

Sírvalas sobre arroz.

1 porción	*377 calorías*	*18 g carbohidratos*
29 g proteínas	*21 g grasa*	*2,8 g fibra*

1. Sofría las cebollas, el apio, la manzana y el resto de perejil en aceite caliente por 6 ó 7 minutos a fuego medio.

2. Espárzales el curry en polvo y revuelva bien. Cocine a fuego lento por 5 ó 6 minutos. Agregue la mantequilla y sofría 1 minuto.

3. Ponga las albóndigas en la sartén y fríalas a fuego medio por 5 ó 6 minutos, volteándolas con frecuencia.

4. Espárzales la harina y cocínelas 2 ó 3 minutos más.

187

Albóndigas con espinacas

4 porciones

375 g	(¾ lb) de carne magra de res molida
1½ tazas	espinacas cocidas y picadas
1	huevo
¼ taza	cebolla picada y sofrita
1 c/da	perejil recién picado
2 c/das	aceite
1	zanahoria pelada y cortada en cubitos
1	tallo de apio cortado en cubitos
2 c/das	harina
800 g	(28 oz) de tomates enlatados escurridos y picados
2 c/das	pasta de tomate
1 taza	caldo de pollo caliente
	sal y pimienta

Ponga la carne, las espinacas, el huevo, la cebolla y el perejil en el procesador de alimentos. Sazone bien y mezcle 3 minutos. Cuando forme una bola, sáquela del tazón y haga albóndigas medianas.

Caliente el aceite a fuego medio en una sartén grande. Póngale las albóndigas (sin llenar la sartén) y fríalas por todos lados durante 6 ó 7 minutos. Sáquelas y deje aparte.

Ponga las zanahorias y el apio en la sartén; sofríalos a fuego medio 6 minutos. Espolvoréeles la harina revolviendo hasta que se incorpore bien y cocine 2 minutos.

Agregue los tomates, la pasta de tomate y el caldo de pollo; mezcle bien. Sazone la mezcla y cocínela 3 minutos a fuego medio.

Coloque las albóndigas en la salsa y cocínelas a fuego medio de 6 a 7 minutos. Sírvalas.

1 porción	328 calorías	20 g carbohidratos
26 g proteínas	16 g grasa	7,4 g fibra

Albóndigas a la lionesa

4 porciones

1 c/da	**aceite de cacahuate**
3	**cebollas finamente rebanadas**
1	**diente de ajo picado**
1 c/da	**perejil fresco picado**
½ c/dita	**semillas de apio**
1 c/dita	**comino**
1 c/da	**mantequilla**
2 c/das	**harina**
2 tazas	**caldo de pollo caliente**
12	**albóndigas de carne cocinadas**
¼ taza	**queso mozzarella rallado**
	sal y pimienta

Caliente el aceite a fuego alto en una sartén. Ponga las cebollas, el ajo y el perejil; tape la sartén y sofría 15 minutos a fuego medio.

Agregue los condimentos y la mantequilla; revuelva bien. Ponga la harina y cocine 2 minutos.

Viértales el caldo de pollo, mezcle bien y deje que empiece a hervir. Rectifique la sazón.

Coloque las albóndigas en la salsa. Agregue el queso y déjelas hervir a fuego lento hasta que se calienten.

Sirva con verduras cocidas.

1 porción	*336 calorías*	*13 g carbohidratos*
26 g proteínas	*20 g grasa*	*1,9 g fibra*

Estofado de res al curry

4 porciones

1 kg	(*2 lb*) de carne para guiso cortada en cubos de 2,5 cm (*1 pulg*)
1	cebolla rallada
1	chile verde picado
2	dientes de ajo picados
1 c/da	cilantro
1 c/da	jengibre
1 c/dita	cúrcuma
½ c/dita	comino
1 c/da	curry en polvo
1 taza	yogurt
2 c/das	aceite
1	cebolla picada
3 c/das	harina
4 tazas	caldo de res caliente
	sal y pimienta

Ponga los cubos de carne, la cebolla rallada, el chile picado, los ajos, el cilantro, el jengibre, la cúrcuma, el comino, el curry en polvo y el yogurt en un tazón. Revuelva bien, sazone y refrigere 2 horas para macerarla.

Precaliente el horno a 180°C (*350°F*).

Caliente el aceite a fuego alto en una sartén grande. Ponga la mitad de la carne y fríala aproximadamente 5 ó 6 minutos hasta que dore por todos lados. Sazone bien y sáquela de la sartén.

Ponga el resto de la carne en la sartén caliente con la cebolla picada; repita el procedimiento.

Coloque toda la carne a una cacerola refractaria. Revuélvale la harina hasta que se incorpore bien y cocínela 4 minutos a fuego medio revolviendo con frecuencia. Viértale el caldo de res, rectifique la sazón y tape; hornéela 2 horas o hasta que la carne esté blanda.

Puede acompañarla con chutney o yogurt.

190

1 porción	663 calorías	15 g carbohidratos
72 g proteínas	35 g grasa	1,1 g fibra

Arroz con champiñones al estragón

4 porciones

1 c/da	mantequilla
2	chalotes picados
1	diente de ajo picado
½	tallo de apio cortado en cubitos
1 c/da	cáscara de limón picada
1 taza	arroz de grano largo lavado y escurrido
1½ tazas	caldo de pollo caliente
1 c/da	aceite de cacahuate
250 g	(½ lb) de champiñones frescos limpios y cortados en mitades
1 c/dita	estragón
	sal y pimienta

Precaliente el horno a 180°C (*350°F*).

Derrita la mantequilla a fuego medio en una cacerola refractaria. Ponga los chalotes, el ajo, el apio y la cáscara de limón; sofría 3 minutos.

Agregue el arroz, revuelva y sazónelo bien. Cocine de 2 a 3 minutos o hasta que el arroz empiece a pegarse en el fondo de la cacerola.

Viértale el caldo de pollo, revuelva y deje que empiece a hervir. Rectifique la sazón, tape la cacerola y hornéelo 15 minutos.

Aproximadamente 5 minutos antes de que el arroz esté cocido, caliente el aceite a fuego alto en una sartén.

Ponga los champiñones y el estragón; sazone bien. Saltéelos 2 ó 3 minutos. Revuélvalos con el arroz en la cacerola y hornee 3 minutos más.

1 porción	255 calorías	43 g carbohidratos
5 g proteínas	7 g grasa	1,7 g fibra

Arroz rápido al curry

4 porciones

2 c/das	mantequilla
½	tallo de apio cortado en cubos
1	cebolla mediana cortada en cubos
1½ c/das	curry en polvo (o al gusto)
1 taza	arroz de grano largo lavado y escurrido
1½ tazas	caldo de pollo caliente
	sal y pimienta

Precaliente el horno a 180°C (*350°F*).

Ponga la mantequilla, el apio y la cebolla en una cacerola que pueda ir al horno. Sazone con pimienta y sofría 3 minutos a fuego medio.

Espárzale curry en polvo y revuelva bien; cocine a fuego lento de 4 a 5 minutos.

Agregue el arroz y revuelva de nuevo; sazone al gusto. Sofría el arroz de 2 a 3 minutos o hasta se empiece a pegar en el fondo de la cacerola.

Viértale el caldo de pollo; revuelva y deje que empiece a hervir a fuego alto.

Tape la cacerola y hornéelo 18 minutos.

1 porción	242 calorías	43 g carbohidratos
4 g proteínas	6 g grasa	0,7 g fibra

1. Ponga la mantequilla, el apio y la cebolla en una cacerola que pueda ir al horno. Sazone con pimienta y sofría 3 minutos a fuego medio.

2. Agregue curry al gusto y revuelva bien; sofría a fuego lento de 3 a 4 minutos más.

3. Agregue el arroz y sazónelo al gusto. Sofríalo de 2 a 3 minutos.

4. Cuando el arroz se empiece a pegar en el fondo de la cacerola, agregue el caldo de pollo.

Arroz en 18 minutos

4 porciones

2 c/das	mantequilla
1	cebolla picada
1	tallo de apio picado
½	calabacita cortada en cubos
1 taza	arroz de grano largo lavado
¼ c/dita	sal de apio
1½ tazas	caldo ligero de res caliente
	sal y pimienta

Precaliente el horno a 180°C (*350°F*).

Derrita la mantequilla a fuego medio en una cacerola refractaria. Póngale la cebolla, el apio y la calabacita; tape la cacerola y sofría 2 minutos.

Agregue el arroz, sazónelo y espolvoree con sal de apio. Sin tapar la cacerola, fríalo 3 minutos o hasta que se empiece a pegar en el fondo.

Viértale el caldo de res y deje que empiece a hervir; rectifique la sazón. Tape la cacerola y hornéelo 18 minutos.

1 porción	218 calorías	37 g carbohidratos
4 g proteínas	6 g grasa	1,8 g fibra

Carne de res estilo chino

4 porciones

2 c/das	aceite de cacahuate
500 g	(*1 lb*) de bola de res rebanada diagonalmente
½	pimiento amarillo
1	calabacita rebanada
2	hojas de col china rebanadas
2	tomates miniatura cortados en cuartos
1	manzana sin corazón y sin pelar, cortada en gajos
2 c/das	jengibre fresco picado
1 c/da	perejil fresco picado
	sal y pimienta

Caliente el aceite en una sartén a fuego alto. Ponga la carne y dórela por ambos lados. Sazone bien; sáquela de la sartén y déjela aparte.

Coloque todas las verduras en la sartén junto con la manzana, el jengibre y el perejil. Sazone bien y sofría a fuego alto 3 minutos.

Regrese la carne de nuevo a la sartén y cocine otros 30 segundos. Sirva inmediatamente.

1 porción	289 calorías	12 g carbohidratos
31 g proteínas	13 g grasa	3,5 g fibra

Hamburguesas con salsa de champiñones

4 porciones

625 g	**(1¼ lb) de carne magra de res molida**
¼ taza	**cebolla picada y sofrita**
1	**huevo**
1 c/da	**perejil recién picado**
1 taza	**espinacas cocidas y picadas**
2 c/das	**aceite de oliva**
2	**cebollas medianas rebanadas**
250 g	**(½ lb) de champiñones frescos limpios y rebanados**
1½ tazas	**caldo de res caliente**
1 c/dita	**fécula de maíz**
2 c/das	**agua fría**
	unas gotas de salsa inglesa
	sal y pimienta

Ponga la carne, la cebolla, el huevo, el perejil, las espinacas y la salsa inglesa en el procesador de alimentos. Sazone bien y mezcle 3 minutos. Cuando forme una bola, sáquela y haga 4 hamburguesas.

Caliente el aceite a fuego medio en una sartén grande. Ponga las hamburguesas y sofríalas de 8 a 10 minutos, según el grueso; voltéelas en 2 ó 3 ocasiones para evitar que se quemen.

Cuando estén cocidas, sáquelas de la sartén y consérvelas calientes.

Ponga las cebollas rebanadas en la sartén y sofríalas 6 minutos a fuego medio. Agregue los champiñones y cocine 4 minutos más.

Sazone e incorpore el caldo de res; revuelva bien. Mezcle la fécula de maíz con el agua fría y viértala en la salsa. Revuelva hasta que se incorpore bien. Deje que hierva y sírvala sobre las hamburguesas.

1 porción	*386 calorías*	*11 g carbohidratos*
36 g proteínas	*22 g grasa*	*5,5 g fibra*

1. Ponga la carne, la cebolla, el huevo, el perejil, las espinacas y la salsa inglesa en el procesador de alimentos. Sazone.

2. Mezcle 3 minutos o hasta que se forme una bola. Sáquela y haga las hamburguesas.

3. Coloque las hamburguesas en el aceite caliente y fríalas de 8 a 10 minutos o según el grueso. Voltéelas en 2 ó 3 ocasiones para evitar que se quemen.

4. Saque las hamburguesas. Ponga las cebollas en la sartén y sofríalas 6 minutos a fuego medio. Agregue los champiñones y cocine 4 minutos más.

Cacerola de carne molida con arroz

4 porciones

1 c/da	aceite
½	cebolla mediana picada en trozos grandes
2	dientes de ajo picados
½	pimiento verde cortado en cubos
½	tallo de apio finamente rebanado
1	hoja de col china finamente rebanada
¼ c/dita	albahaca
¼ c/dita	chile en polvo
250 g	(½ lb) de carne magra de res molida
2 c/das	cáscara de naranja picada
1 taza	salsa de tomate caliente
2 tazas	arroz cocido
½ taza	queso mozzarella rallado
	una pizca de tomillo
	una pizca de jengibre molido
	sal y pimienta

Precaliente el horno a 200°C (*400°F*).

Caliente el aceite a fuego alto en una sartén que pueda ir al horno.

Baje el fuego a medio y sofría 3 minutos la cebolla y los ajos.

Agregue el pimiento verde, el apio y la col; póngale todos los condimentos. Revuelva bien y sofría 5 minutos más.

Rectifique la sazón e incorpore la carne molida; siga cocinando por 5 ó 6 minutos.

Ponga la cáscara de naranja y la salsa de tomate; sazone al gusto. Deje que la mezcla empiece a hervir a fuego alto.

Mézclele el arroz, rectifique la sazón y ponga el queso; revuélvalos nuevamente. Envuelva el mango de la sartén en papel de aluminio (o cambie la mezcla a otro recipiente) y termine de cocerlo horneando de 8 a 10 minutos.

Si le agrada, adorne con rebanadas de naranja y tomate.

1 porción	351 calorías	34 g carbohidratos
20 g proteínas	15 g grasa	2,0 g fibra

Espaldilla de res rellena

4 porciones

625 g	(*1¼ lb*) de espaldilla de res
2 c/das	aceite
250 g	(*½ lb*) de champiñones frescos limpios y finamente picados
2 c/das	cáscara de limón picada
2	cebollitas de Cambray picadas
½ c/dita	orégano
1 taza	arroz cocido
3 c/das	salsa para carne
1	cebolla cortada en cuartos y separada
1 taza	cerveza
1 taza	de salsa oscura
2 c/das	pasta de tomate
	sal y pimienta
	paprika al gusto

Precaliente el horno a 180°C (*350°F*).

Abra la espaldilla cortándola a lo largo con un cuchillo afilado. Corte sólo ¾ del grueso de la carne para que quede abierta en una sola pieza. Sazone con pimienta y paprika; aplane con un mazo de madera hasta que quede delgada. Deje aparte.

Caliente 1 cucharada de aceite en una sartén. Ponga los champiñones, la cáscara de limón y las cebollitas de Cambray; sazone bien. Agregue el orégano, mezcle y sofría a fuego medio por 4 ó 5 minutos. Incorpore el arroz, revuelva y cocine 4 ó 5 minutos más.

Vacíe la mezcla en el procesador de alimentos y mezcle bien. Incorpórele la salsa para carne y continúe mezclando por 2 ó 3 minutos. Esparza el relleno sobre la carne. Enróllela y átela con cordel de cocina.

Caliente el resto del aceite a fuego alto en la sartén. Ponga la carne y fríala bien por todos lados hasta que dore. Sazónela bien. Agregue la cebolla y cocinela junto con la carne de 3 a 4 minutos. Saque la carne de la sartén y déjela aparte.

Vierta la cerveza en la sartén con la cebolla. Agregue la salsa oscura y la pasta de tomate; rectifique la sazón.

Coloque la carne en la salsa. Tape la sartén y deje que empiece a hervir. Meta la sartén en el horno y cocine la carne 1½ horas.

1 porción	384 calorías	28 g carbohidratos
41 g proteínas	12 g grasa	3,0 g fibra

Estofado de res con verduras

4 porciones

2 kg	(*4 lb*) de espaldilla con hueso
2½ c/das	aceite de cacahuate
2	dientes de ajo picados
½ c/dita	albahaca
¼ c/dita	orégano
¼ c/dita	chile en polvo
1	hoja de laurel
4 c/das	harina
3 tazas	caldo de res caliente
2 c/das	pasta de tomate
2	cebollas grandes cortadas en cubos
¼ c/dita	salsa inglesa
2	tallos de apio cortados en cubos
2	chirivías peladas cortadas en cubos
2	zanahorias grandes peladas y cortadas en cubos
	sal y pimienta
	una pizca de tomillo

Precaliente el horno a 180°C (*350°F*).

Deshuese la carne, quítele la grasa y córtela en cubos. Si le agrada, puede guardar los huesos y preparar un caldo casero.

Caliente 2 cucharadas de aceite a fuego alto en una sartén grande y honda. Ponga la carne y dórela por todos lados.

Sazone bien la carne, agregue los ajos y los condimentos; revuelva. Cocínela a fuego alto 3 ó 4 minutos más. Póngale la harina y revuelva hasta que se incorpore bien. Cocine 5 ó 6 minutos a fuego lento.

Viértale el caldo de res, revuelva y deje que empiece a hervir. Agregue la pasta de tomate, mezcle y cuando empiece a hervir, baje el fuego y cocine por 3 ó 4 minutos.

Caliente el resto del aceite en una sartén. Sofría las cebollas con salsa inglesa a fuego alto de 2 a 3 minutos.

Agregue las cebollas a la mezcla de carne, tape y hornee 1 hora.

Ponga el resto de las verduras en el estofado, revuelva, tape y hornéelo 1 hora más.

1 porción	*892 calorías*	*41 g carbohidratos*
110 g proteínas	*32 g grasa*	*6,4 g fibra*

1. Caliente 2 cucharadas de aceite a fuego alto en una sartén grande y honda. Ponga la carne y dórela por todos lados.

2. Es importante que la carne esté bien dorada antes de sazonarla.

3. Agregue los ajos y los condimentos; cocine otros 3 ó 4 minutos.

4. Espolvoree la harina sobre la carne; revuelva bien para que se incorpore.

Hamburguesas con salsa de jerez

4 porciones

750 g	*(1½ lb)* de carne magra de res molida
1	huevo batido
1 c/da	perejil fresco picado
1	cebolla picada y sofrita
¼ c/dita	chile en polvo
1¼ c/das	aceite de oliva
500 g	*(1 lb)* de champiñones frescos limpios y rebanados
¼ c/dita	estragón
4 c/das	jerez
1½ tazas	de salsa oscura caliente
	sal y pimienta

Mezcle la carne, el huevo, el perejil, el chile en polvo, la sal y la pimienta en el procesador de alimentos hasta que se forme una bola. Haga las hamburguesas.

Unte ambos lados de la carne con 1 cucharadita de aceite. Caliente una sartén a fuego alto; cuando esté lista, ponga las hamburguesas y sofríalas de 3 a 4 minutos.

Voltee la carne, reduzca el calor a intensidad media y cocine de 3 a 4 minutos o más, dependiendo del tamaño y el grado de cocción deseado. Asegúrese de sazonarla bien durante el proceso. Cuando esté lista, sáquela de la sartén y consérvela caliente.

Caliente el resto del aceite en la sartén. Ponga los champiñones y el estragón; sofríalos 2 minutos a fuego alto.

Sazone, vierta el jerez y cocine 3 minutos a fuego alto.

Agregue la salsa oscura, revuelva bien y cocine 2 ó 3 minutos más. Vierta sobre las hamburguesas y sírvalas.

1 porción	501 calorías	13 g carbohidratos
47 g proteínas	29 g grasa	3,7 g fibra

Res en trozo

4 a 6 porciones

2 kg	(*4 lb*) de carne de bola
2	dientes de ajo pelados y cortados en 3
1½ c/ditas	mostaza en polvo
3 c/das	manteca de tocino
3	cebollas cortadas en cubos grandes
2 tazas	tomates picados
2 tazas	caldo de res caliente
2 c/das	pasta de tomate
2 c/das	salsa de rábano picante
1	hoja de laurel
	sal y pimienta
	una pizca de tomillo

Precaliente el horno a 150°C (*300°F*).

Haga pequeños cortes en la carne y méchela con los ajos. Esparza la mostaza en polvo sobre la carne y haga presión con los dedos para que se adhiera. Sazone con bastante pimienta.

Caliente la manteca a fuego medio en una cacerola refractaria. Ponga la carne y dórela por todos lados. Agregue las cebollas y sofría a fuego medio de 8 a 10 minutos.

Sazone bien, tape la cacerola y hornee la carne 1 hora. Voltéela en dos ocasiones durante el proceso.

Ponga los tomates y el resto de los ingredientes en la cacerola. Revuelva bien, tape y hornee 1½ horas más.

Cuando esté cocida, saque la carne y déjela aparte. Ponga la cacerola a fuego medio y deje hervir la salsa 8 minutos para que espese. Rebane el asado y sírvalo.

1 porción	*629 calorías*	*11 g carbohidratos*
90 g proteínas	*25 g grasa*	*1,7 g fibra*

Delicioso asado de espaldilla

4 porciones

1,5 kg	(*3 lb*) **de espaldilla sin hueso**
2	**dientes de ajo pelados cortados en mitades**
1 c/da	**manteca de tocino**
3	**cebollas cortadas en cuartos**
1	**hoja de laurel**
½ c/dita	**albahaca**
1½ tazas	**cerveza**
	sal y pimienta
	una pizca de tomillo

Precaliente el horno a 180°C (*350°F*).

Haga cortes superficiales en la carne con un cuchillo pequeño e insértele los trozos de ajo.

Ponga la manteca en una cacerola refractaria a fuego alto. Cuando esté caliente, ponga la carne y dórela por todos lados. Salpimente cuando empiece a dorar el segundo lado.

Agregue las cebollas y cocínelas de 4 a 5 minutos.

Espárzale los condimentos, sazone y viértale la cerveza. Tape la cacerola y hornee la carne 1 hora.

Voltee el asado y sazónelo de nuevo. Tape y hornee 1 hora más.

Sírvalo con verduras.

1 porción	*569 calorías*	*13 g carbohidratos*
82 g proteínas	*21 g grasa*	*1,7 g fibra*

Carne de res con col

4 porciones

1 kg	(*2 lb*) de pecho de res
1	col grande cortada en cuartos
2	zanahorias grandes peladas y cortadas por la mitad
1 c/dita	albahaca dulce
¼ c/dita	tomillo
2	hojas de laurel
2	ramas de perejil
	unos granos de pimienta negra
	sal y pimienta recién molida

Ponga la carne en una cacerola grande y agregue agua suficiente para cubrirla y que exceda 5 cm (*2 pulg*). Tape, deje que empiece a hervir y cocine de 2 a 3 minutos.

Quite la grasa de la superficie, tape de nuevo y cocine a fuego medio 1 hora.

Agregue las verduras, la albahaca, el tomillo, las hojas de laurel y los granos de pimienta; sazone bien. Tape la cacerola y cocine a fuego medio 1 hora.

Saque las verduras y póngalas en un tazón.

Tape la cacerola y cueza la carne en 30 minutos o más, dependiendo del tamaño.

Sáquela del caldo, rebánela, sirva con las verduras cocidas y mostaza.

1 porción	614 calorías	13 g carbohidratos
37 g proteínas	46 g grasa	6,8 g fibra

205

Hojaldre de res con riñones

2 porciones

2 c/das	mantequilla clarificada
1 c/dita	aceite de oliva
500 g	(*1 lb*) de lomo de res sin grasa y cortado en cubos medianos
500 g	(*1 lb*) de riñones de res sin grasa y cortados en cubos medianos
2	cebollas medianas cortadas en 6 trozos
½ c/dita	albahaca
½ c/dita	chile en polvo
1	zanahoria grande pelada y cortada en cubos
2	papas pequeñas peladas y cortadas en cubos
3 c/das	harina
3 tazas	caldo de res caliente
	sal y pimienta
	una pizca de tomillo
	una pizca de paprika
	unos chiles machacados
	pasta de hojaldre
	leche

Precaliente el horno a 180°C (*350°F*).

Caliente la mantequilla clarificada y el aceite en una sartén. Ponga la carne y fríala a fuego medio de 4 a 5 minutos. Sazone bien y voltéela para dorarla por todos los lados. Saque los cubos de la sartén y déjelos aparte.

Ponga los riñones en la sartén caliente. Fríalos a fuego medio por 4 ó 5 minutos volteando los cubos para que doren por todos lados. Sazone bien. Coloque la carne de nuevo en la sartén con los riñones. Agregue las cebollas y todos los condimentos; mezcle bien.

Agregue el resto de las verduras y espolvoréeles la harina. Revuelva y cocine a fuego lento de 3 a 4 minutos. Agregue el caldo de res y sazone bien. Cocine la mezcla a fuego medio de 2 a 3 minutos.

Repártala en dos moldes refractarios individuales. Tápelos con la pasta de hojaldre ya extendida y presione los bordes contra el molde. Haga 4 orificios pequeños a lo largo de la superficie de cada tapa para permitir que escape el vapor; barnícelas con un poco de leche.

Hornee 1 hora.

1 porción	1312 calorías	65 g carbohidratos
128 g proteínas	60 g grasa	5,9 g fibra

1. Limpie y corte la carne y las verduras antes de empezar.

2. Dore en aceite caliente y a fuego medio tanto la carne como los riñones. Asegúrese de voltear los cubos para que doren por todos lados.

3. Con las carnes en la sartén, agregue las cebollas y todos los condimentos; revuelva bien.

4. Ponga el resto de las verduras, espolvoréelas con la harina y sazone bien.

Entrecot con pasta

500 g	(*1 lb*) de entrecot cortado en tiras de 0,65 cm (*¼ pulg*) de grueso
2 c/das	aceite
1	pimiento rojo finamente rebanado
⅓	pepino pelado sin semillas y cortado en tiras
20	champiñones frescos limpios y rebanados
1 c/da	raíz de jengibre recién picada
1 taza	caldo de res caliente
1 c/dita	fécula de maíz
2 c/das	agua fría
4 tazas	caracolitos de pasta cocidos y calientes
	unas gotas de salsa teriyaki
	sal y pimienta

Macere la carne 15 minutos en un tazón con la salsa teriyaki.

Caliente el aceite a fuego alto en una sartén. Ponga la carne y sofríala 1 minuto por lado. Sazone bien, sáquela de la sartén y déjela aparte.

Coloque todas las verduras y el jengibre en la sartén; sazone y sofría a fuego alto 3 minutos; revuelva una sola vez.

Agregue el caldo de res y cocine 1 minuto a fuego alto. Mezcle la fécula de maíz con agua fría, vacíela a la salsa y revuelva hasta que se incorpore bien. Cocínela 1 minuto más.

Ponga la carne de nuevo en la sartén y caliéntela 1 minuto. Sírvala sobre pasta caliente.

1 porción	434 calorías	41 g carbohidratos
36 g proteínas	14 g grasa	2,8 g fibra

Hojaldre de pollo

4 porciones

2	pechugas de pollo enteras sin piel y deshuesadas
2	papas peladas y cortadas en cubitos
2	zanahorias peladas y cortadas en rebanadas de 0,65 cm (¼ *pulg*) de grueso
1	cebolla cortada en 8 trozos
¼ c/dita	estragón
1 c/da	perejil fresco picado
4 c/das	mantequilla
3 tazas	agua fría
3 c/das	harina
	una pizca de paprika
	sal y pimienta
	unas gotas de salsa inglesa
	pasta de hojaldre

Parta las pechugas de pollo por la mitad y corte cada pieza en cuatro trozos para hacer 16 pedazos.

Ponga el pollo, las papas, las zanahorias, la cebolla, el estragón, el perejil, la paprika y 1 cucharada de mantequilla en una sartén honda.

Sazone bien y agregue el agua fría. Ponga unas gotas de salsa inglesa, tape y deje que empiece a hervir. Baje el fuego a medio y cocine el pollo y las verduras hasta que todo esté cocido.

Saque la mezcla de pollo y verduras de la sartén usando una cuchara perforada y colóquela, en partes iguales, en cuatro moldes refractarios individuales; déjelos aparte. Guarde el líquido de cocción en la sartén.

Caliente la mantequilla restante en una cacerola. Cuando haga burbujas, agregue la harina y revuélvala muy bien; dórela 2 minutos revolviendo constantemente. Incorpore el caldo en que coció el pollo y las verduras y bata vigorosamente. Cocine la salsa de 4 a 5 minutos a fuego medio para que espese.

Precaliente en horno a 180°C (*350°F*).

Vacíe la salsa en los cuatro moldes individuales y tápelos con la pasta para de hojaldre. Presione los bordes con los dedos y haga 3 cortes en la superficie para permitir que salga el vapor.

Hornee 30 minutos.

1 porción	441 calorías	33 g carbohidratos
30 g proteínas	21 g grasa	3,3 g fibra

Torta del pastor

4 porciones

4	**papas cocidas peladas y todavía calientes**
2 c/das	**mantequilla**
¾ taza	**leche caliente**
1 c/da	**aceite de cacahuate**
3	**cebollas finamente picadas**
2	**cebollitas de Cambray finamente picadas**
2	**tallos de apio finamente picados**
¼ c/dita	**chile en polvo**
½ c/dita	**albahaca**
500 g	(*1 lb*) **de carne magra de res molida**
340 g	(*12 oz*) **de granos de elote enlatados y escurridos**
2 c/das	**mantequilla derretida**
	sal y pimienta
	una pizca de nuez moscada
	una pizca de tomillo

Precaliente el horno a 180°C (*350°F*).

Unte con mantequilla un molde refractario y déjelo aparte.

Pele las papas cocidas y macháquelas para hacer un puré. Agrégueles 2 cucharadas de mantequilla, sazone con sal, pimienta y nuez moscada; mezcle bien.

Incorpóreles la leche caliente y déjelas aparte.

Caliente el aceite en una sartén grande y honda. Sofría las cebollas, las cebollitas de Cambray, el apio y todos los condimentos a fuego alto por 3 ó 4 minutos.

Revuelva bien y agregue la carne. Cocínela de 4 a 5 minutos y sazone bien.

Ponga los granos de elote y cocine de 2 a 3 minutos más.

Extienda la mitad del puré de papa en el fondo del molde engrasado. Cubra con una capa de carne.

Ponga la mezcla restante de papas en una duya con punta de estrella grande y cubra la mezcla de carne. Sazone bien y rocíe con mantequilla derretida.

Hornéelo 20 minutos.

1 porción	*713 calorías*	*77 g carbohidratos*
36 g proteínas	*29 g grasa*	*6,3 g fibra*

Hígados de pollo con verduras

4 porciones

1 c/da	aceite
625 g	(*1¼ lb*) de hígados de pollo bien limpios
1 c/da	mantequilla derretida
3	cebollitas de Cambray rebanadas
1	calabacita grande cortada en rebanadas gruesas
1	pimiento rojo finamente rebanado
6	castañas rebanadas
½ c/dita	estragón
1 c/dita	perejil fresco picado
1½ tazas	caldo de res caliente
1 c/da	fécula de maíz
2 c/das	agua fría
	sal y pimienta
	una pizca de tomillo
	una pizca de paprika

Caliente el aceite a fuego alto en una sartén grande. Ponga los hígados de pollo y sofríalos 2 minutos. Déles vuelta, sazónelos y cocínelos a fuego alto 3 minutos.

Voltéelos una vez más, vuelva a sazonarlos y sofríalos otros 3 minutos. Sáquelos de la sartén y deje aparte.

Vierta la mantequilla derretida en la sartén; agregue todas las verduras y las castañas. Salpimente y ponga todos los condimentos. Cocine a fuego alto de 4 a 5 minutos.

Agregue el caldo de res, revuelva y deje que empiece a hervir.

Mezcle la fécula de maíz con el agua; revuelva hasta que se incorpore. Cocine 1 minuto a fuego medio.

Ponga los hígados en la salsa, rectifique la sazón y caliéntelos 1 minuto. Sirva.

1 porción	290 calorías	9 g carbohidratos
32 g proteínas	14 g grasa	2,1 g fibra

Pechuga de pollo con verduras

4 porciones

2 c/das	mantequilla
2	pechugas de pollo sin piel, deshuesadas y partidas en 2
2	chalotes secos finamente picados
1	tallo de apio cortado en cubos
500 g	(*1 lb*) de champiñones frescos limpios y cortados en trozos
1	pimiento verde finamente rebanado
1	pimiento rojo finamente rebanado
1 c/da	perejil recién picado
½ c/dita	estragón
1½ tazas	caldo de pollo caliente
1 c/dita	fécula de maíz
2 c/das	agua fría
	sal y pimienta

Caliente la mantequilla a fuego medio en una sartén grande. Póngale el pollo y sazone bien; sofría de 7 a 8 minutos.

Voltee las pechugas. Agregue los chalotes, el apio, los champiñones, los pimientos verde y rojo, el perejil y el estragón; sazone bien. Cocínelos de 7 a 8 minutos más.

Pase las pechugas de pollo a un platón y consérvelas calientes.

Vierta el caldo de pollo en la sartén y deje que empiece a hervir. Mezcle la fécula de maíz con el agua; revuelva hasta que se incorpore. Cocine 1 minuto a fuego medio.

Vacíe la salsa y las verduras sobre el pollo y sírvalo.

1 porción	*217 calorías*	*10 g carbohidratos*
24 g proteínas	*9 g grasa*	*3,9 g fibra*

1. Ponga las pechugas de pollo en la mantequilla caliente y sazónelas bien; sofríalas a fuego medio de 7 a 8 minutos.

2. Voltéelas cuando estén bien doradas.

3. Agregue las verduras y los condimentos. Cocínelas de 7 a 8 minutos más.

4. Saque las pechugas de la sartén. Vierta el caldo de pollo y deje que empiece a hervir. Espese la salsa con la fécula de maíz disuelta en agua.

213

Volovanes de pollo

4 porciones

2	pechugas de pollo sin piel cortadas en cubos grandes
2½ c/das	mantequilla
1 c/dita	perejil fresco picado
2 tazas	caldo de pollo caliente
¼ c/dita	estragón
2	cebollas cortadas en 6
250 g	(½ *lb*) de botones de champiñones frescos limpios y cortados por la mitad
1 taza	chícharos congelados
2 c/das	harina
4	bases grandes para volovanes horneadas
	jugo de ¼ de limón
	sal y pimienta
	una pizca de tomillo
	una pizca de nuez moscada

Ponga los cubos de pollo en una sartén honda. Agrégueles 1 cucharada de mantequilla, el perejil y el jugo de limón; cocine 2 minutos a fuego muy bajo.

Voltee las pechugas y sazónelas. Viértales el caldo de pollo; agregue todos los condimentos y las cebollas. Revuelva bien y deje que empiece a hervir.

Tape la sartén y cocine el pollo 10 minutos a fuego muy bajo.

Agregue los champiñones y los chícharos. Sazone, tape y cocínelos 8 minutos a fuego medio.

Quite la sartén del fuego. Saque las verduras y el pollo con una cuchara perforada y déjelos aparte. Guarde el caldo donde los coció.

Derrita la mantequilla restante en una cacerola. Agréguele la harina y revuélvala bien. Dórela 2 minutos a fuego medio.

Vierta el caldo de la cocción del pollo con un batidor de globo. Sazone la salsa a su gusto y cocínela a fuego medio de 6 a 7 minutos revolviendo en una sola ocasión.

Ponga el pollo y las verduras en la salsa sin incorporar el jugo que hayan soltado. Cocine la mezcla de 3 a 4 minutos.

Rellene las conchas horneadas con la mezcla de pollo y sírvalos.

1 porción	627 calorías	42 g carbohidratos
36 g proteínas	35 g grasa	7,9 g fibra

1. Ponga los cubos de pollo en una sartén honda. Agrégueles 1 cucharada de mantequilla, el perejil y el jugo de limón; cocine 2 minutos a fuego muy bajo.

2. Voltee los cubos de pollo y sazónelos. Viértale el caldo de pollo; agregue todos los condimentos y las cebollas. Revuelva bien y deje que empiece a hervir. Tape la sartén y cocine 10 minutos a fuego lento.

3. Agregue los champiñones y los chícharos. Sazónelos, tape y cocine a fuego medio 8 minutos.

4. Saque el pollo y las verduras; déjelos aparte.

Alas de pollo a la 'Brière'

4 porciones

24	**alas de pollo**
2 c/das	**jengibre fresco y picado**
1	**diente de ajo picado**
1 c/dita	**salsa inglesa**
1 c/dita	**salsa Pickapeppa***
2 c/das	**aceite de oliva**
¼ taza	**catsup**
	jugo de 1 limón
	sal y pimienta

Corte las puntas de las alas y tírelas. Deje hervir las alas de 8 a 10 minutos.

Mezcle el jengibre en un tazón con el ajo y las salsas inglesa y Pickapeppa. Agregue el jugo de limón, el aceite y el catsup; revuelva y sazone con pimienta.

Escurra las alas blanqueadas y colóquelas en el tazón con la salmuera; déjelas macerar durante 15 minutos.

Ponga las alas en una bandeja para asar; áselas 3 ó 4 minutos por lado en el horno precalentado; báñelas con frecuencia mientras se cocinan.

Sazone y sirva.

* Salsa picante proveniente de Jamaica.

1 porción	329 calorías	5 g carbohidratos
39 g proteínas	17 g grasa	0 g fibra

Milanesas de pollo

4 porciones

2	**pechugas de pollo sin piel, deshuesadas y partidas en 2**
1 taza	**harina**
2	**huevos batidos**
1 taza	**pan molido**
2 c/das	**aceite de cacahuate o vegetal**
1 c/da	**mantequilla**
	sal y pimienta

Ponga cada pechuga de pollo entre 2 hojas de papel encerado y aplánelas con un mazo de madera hasta que queden delgadas.

Salpimente las pechugas; enharínelas. Sumérjalas en los huevos batidos y empanícelas.

Caliente el aceite y la mantequilla en una sartén grande. Ponga las milanesas y cocínelas de 3 a 4 minutos por lado o hasta que esté cocidas.

Sírvalas con su salsa favorita.

1 porción	*465 calorías*	*32 g carbohidratos*	
37 g proteínas	*21 g grasa*	*2,1 g fibra*	

Pollo salteado con vinagre

4 porciones

1	**pollo de 1,5 kg (*3 lb*) limpio, cortado en 8 piezas y sin piel**
2 c/das	**mantequilla derretida**
2	**dientes de ajo picados**
½ taza	**vino blanco seco**
¼ taza	**vinagre de vino**
1 c/da	**pasta de tomate**
1½ tazas	**caldo de pollo caliente**
1 c/da	**fécula de maíz**
3 c/das	**agua fría**
1 c/da	**perejil fresco picado**
	sal y pimienta

Precaliente el horno a 180°C (*350°F*).

Sazone las piezas de pollo. Caliente la mantequilla a fuego medio en una sartén grande. Póngale las piezas de pollo y dórelas por todos lados. Sazone y agregue los ajos; cocínelas 3 minutos.

Viértale el vino y el vinagre; revuelva y cocínelas a fuego alto de 4 a 5 minutos. Agregue la pasta de tomate y el caldo de pollo, revuelva y sazone bien.

Tape y cocine el pollo de 18 a 20 minutos según el tamaño.

Saque el pollo y déjelo aparte. Ponga la sartén a fuego medio. Mezcle la fécula de maíz con el agua fría; vacíela a la salsa y revuelva hasta que se incorpore bien. Sazone y cocínela 3 minutos.

Regrese el pollo a la salsa y déjelo hervir a fuego lento de 2 a 3 minutos. Espárzale el perejil y sírvalo.

1 porción	592 calorías	5 g carbohidratos
98 g proteínas	20 g grasa	0,1 g fibra

Pollo con almendras y pasas

4 porciones

2 c/das	mantequilla
1	cebolla grande y picada
1	diente de ajo picado
½ taza	vino blanco seco
½ taza	caldo de pollo caliente
2 tazas	salsa blanca caliente*
½ taza	pasas doradas sin semilla
½ taza	almendras cortadas en tiras
2½ tazas	pollo cocido y cortado en cubos
1	yema de huevo
¼ taza	crema espesa
¼ c/dita	comino
1 c/da	perejil fresco picado
	sal y pimienta

Caliente la mantequilla a fuego medio en una sartén. Ponga la cebolla y el ajo; sofría 3 minutos.

Agregue el vino y cocine 3 minutos a fuego alto. Vierta el caldo de pollo y cocine 3 minutos.

Mézclele la salsa blanca y revuelva. Agregue las pasas, las almendras y el pollo; revuelva bien con una cuchara de madera y rectifique la sazón. Cocine 3 minutos a fuego lento.

Mezcle la yema de huevo con la crema y agréguele el comino. Vierta esta mezcla al pollo. Cocine la salsa a fuego muy bajo durante 3 minutos. ¡No deje que hierva!

Si le agrada, sírvalo entre panecillos ahuecados tostados. Espárzales perejil.

* Para la receta de salsa blanca, vea la página 324.

Ensalada de pollo en melón

4 porciones

3 c/das	mayonesa
3 c/das	yogurt natural
1 c/da	curry en polvo
1 c/da	perejil fresco picado
1	pechuga de pollo sin piel, cocida y cortada en cubos
2	melones pequeños
	sal y pimienta
	jugo de ½ limón
	paprika

Ponga la mayonesa, el yogurt, el curry en polvo y el perejil en un tazón pequeño. Sazone y revuelva bien. Agregue los cubos de pollo y el jugo de limón; mezcle bien.

Corte los melones por la mitad dejando las orillas en zigzag. Quíteles las semillas y tírelas.

Rellénelos con porciones de ensalada de pollo. Espolvoree con paprika y sirva.

1 porción	236 calorías	25 g carbohidratos
16 g proteínas	8 g grasa	2.8 g fibra

Croquetas de ternera

4 porciones

2 c/das	mantequilla
1	cebolla finamente picada
500 g	(*1 lb*) de carne magra de ternera molida
1 c/da	curry en polvo
1½ tazas	salsa blanca espesa caliente*
2	yemas de huevo
1 taza	harina
2	huevos batidos
1½ tazas	pan molido sazonado
	sal y pimienta
	aceite de cacahuate para freír

Ponga la mantequilla y la cebolla en una sartén. Sofría a fuego lento de 4 a 5 minutos.

Agregue la carne y sazónela bien. Espárzale el curry en polvo y revuelva con una cuchara de madera. Cocínela a fuego alto de 7 a 8 minutos mientras revuelve para deshacer los grumos.

Cuando la carne esté cocida, agregue la salsa blanca y cocínela a fuego medio alto 2 minutos.

Saque la sartén del fuego; incorpórele las yemas de huevo a la salsa. Regrésela al fuego y cocine 2 minutos a fuego medio revolviendo constantemente.

Cambie la mezcla a un platón grande y extiéndala con una espátula. Deje enfriar 30 minutos; tápela con envoltura plástica y refrigérela por lo menos 4 horas antes de usarla.

Precaliente suficiente aceite de cacahuate en una freidora a 190°C (*375°F*).

Haga croquetas cilíndricas. Enharínelas, cubra ligeramente con el huevo batido y páselas por el pan molido.

Fríalas hasta que doren.

Sírvalas con su salsa favorita.

* Para la receta de salsa blanca, vea la página 324.

1 porción	717 calorías	54 g carbohidratos
42 g proteínas	37 g grasa	1,8 g fibra

Hamburguesas de ternera

4 porciones

750 g	(1½ lb) de carne magra de ternera molida
1	huevo batido
2 c/das	aceite
1	pimiento verde grande finamente rebanado
2	manzanas sin corazón, sin pelar y finamente rebanadas
1 c/da	mantequilla
1	cebolla grande cortada por la mitad y finamente rebanada
4	papas cocidas, peladas y cortadas en rebanadas de 0,65 cm (¼ pulg) de grueso
	una pizca de paprika
	unas gotas de salsa inglesa
	sal y pimienta

Ponga la carne, el huevo, la paprika y la salsa inglesa en el procesador de alimentos. Sazone y muela hasta que la carne forme una bola. Haga 4 hamburguesas.

Caliente el aceite a fuego medio en una sartén grande. Ponga las hamburguesas y cocínelas por 3 ó 4 minutos. Voltéelas, sazone y cocínelas por 3 ó 4 minutos, dependiendo del tamaño.

Sáquelas de la sartén, déjelas aparte y consérvelas calientes.

Ponga el pimiento verde y las manzanas en la sartén; sazone bien. Cocínelos a fuego medio 3 minutos.

Mientras tanto, derrita la mantequilla en otra sartén. Ponga las cebollas y las papas; sazone bien. Cocínelas a fuego medio de 3 a 4 minutos.

Sirva el pimiento y las manzanas sobre las hamburguesas. Acompáñelas con papas.

1 porción	626 calorías	45 g carbohidratos
44 g proteínas	30 g grasa	5,4 g fibra

Estofado de ternera

2 porciones

1 kg	**(*2 lb*) de lomo de ternera cortado en cubos y sin grasa**
1	**tallo de apio cortado en trozos**
1	**cebolla cortada en cuartos**
1	**papa grande pelada y cortada en trozos**
3	**ramas de perejil**
½ c/dita	**estragón**
1	**hoja de laurel**
2 c/das	**mantequilla**
2 c/das	**harina**
2 c/das	**crema espesa**
	sal y pimienta
	una pizca de paprika

Ponga la ternera en una cacerola y cúbrala con agua fría. Deje que empiece a hervir y cocínela 3 minutos.

Escurra la carne, enjuáguela bajo el chorro de agua fría y póngala en una cacerola limpia.

Agregue el apio, la cebolla y la papa; salpimente. Ponga los condimentos y la hoja de laurel; cúbrala con suficiente agua fría.

Tape la cacerola y deje que empiece a hervir. Cocínela a fuego medio bajo durante 1 hora y 15 minutos.

Saque las verduras de la cacerola y déjelas aparte. Siga cociendo la carne hasta que esté suave. Sáquela con una cuchara perforada y guarde el líquido.

Derrita la mantequilla en otra cacerola. Póngale la harina y mezcle bien. Dórela 2 minutos a fuego lento revolviendo constantemente.

Viértale el líquido en que coció la ternera y revuelva con un batidor. Agregue la crema y sazone al gusto.

Ponga las verduras y la carne en la salsa, revuelva y deje que hiervan 1 minuto a fuego lento o hasta que estén calientes.

1 porción	*1049 calorías*	*27 g carbohidratos*
98 g proteínas	*61 g grasa*	*2,8 g fibra*

223

Crepas rellenas de ternera

4 porciones

1 taza	harina
3	huevos grandes
1 taza	leche
¼ taza	agua tibia
3 c/das	mantequilla derretida tibia
1 c/da	perejil fresco picado
2 c/das	mantequilla
1	cebolla picada
1	tallo de apio cortado en cubitos
250 g	(½ lb) de champiñones frescos limpios y cortados en cubos
½ c/dita	estragón
¼ c/dita	semillas de apio
375 g	(¾ lb) de carne de ternera magra molida
2 tazas	salsa blanca con queso*
¾ taza	queso mozzarella rallado
	sal y pimienta blanca
	una pizca de paprika

Ponga la harina y una pizca de sal en un tazón grande. Agregue los huevos y bata la mezcla hasta que esté uniforme. Bátale la leche y el agua; cuele la pasta por un cedazo.

Mézclele la mantequilla derretida, el perejil y la paprika; sazone. Cubra con una hoja de envoltura plástica que toque la superficie y refrigérela 1 hora. Prepare las crepas con esta pasta.

Precaliente el horno a 200°C (*400°F*).

Derrita 2 cucharadas de mantequilla a fuego medio en una sartén. Sofría la cebolla y el apio 4 minutos. Agregue los champiñones y los condimentos; revuelva bien. Cocine 3 ó 4 minutos.

Mézclele la carne y rectifique la sazón; dore la ternera 3 minutos. Tape la sartén y cocínela otros 3 minutos.

Agregue la salsa blanca con queso, cocínela otros 2 minutos y retire la sartén del fuego. Rellene las crepas con la mezcla y acomódelas en un molde refractario. Báñelas con lo que reste del relleno y del queso. Dorar 7 u 8 minutos en el asador del horno.

* Para la receta de la salsa blanca con queso, ver página 376.

1 porción	845 calorías	48 g carbohidratos
44 g proteínas	53 g grasa	3,5 g fibra

1. Para preparar la pasta de las crepas, utilice harina corriente.

2. Mezcle la harina y una pizca de sal en un tazón, agregue los huevos. Mézclelos con un batidor hasta que quede una pasta uniforme y sin grumos.

3. Incorpore la leche y el agua. Cuele la pasta.

4. Es más fácil hacer las crepas en una sartén especial. Si no la tiene, utilice una plancha redonda, de orilla corta.

Deliciosas rebanadas de cerdo

4 porciones

2 c/das	aceite de cacahuate
3	chuletas de cerdo sin grasa y cortadas en tiras de 1,2 cm (½ *pulg*) de ancho
1	zanahoria pelada y rebanada
6	champiñones frescos grandes limpios y rebanados
1 c/da	jengibre fresco picado
2	tallos de lechuga china cortados en rebanadas gruesas
1 c/da	salsa de soya
	sal y pimienta

Caliente el aceite a fuego alto en una sartén. Ponga la carne y la zanahoria; sofría 3 minutos.

Voltee las tiras de carne, sazone y cocine otros 3 minutos.

Agregue los champiñones y el jengibre; cocine 2 minutos más.

Rectifique la sazón y agregue la lechuga china; rocíe con la salsa de soya, mezcle y cocine 2 minutos más.

Sirva inmediatamente.

1 porción	282 calorías	4 g carbohidratos
26 g proteínas	18 g grasa	1,9 g fibra

Lomo de cerdo con verduras

4 porciones

1 c/da	aceite de cacahuate
1,5 kg	(*3 lb*) de lomo de cerdo deshuesado
2	dientes de ajo pelados y cortados en mitades
2	cebollas cortadas en mitades
1 taza	vino blanco seco
800 g	(*28 oz*) de tomates enlatados
1 c/dita	albahaca
¼ c/dita	tomillo
½ c/dita	orégano
1	hoja de laurel
½	nabo cortado en trozos grandes
2 c/das	fécula de maíz
4 c/das	agua fría
	sal y pimienta
	unas gotas de salsa inglesa
	unas gotas de salsa Pickapeppa*

Caliente el aceite en una cacerola grande. Haga varios cortes en la carne usando un cuchillo pequeño e insérteles los trozos de ajo.

Dore la carne 8 minutos a fuego medio alto. Asegúrese de voltearla para que dore por todos lados y sazone. Agregue las cebollas y cocínelas a fuego medio de 7 a 8 minutos.

Ponga el vino y cocine la carne 3 minutos más.

Agregue los tomates con el jugo, todos los condimentos incluyendo la hoja de laurel y tape la cacerola. Cocine 1¼ horas a fuego lento, revolviendo ocasionalmente.

Agregue el nabo, sazone y siga cocinando con la cacerola tapada, durante 1¼ horas o más, dependiendo del tamaño del lomo.

Saque la carne de la cacerola y déjela aparte.

Mezcle la fécula de maíz con el agua y agréguela a la salsa. Agregue las salsas inglesa y Pickapeppa y deje que empiece a hervir. Cocine 2 ó 3 minutos más.

Rebane la carne y sírvala con las verduras y la salsa. Si lo desea, puede adornar con chícharos.

* Salsa picante proveniente de Jamaica.

1 porción	709 calorías	22 g carbohidratos
72 g proteínas	37 g grasa	3,4 g fibra

Berenjenas rellenas

2 porciones

1	**berenjena grande**
1 c/da	**aceite de oliva**
1 c/da	**aceite de cacahuate**
½	**cebolla picada**
250 g	**(½ lb) de carne magra de res molida**
½	**pimiento rojo picado**
½ c/dita	**albahaca dulce**
½ c/dita	**chile en polvo**
85 g	**(3 oz) queso de cabra desmoronado**
4	**rebanadas de queso mozzarella de aproximadamente 2,5 cm (1 pulg) de ancho**
	sal y pimienta

Precaliente el horno a 200°C (*400°F*).

Rebane las berenjenas a lo largo en dos partes iguales. Haga cortes entrecruzados sobre la pulpa y unte con aceite de oliva. Póngalas en un molde refractario y hornéelas 30 minutos.

Quíteles la mayor parte de la pulpa con una cuchara, dejando suficiente para que la cáscara quede firme; póngalas aparte.

Caliente el aceite de cacahuate en una sartén grande. Ponga la cebolla, la carne y el pimiento rojo; sazone bien.

Agregue la albahaca y el chile en polvo; revuelva bien. Sofría a fuego medio por 5 ó 6 minutos.

Pique la pulpa de la berenjena y póngala en la sartén. Siga cocinando de 3 a 4 minutos.

Agregue el queso de cabra y cocínelo 2 minutos o hasta que se derrita.

Rellene las cáscaras de berenjena y póngales encima las rebanadas de queso mozzarella. Hornéelas hasta que el queso se derrita y sirva inmediatamente.

1 porción	703 calorías	14 g carbohidratos
47 g proteínas	51 g grasa	3,5 g fibra

Chuletas de cerdo en salsa de mostaza

4 porciones

2 c/das	aceite
4	chuletas de cerdo sin grasa
500 g	(*1 lb*) de champiñones frescos limpios y rebanados
1	manzana sin corazón pelada y cortada en rebanadas gruesas
1½ tazas	caldo de pollo caliente
1 c/da	fécula de maíz
2 c/das	agua fría
1 c/da	mostaza de Dijon
	sal y pimienta

Caliente la mitad del aceite en una sartén. Cuando esté caliente, ponga las chuletas de cerdo y fríalas a fuego medio alto de 3 a 4 minutos.

Voltéelas, sazone bien y cocínelas 3 ó 4 minutos más, según el tamaño.

Saque las chuletas de la sartén y consérvelas calientes.

Ponga el aceite restante, los champiñones y las manzanas en la sartén. Sazone y fría 3 minutos a fuego alto.

Agregue el caldo de pollo y deje que empiece a hervir. Mezcle la fécula de maíz con el agua, incorpórela a la salsa y cocínela a fuego lento de 3 a 4 minutos.

Retire la sartén del fuego y agregue la mostaza. Ponga la carne en la salsa y sírvala.

1 porción	394 calorías	13 g carbohidratos
36 g proteínas	22 g grasa	3,8 g fibra

Salchichas italianas con berenjena

4 porciones

3 c/das	aceite de cacahuate
1	berenjena pelada y cortada en cubos
1	cebolla cortada en cubos
2	dientes de ajo picados
3	cebollitas de Cambray picadas
625 g	(*1 ¼ lb*) de salchichas italianas picantes
	sal y pimienta
	perejil fresco picado

Caliente 2 cucharadas de aceite en una sartén grande. Cuando esté caliente, ponga la berenjena, la cebolla, los ajos y las cebollitas de Cambray; sazone bien. Tape la sartén y sofría 20 minutos a fuego medio revolviendo con frecuencia.

Mézclele las salchichas y agregue el aceite restante. Tape parcialmente y cocine 15 minutos más.

Reduzca el calor y cocine 7 u 8 minutos más. Espárzales perejil y sirva.

1 porción	501 calorías	8 g carbohidratos
25 g proteínas	41 g grasa	1.9 g fibra

Salchichas con papas al ajo

4 porciones

2 c/das	aceite de cacahuate
3	papas peladas, cortadas en mitades y finamente rebanadas
625 g	(*1¼ lb*) de salchichas italianas dulces
2	dientes de ajo picados
1	cebolla finamente rebanada
¾ taza	caldo de pollo caliente
	sal y pimienta

Caliente la mitad del aceite a fuego alto en una sartén. Ponga las papas y sazone; tape parcialmente y sofría 15 minutos Asegúrese de moverlas con frecuencia.

Agregue las salchichas y el aceite restante; sazone bien. Tápelas parcialmente y cocínelas a fuego medio por 10 ó 12 minutos. Voltéelas 2 veces mientras se cocinan.

Agregue los ajos y las cebolla. Tape parcialmente y cocine 10 minutos, revolviendo varias veces.

Vierta el caldo de pollo y deje que empiece a hervir. Rectifique la sazón y cocine destapado por 5 minutos, a fuego lento. Sirva.

1 porción	537 calorías	25 g carbohidratos
26 g proteínas	37 g grasa	2,6 g fibra

Salchichas en salsa de tomate

4 porciones

1 c/da	**aceite de oliva**
1	**cebolla picada**
1	**tallo de apio cortado en cubos**
½	**chile verde picado**
2	**dientes de ajo picados**
800 g	**(*28 oz*) de tomates enlatados escurridos y picados**
½ c/dita	**orégano**
1 c/da	**perejil fresco picado**
140 g	**(*5 oz*) de pasta de tomate**
½ taza	**caldo de res caliente**
1 c/da	**aceite de cacahuate**
625 g	**(*1¼ lb*) de salchichas italianas picantes hervidas por 7 minutos**
	sal y pimienta
	una pizca de azúcar

Caliente el aceite de oliva en una sartén grande y honda. Cuando esté caliente, ponga la cebolla, el apio, el chile y los ajos; sofríalos a fuego medio de 5 a 6 minutos.

Agregue los tomates y sazone. Agregue el azúcar, el orégano, el perejil, la pasta de tomate y el caldo de res. Revuelva bien y deje que empiece a hervir. Cocine a fuego medio 20 minutos.

Caliente el aceite de cacahuate en otra sartén. Ponga las salchichas y fríalas a fuego medio 15 minutos; voltéelas con frecuencia.

Sírvalas con salsa de tomate.

1 porción	538 calorías	22 g carbohidratos
27 g proteínas	38 g grasa	3,1 g fibra

Salchichas italianas con verduras

4 porciones

2 c/das	aceite de cacahuate
625 g	(*1¼ lb*) de salchichas italianas
½ c/dita	albahaca dulce
1	cebolla cortada en mitades y rebanada
1	tallo de apio rebanado
6	tomates guaje cortados en cuartos
1	chile amarillo picante picado
1	manzana grande sin corazón, pelada y finamente rebanada
1½ tazas	caldo de res caliente
1 c/da	fécula de maíz
3 c/das	agua fría
	sal y pimienta
	unas gotas salsa de soya

Caliente el aceite a fuego alto en una sartén grande y honda. Cuando esté caliente, ponga las salchichas y baje el fuego a medio. Tape parcialmente y sofríalas 10 minutos, volteándolas 2 ó 3 veces mientras se cocinan.

Espárzales la albahaca y sazone bien. Agregue las verduras y la manzana; cocínelas otros 10 minutos parcialmente tapadas.

Saque las salchichas de la sartén y déjelas aparte.

Aumente el fuego a alto y fría las verduras 2 minutos más.

Agregue el caldo de res, sazone y deje que empiece a hervir.

Mezcle la fécula de maíz con el agua; incorpórela a la salsa. Rocíele la salsa de soya y termine de cocinarla en 2 minutos.

Sírvala inmediatamente con las salchichas.

1 porción	526 calorías	20 g carbohidratos
26 g proteínas	38 g grasa	4,0 g fibra

Chili con carne

4 porciones

2 c/das	aceite
2	cebollas picadas
2	dientes de ajo picados
1	pimiento amarillo picado
750 g	(*1½ lb*) de carne magra de res molida
½ c/dita	semillas de alcaravea
½ c/dita	semillas de apio
540 g	(*19 oz*) de frijoles rojos enlatados escurridos
1½ tazas	tomates triturados
1¼ tazas	caldo de res caliente
4 c/das	pasta de tomate
	una pizca de pimienta de Cayena
	una pizca de paprika
	chiles machacados al gusto
	sal y pimienta
	una pizca de azúcar

Precaliente el horno a 180°C (*350°F*).

Caliente el aceite en una sartén grande y honda. Agregue las cebollas, los ajos y el pimiento amarillo; sofría de 7 a 8 minutos a fuego medio.

Mézcleles la carne, revuelva y sazone. Agregue todos los condimentos y mezcle muy bien. Cocine de 5 a 6 minutos a fuego medio.

Agregue los frijoles y cocine de 4 a 5 minutos más.

Agregue los tomates y el azúcar; sofríalos de 2 a 3 minutos. Vierta el caldo de res y la pasta de tomate; rectifique la sazón. Deje que empiece a hervir.

Tape la sartén y hornee 45 minutos. Si le agrada, acompáñelo con pan fresco.

1 porción	547 calorías	36 g carbohidratos
49 g proteínas	23 g grasa	10,8 g fibra

1. Caliente el aceite en una sartén grande y honda. Sofría las cebollas, los ajos y el pimiento amarillo a fuego medio de 7 a 8 minutos.

2. Agregue la carne, revuelva y sazone. Agregue todos los condimentos y mezcle muy bien. Cocine a fuego medio de 5 a 6 minutos.

3. Agregue los frijoles, mezcle y cocine 4 ó 5 minutos más.

4. Agregue los tomates y el azúcar; sofríalos de 2 a 3 minutos.

Pimientos rellenos

4 porciones

1 c/da	aceite
3	higos finamente picados
1	cebolla finamente picada
1	tallo de apio finamente picado
1 taza	arroz cocido
1 taza	granos enteros de elote
½ c/dita	estragón
2	pimientos verdes cortados por la mitad a lo ancho, sin semillas y blanqueados por 6 minutos
1 c/da	aceite de oliva
2	chalotes picados
250 g	(½ lb) de champiñones frescos limpios y rebanados
800 g	(28 oz) de tomates enlatados escurridos y picados
1 c/dita	pasta de tomate
½ taza	caldo de pollo caliente
	sal y pimienta
	una pizca de azúcar

Precaliente el horno a 180°C (*350°F*).

Caliente el aceite en una sartén. Ponga los higos, la cebolla y el apio; sazónelos bien. Sofríalos a fuego medio de 4 a 5 minutos.

Agregue el arroz y los granos de elote. Rectifique la sazón, ponga el estragón y revuelva bien. Sofríalos de 4 a 5 minutos.

Vacíe la mezcla en el procesador de alimentos y muélala 2 minutos. Deje aparte.

Ponga los pimientos blanqueados en una sartén grande y honda, rellénelos con la mezcla y déjelos aparte.

Caliente el aceite de oliva en una sartén. Ponga los chalotes y los champiñones; cocínelos a fuego alto de 3 a 4 minutos.

Agregue los tomates, el azúcar, la pasta de tomate y el caldo de pollo; revuelva bien. Deje que empiece a hervir. Sazone y siga cociendo a fuego medio de 2 a 3 minutos.

Rocíe los pimientos rellenos con la salsa y hornéelos 45 minutos destapados.

Sírvalos con su queso favorito rallado.

1 porción	318 calorías	48 g carbohidratos
9 g proteínas	10 g grasa	8,6 g fibra

Rollitos de col en salsa

4 porciones

8	**hojas grandes y curvas de col bien lavadas y secas**
2 c/das	**aceite de cacahuate**
1	**pimiento verde finamente picado**
2	**cebollitas de Cambray finamente picadas**
250 g	**(½ lb) de champiñones frescos limpios y finamente picados**
½	**cebolla finamente picada**
2	**dientes de ajo picados**
¼ c/dita	**chile en polvo**
½ c/dita	**albahaca dulce**
¼ c/dita	**tomillo**
1 c/da	**perejil fresco picado**
500 g	**(1 lb) de carne magra de res molida**
2 c/das	**pasta de tomate**
¼ taza	**caldo de pollo caliente**
90 g	**(3 oz) de queso de cabra picado**
2 c/das	**mantequilla**
400 g	**(14 oz) de salsa de tomate enlatada caliente**
	sal y pimienta

Precaliente el horno a 180°C (*350°F*).

Quíteles los tallos duros a las hojas de col. Ponga las hojas en agua hirviendo con sal. Tape y blanquéelas de 4 a 5 minutos.

Escúrralas y póngalas separadas sobre toallas de papel. Séquelas con otra toalla, cámbielas a un platón y deje aparte. Caliente el aceite a fuego alto en una sartén grande y honda. Ponga los pimientos verdes, las cebollitas de Cambray, los champiñones, la cebolla y los ajos; sazónelos bien. Agregue los condimentos y el perejil, revuelva bien. Tape y sofría 8 minutos a fuego medio.

Mézclele la carne y sazone; cocine 7 u 8 minutos con la sartén tapada. Agregue la pasta de tomate y el caldo de pollo; revuelva bien. Cocine destapado de 4 a 5 minutos.

Póngale el queso de cabra y cocine 2 minutos más.

Rellene cada hoja de col. Doble los lados hacia el centro y enrolle. Derrita la mantequilla en una sartén. Ponga los rollos rellenos y fríalos de 6 a 7 minutos por lado a fuego alto. Cámbielos a un molde refractario y báñelos con la salsa de tomate. Tape el molde con papel de aluminio y píquelo con un cuchillo para que salga el vapor.

Hornéelos 1 hora.

1 porción	499 calorías	21 g carbohidratos
34 g proteínas	31 g grasa	6,4 g fibra

Hamburguesas con jamón y champiñones   *2 porciones*

250 g	(½ *lb*) de carne magra de res molida
2 c/das	cebolla picada y sofrita
½	huevo batido
1 c/da	perejil fresco picado
1 c/dita	mantequilla
1	chalote seco picado
4	champiñones grandes limpios y picados
1 c/da	crema espesa
1 c/da	aceite
2	rebanadas gruesas de pan tostado, sin corteza
2	rebanadas de jamón Selva Negra
¼ taza	queso gruyère rallado
	unas gotas de salsa inglesa
	sal y pimienta

Ponga la carne, la cebolla, el huevo, la mitad del perejil y la salsa inglesa en el procesador de alimentos. Sazone bien y muélalos 2 minutos. Cuando la mezcla forme una bola, sáquela y haga 2 hamburguesas. Déjelas aparte.

Caliente la mantequilla en una sartén pequeña. Ponga los chalotes y sofría a fuego medio 2 minutos. Agregue los champiñones y el perejil restante; sazone bien. Sofría de 3 a 4 minutos.

Incorpore la crema y cocine 1 minuto más. Deje aparte.

Caliente el aceite a fuego medio en una sartén grande. Ponga las hamburguesas y fríalas de 8 a 10 minutos, dependiendo del grosor; voltéelas en 2 ó 3 ocasiones para evitar que se quemen.

Cuando estén listas, colóquelas sobre pan tostado y báñelas con la mezcla de champiñones. Póngales encima una rebanada de jamón y queso rallado. Hornéelas 3 minutos para que se derrita el queso. Sirva.

1 porción	*477 calorías*	*15 g carbohidratos*
39 g proteínas	*29 g grasa*	*2,2 g fibra*

Estofado de res con verduras

4 porciones

2 c/das	aceite
750 g	(*1½ lb*) de espaldilla de res sin grasa y cortada en cubos de 2,5 cm (*1 pulg*)
2	cebollas cortadas en cuartos
1	diente de ajo picado
5 c/das	harina
5 tazas	caldo de res caliente
½ c/dita	albahaca
1	hoja de laurel
2 c/das	pasta de tomate
1	tallo de apio cortado en cubos grandes
2	zanahorias peladas y cortadas en cubos
2	papas peladas y cortadas en cubos
½	nabo pelado y cortado en cubos
	sal y pimienta
	una pizca de tomillo

Precaliente el horno a 180°C (*350°F*).

Caliente el aceite en una cacerola refractaria grande. Ponga los cubos de carne y fríalos de 5 a 6 minutos a fuego alto, cuidando que doren por todos lados.

Sazone la carne y agregue las cebollas y el ajo; cocínelos de 4 a 5 minutos. Sazone de nuevo, tape y hornee 1 hora.

Agregue la harina y revuelva hasta que se incorpore. Dórela 3 minutos a fuego medio. Sazone bien.

Agregue el caldo de res y todos los condimentos, incluyendo la hoja de laurel; revuelva bien. Cocine a fuego medio de 5 a 6 minutos. Incorpore la pasta de tomate.

Tape y hornee 30 minutos.

Ponga todas las verduras en la cacerola. Tápela y hornee 45 minutos más. Sirva.

1 porción	515 calorías	32 g carbohidratos
45 g proteínas	23 g grasa	4,4 g fibra

Pastel de carne con apio

4 a 6 porciones

1 c/da	mantequilla
1	cebolla picada
2	dientes de ajo picados
1 c/da	perejil fresco picado
2	cebollitas de Cambray rebanadas
750 g	(*1½ lb*) de carne magra de res molida
250 g	(*½ lb*) de carne magra de ternera molida
¼ taza	crema espesa
1	yema de huevo
3	rebanadas de pan blanco sin corteza
½ taza	leche
½ c/dita	semillas de alcaravea
¼ c/dita	nuez moscada
¼ c/dita	tomillo
½ c/dita	ajedrea
1	clara de huevo ligeramente batida
3	tallos largos de apio pelados
3	hojas de laurel
	sal y pimienta
	paprika al gusto
	chiles machacados al gusto

Precaliente el horno a 180°C (*350°F*).

Derrita la mantequilla en una sartén grande. Ponga la cebolla, los ajos, el perejil y las cebollitas de Cambray; sofría de 3 a 4 minutos a fuego lento. Coloque la carne en un tazón y sazónela bien. Agregue la mezcla de cebollas sofritas y mezcle bien. Incorpore la crema y la yema de huevo y revuelva.

Ponga el pan en un tazón pequeño y agregue la leche. Remoje unos minutos; exprímale el exceso de leche, póngalo en el tazón con la carne e incorpórelo bien. Agregue todos los condimentos y revuelva hasta tener una mezcla uniforme.

Agregue la clara de huevo e incorpórela bien. Coloque la mitad de la mezcla de carne en un molde de 14 x 24 cm (*5½ x 9½ pulg*). Acomode los tallos de apio sobre la carne (córtelos si es necesario) y presiónelos un poco.

Cubra con el resto de la carne y presione firmemente para que se compacte. Ponga encima las hojas de laurel. Tape el molde con una hoja de papel de aluminio perforada y póngalo en recipiente hondo que pueda ir al horno, con aproximadamente 2,5 cm (*1 pulg*) de agua caliente. Hornéelo 1 hora y 15 minutos. A la mitad del tiempo, quítele el papel de aluminio.

Sirva el pastel de carne con condimentos o con una salsa de cebolla.

1 porción	403 calorías	11 g carbohidratos
38 g proteínas	23 g grasa	1,4 g fibra

1. Ponga la carne en un tazón; sazónela. Agregue la mezcla de cebollas sofritas y revuelva.

2. Después de incorporar la crema, ponga la yema de huevo y mezcle de nuevo.

3. Agregue el pan remojado a la mezcla de carne.

4. Coloque la mitad de la mezcla de carne de un molde. Acomode los tallos de apio pelados encima y presiónelos un poco.

Col morada al horno

4 porciones

1	cabeza de col morada cortada en 6
2 c/das	manteca de tocino
1	diente de ajo picado
1 c/da	vinagre de vino
4	rebanadas gruesas de lomito de cerdo cubiertas con harina de maíz y asadas
	sal y pimienta

Precaliente el horno a 200°C (*400°F*).

Ponga la col en agua hirviendo con sal durante 45 minutos, con la cacerola tapada.

Escúrrala bien y deje aparte.

Caliente la manteca de tocino a fuego alto en una cacerola grande y honda. Póngale el ajo y la col; sazone generosamente. Sofría de 6 a 7 minutos.

Tape la sartén y hornee 45 minutos.

Rocíe la col con vinagre de vino y déjela reposar varios minutos. Sírvala con el lomito asado.

1 porción	190 calorías	14 g carbohidratos
11 g proteínas	10 g grasa	8,5 g fibra

DELICIAS
DEL RANCHO

Todo el sabor de la tierra en platillos tanto para la comida diaria como para ocasiones especiales.

Pollo al vino

4 porciones

3 c/das	mantequilla derretida
2,5 kg	(*5 lb*) de pollo limpio, cortado en 8 piezas y sin piel
2	cebollas medianas cortadas en gajos pequeños
3	dientes de ajo picados
1 c/da	cebollines frescos picados
1 c/da	perejil fresco picado
2 tazas	vino tinto seco
2 tazas	salsa oscura ligera para carne caliente
1	hoja de laurel
250 g	(*½ lb*) de champiñones frescos limpios y cortados en mitades
	sal y pimienta

Precaliente el horno a 180°C (*350°F*).

Caliente 1 cucharada de mantequilla en una cacerola grande que pueda ir al horno. Ponga la mitad del pollo y dórelo a fuego medio alto de 5 a 6 minutos por todos lados. Saque el pollo y déjelo aparte.

Agregue 1 cucharada más de mantequilla y repita para el resto del pollo. Ponga las cebollas, los ajos, los cebollines y el perejil en la cacerola; sofríalos 2 minutos.

Regrese el pollo a la cacerola y agregue el vino; deje que empiece a hervir.

Mézclele la salsa de carne y salpimiente bien. Ponga la hoja de laurel, tape la cacerola y hornee 45 minutos.

10 minutos antes de que el pollo esté listo, saltee rápidamente los champiñones en la cucharada de mantequilla restante. Póngalos en la cacerola y termine de hornear.

Sírvalo con arroz, papas o verduras.

1 porción	*978 calorías*	*15 g carbohidratos*
90 g proteínas	*62 grasa*	*2,7 g fibra*

Pollo rápido con verduras

4 porciones

2 c/das	mantequilla
2	pechugas de pollo sin piel, deshuesadas y partidas en 2
½	tallo de apio cortado en cubos
2	tomates grandes cortados en cubos grandes
½	pepino pelado, sin semillas y cortado en cubos
1	chalote picado
½ c/dita	hierbas de Provenza*
	sal y pimienta

Precaliente el horno a 180°C (*350°F*).

Caliente la mantequilla a fuego medio en una sartén que pueda ir al horno. Ponga las pechugas, dórelas 3 minutos por cada lado y sazone bien cuando las voltee.

Agregue los ingredientes restantes y asegúrese de sazonar bien. Cocine 2 minutos más.

Tape la sartén y déjela en el horno 10 ó 12 minutos.

Sirva con espárragos u otras verduras frescas.

* Mezcla de tomillo, romero, hoja de laurel, albahaca y ajedrea.

1 porción	213 calorías	5 g carbohidratos
28 g proteínas	9 g grasa	1,6 g fibra

Pollo a la cazadora

4 porciones

1	**pollo de 1,5 kg (*3 lb*) limpio, cortado en 8 piezas y sin piel**
2 c/das	**mantequilla**
3	**chalotes secos finamente picados**
500 g	**(*1 lb*) de champiñones frescos limpios y cortados en mitades**
1 taza	**vino blanco seco**
1½ tazas	**caldo de res caliente**
2 c/das	**pasta de tomate**
1 c/da	**fécula de maíz**
3 c/das	**agua fría**
1 c/dita	**perifollo**
1 c/dita	**perejil**
1 c/dita	**estragón**
	sal y pimienta

Sazone las piezas de pollo. Caliente la mantequilla a fuego medio en una sartén. Ponga el pollo y fríalo de 18 a 20 minutos; voltéelo dos veces.

Saque el pollo frito y déjelo aparte pero consérvelo caliente.

Ponga los chalotes y los champiñones en la sartén; sazone y sofría a fuego medio 4 minutos.

Vierta el vino y cocine 3 minutos a fuego alto. Agregue el caldo de res y la pasta de tomate; revuelva bien.

Mezcle la fécula de maíz con el agua fría e incorpórela en la salsa revolviendo bien. Sazone y agregue el perifollo, el perejil y el estragón; cocine de 4 a 5 minutos más.

Ponga el pollo en la salsa y cocine 3 minutos a fuego lento antes de servirlo.

1 porción	*653 calorías*	*12 g carbohidratos*
104 g proteínas	*21 g grasa*	*4,0 g fibra*

Pollo salteado en vino de Madera

4 porciones

1	pollo de 1,5 kg (*3 lb*) limpio, cortado en 8 piezas y sin piel
2 c/das	mantequilla
2	chalotes secos finamente picados
½ taza	vino Madera
2 tazas	salsa blanca (no muy espesa) caliente*
1 c/da	perejil recién picado
	sal y pimienta

Sazone bien las piezas de pollo. Caliente la mantequilla a fuego medio en una sartén grande. Ponga el pollo y fríalo de 18 a 20 minutos; voltee las piezas en dos ocasiones.

Agregue los chalotes, revuelva bien y cocine otros 2 minutos. Viértale el vino y cocine 1 minuto más.

Agregue la salsa blanca, revuelva bien y cocine a fuego lento de 3 a 4 minutos. Espárzale el perejil y sirva.

* Para la receta de salsa blanca, vea la página 324.

1 porción	*784 calorías*	*12 g carbohidratos*
103 g proteínas	*36 g grasa*	*0,3 g fibra*

Pollo a la Kiev

4 porciones

2	pechugas de pollo sin piel, partidas en 2 y deshuesadas
4 c/das	mantequilla al ajo congelada*
½ taza	harina sazonada
2	huevos batidos
1 taza	pan molido
2 c/das	aceite de cacahuate

Precaliente el horno a 180°C (*350°F*).

Con un cuchillo pequeño, haga una incisión en cada pechuga para formar una pequeña bolsa. Inserte rebanadas de la mantequilla al ajo congelada en cada corte y dé a cada pechuga su forma original.

Enharínelas, mójelas con huevo batido y páselas por el pan molido, presionando con sus dedos para que el pan se adhiera bien a la carne.

Caliente el aceite a fuego medio alto en una sartén grande. Cuando esté caliente, ponga las pechugas y dórelas 3 minutos por cada lado.

Cámbielas a un molde refractario y termine de cocinarlas en el horno por 10 ó 12 minutos.

Si lo desea, puede servirlas con rebanadas de melón.

* Para la receta de mantequilla al ajo, vea la página 66.

1 porción	478 calorías	27 g carbohidratos
34 g proteínas	26 g grasa	0,8 g fibra

Milanesas de pollo con papaya

4 porciones

1	**papaya madura pelada y rebanada**
2	**pechugas de pollo pequeñas sin piel, partidas en dos y deshuesadas**
½ taza	**harina sazonada**
2	**huevos batidos**
¼ taza	**leche**
1 taza	**pan molido y sazonado**
2 c/das	**aceite de girasol**
	jugo de ¼ limón

Precaliente el horno a 190°C (*375°F*).

Ponga las rebanadas de papaya en un tazón pequeño y déjelas macerar en el jugo de limón.

Ponga las pechugas de pollo entre dos hojas de papel encerado y aplánelas hasta que queden de 1,2 cm (*½ pulg*) de grueso.

Enharínelas y sacúdalas para quíteles el exceso de harina. Mezcle los huevos con la leche, sumerja las pechugas y páselas por el pan molido.

Caliente el aceite a fuego alto en una sartén refractaria. Cuando esté caliente, ponga las pechugas y sofríalas 3 minutos por cada lado.

Póngalas en el horno 4 minutos para que terminen de cocinarse o ajuste el tiempo según el tamaño.

Sirva con las rebanadas de papaya con limón.

1 porción	410 calorías	36 g carbohidratos
35 g proteínas	14 g grasa	1,2 g fibra

Pollo al vermouth con uvas verdes

4 porciones

2 c/das	mantequilla
2 c/das	cebolla picada
2	pechugas sin piel y partidas en 2
½ c/dita	estragón
1 taza	uvas verdes sin semilla
1	pimiento verde finamente rebanado
2 c/das	vermouth seco
1¼ tazas	caldo de pollo caliente
1 c/da	fécula de maíz
3 c/das	agua fría
	unas gotas de salsa Tabasco
	sal y pimienta

Caliente la mantequilla en una sartén grande. Ponga la cebolla y la salsa Tabasco; tape y sofría a fuego lento 3 minutos.

Ponga las pechugas de pollo en la sartén y sazónelas bien. Espárzales el estragón, tape y cocínelas de 16 a 18 minutos a fuego medio bajo. A la mitad del tiempo de cocción, voltee el pollo.

Agregue las uvas y el pimiento verde; cocine 4 minutos.

Cuando el pollo esté hecho, sáquelo de la sartén y déjelo aparte.

Suba el fuego y vierta el vermouth en la sartén; cocine 2 minutos.

Agregue el caldo de pollo y cocine la mezcla 2 minutos; rectifique la sazón. Mezcle la fécula de maíz con el agua e incorpórela a la salsa.

Ponga el pollo nuevamente en la sartén y déjelo hervir a fuego lento de 2 a 3 minutos para recalentarlo.

Sírvalo con arroz, papas u otras verduras.

1 porción	229 calorías	10 g carbohidratos
27 g proteínas	9 g grasa	0,7 g fibra

Pollo en salsa cremosa de vino tinto

4 porciones

1	**pollo de 1,5 kg (*3 lb*) limpio, cortado en 8 piezas y sin piel**
1 c/da	**mantequilla**
1 c/da	**aceite**
2	**chalotes secos finamente picados**
1	**cebolla cortada en cuartos**
500 g	**(*1 lb*) de champiñones frescos limpios y cortados en mitades**
2 tazas	**vino tinto seco**
½ taza	**crema espesa**
1 c/dita	**fécula de maíz**
3 c/das	**agua fría**
1 c/da	**perejil recién picado**
	sal y pimienta
	salsa Tabasco

Sazone las piezas de pollo. Caliente la mantequilla y el aceite a fuego medio en una sartén. Ponga el pollo y sofríalo 15 minutos voltéelo una vez.

Agregue los chalotes, la cebolla y los champiñones; sazónelos bien. Sofríalos otros 6 ó 7 minutos; saque el pollo de la sartén y consérvelo caliente.

Vierta el vino en la sartén, deje que empiece a hervir y cocine de 5 a 6 minutos. Agregue la crema y reduzca el fuego; cocine 4 o 5 minutos más.

Disuelva la fécula de maíz en el agua fría e incorpórela a la salsa. Cuézala 1 minuto a fuego lento. Sazónela con salsa Tabasco al gusto y espárzale perejil; sírvala sobre el pollo.

1 porción	732 calorías	10 g carbohidratos
101 g proteínas	32 g grasa.	3,7 g fibra

Pechugas de pollo en salsa de limón

4 porciones

2 c/das	mantequilla
2	pechugas de pollo sin piel, partidas en 2 y deshuesadas
¼ taza	caldo de pollo caliente
1 c/da	perejil fresco picado
	sal y pimienta
	jugo de 1 limón

Precaliente el horno a 180°C (*350°F*).

Caliente la mantequilla a fuego medio en una sartén grande que pueda ir al horno. Ponga las pechugas y dórelas 3 minutos. Voltee, sazone y dórelas otros 3 minutos.

Meta la sartén al horno y cocínelas de 10 a 12 minutos.

Cuando el pollo esté listo, sáquelo de la sartén y deje aparte.

Ponga la sartén a fuego alto; agréguele el jugo de limón y cocínelo 1 minuto.

Viértale el caldo de pollo y agregue el perejil; revuelva y cocine otros 2 minutos. Sazone.

Rocíe el pollo con la salsa y sírvalo con espárragos.

1 porción	166 calorías	1 g carbohidratos
27 g proteínas	6 g grasa	0,1 g fibra

Pechugas de pollo a la diabla

4 porciones

2	**pechugas de pollo sin piel, partidas en 2 y deshuesadas**
3 c/das	**mantequilla derretida**
2 c/das	**mostaza de Dijon**
1 c/da	**agua**
3 c/das	**pan molido**
	sal y pimienta

Precaliente el asador del horno a 190°C (*375°F*).

Ponga las pechugas en un molde para asar y sazone bien. Báñelas con la mantequilla derretida y métalas al asador por 8 ó 10 minutos; voltéelas a la mitad del tiempo.

Mezcle la mostaza con el agua. Unte las pechugas con la mezcla y espárzales pan molido. Báñelas con un poco más de mantequilla derretida. Póngalas nuevamente en el asador y siga cocinándolas 3 ó 4 minutos. Sirva.

1 porción	245 calorías	4 g carbohidratos
28 g proteínas	13 g grasa	0,2 g fibra

Piernas de pollo suprema

4 porciones

2 c/das	**mantequilla derretida**
4	**piernas de pollo medianas sin piel y divididas en 2**
2	**chalotes picados**
½	**berenjena pelada y cortada en cubos**
3 c/das	**harina**
1 taza	**vino tinto seco**
1¼ tazas	**caldo de res caliente**
¼ c/dita	**tomillo**
½ c/dita	**mejorana**
1 c/da	**ralladura de naranja**
	sal y pimienta
	unas gotas de salsa Tabasco

Precaliente el horno a 180°C (*350°F*).

Vierta la mantequilla derretida en una sartén grande que pueda ir al horno; póngala a fuego medio. Cuando esté caliente, póngale las piezas de pollo y los chalotes; sazónelos bien. Sofría 6 minutos volteando el pollo a los 3 minutos.

Agregue la berenjena y revuelva bien. Tape y cocine 10 minutos.

Mézclele la harina, revuelva y dórela 2 minutos a fuego medio, sin tapar.

Viértale el vino, revuelva bien y agregue el caldo de res. Mezcle de nuevo. Espárzale los condimentos, la ralladura de naranja y la salsa Tabasco. Deje que empiece a hervir.

Tape la sartén y hornee 30 minutos. Para mantener frío el mango de la sartén, envuélvalo en papel de aluminio.

Rectifique la sazón y sirva.

1 porción	*258 calorías*	*6 g carbohidratos*
27 g proteínas	*14 g grasa*	*0,6 g fibra*

Pechugas de pollo Florencia

4 porciones

2 c/das	mantequilla
2	pechugas de pollo sin piel, partidas en 2 y deshuesadas
1	pimiento verde rebanado
250 g	(½ *lb*) de champiñones frescos limpios y rebanados
1	tallo de apio en rebanadas gruesas
1½ tazas	caldo de pollo caliente
2 c/das	salsa teriyaki
1 c/da	fécula de maíz
3 c/das	agua fría
	sal y pimienta
	rodajas de limón

Caliente la mantequilla a fuego medio en una sartén grande. Ponga el pollo y sofríalo 4 minutos. Voltéelo y sazone bien; cocínelo otros 4 minutos.

Siga sofriéndolo 7 minutos o el tiempo necesario según el tamaño de las pechugas; voltéelas una sola vez. Asegúrese de sazonarlas varias veces.

Cuando el pollo esté listo, cámbielo a un molde refractario y consérvelo caliente en el horno.

Ponga en la sartén caliente el pimiento verde, los champiñones y el apio. Sofría de 4 a 5 minutos a fuego medio.

Sazone, agregue el caldo de pollo y la salsa teriyaki; deje que empiece a hervir. Cocine la salsa a fuego medio de 4 a 5 minutos.

Mezcle la fécula de maíz con el agua; incorpórela a la salsa y cuézala 1 minuto más.

Ponga el pollo en la salsa y cocínelo 2 minutos a fuego lento para calentarlo.

Sírvalo sobre arroz blanco y adorne con rodajas de limón.

1 porción	229 calorías	8 g carbohidratos
29 g proteínas	9 g grasa	1,9 g fibra

255

Chuletas de ternera con hongos silvestres

4 porciones

4	chuletas de ternera de 0,65 cm (¼ *pulg*) de grueso sin grasa
1 taza	harina ligeramente sazonada
1½ c/das	mantequilla
1½ tazas	pleurotos frescos limpios y cortados en mitades*
3	cebollitas de Cambray picadas
1 c/da	perejil fresco picado
½ taza	consomé ligero de res caliente
	jugo de ½ limón
	sal y pimienta

Enharine las chuletas y quíteles el exceso de harina. Caliente la mantequilla a fuego medio alto en una sartén. Ponga la carne y saltéela 3 minutos.

Voltee las chuletas, sazone y cocine 2 minutos más o ajuste el tiempo según su tamaño. Saque la carne de la sartén y consérvela caliente en el horno.

Ponga los hongos, las cebollitas de Cambray y el perejil en la sartén: sofríalos a fuego alto de 3 a 4 minutos.

Incorpore el consomé y deje que empiece a hervir. Agregue el jugo de limón, rectifique la sazón y sirva la salsa de inmediato con la ternera. Acompáñela con rebanadas de tomate asado.

* Variedad de hongo. En los meses de lluvia, generalmente se encuentran otras variedades comestibles en el mercado.

1 porción	325 calorías	16 g carbohidratos
27 g proteínas	17 g grasa	1,9 g fibra

Escalopas de ternera primavera

4 porciones

900 g	**(2 lb) de escalopas* de ternera cortadas en cuadros de 5 cm (2 pulg)**
2 c/das	**mantequilla**
2	**pimientos rojos cortados en gajos gruesos**
125 g	**(¼ lb) de champiñones frescos limpios y rebanados**
2	**chalotes picados**
	sal y pimienta
	unas gotas de jugo de limón

Saltee la ternera** en mantequilla caliente durante 1 minuto a fuego alto. Voltee las piezas, sazone ligeramente y cocínelas 1 minuto más. Sáquelas de la sartén y deje aparte.

Ponga los pimientos, los champiñones y los chalotes en la sartén. Sofríalos de 3 a 4 minutos a fuego medio alto.

Sazónelos bien, rocíe con el jugo de limón y sirva inmediatamente con a la ternera. Si desea puede agregar más jugo de limón. Acompáñelos con pasta.

* Las escalopas son trozos de ternera aplanados con un grosor aproximado de 0,65 cm (¼ pulg).

** Cocine la ternera en varias tandas (divida la mantequilla entre ellas) para que se sellen apropiadamente.

1 porción	470 calorías	3 g carbohidratos
47 g proteínas	30 g grasa	1,1 g fibra

Escalopas de ternera rellenas

4 porciones

2 c/das	mantequilla
12	champiñones frescos limpios y picados
2	chalotes picados
1 c/da	perejil fresco picado
1 taza	carne de salchichas de cerdo molida
¼ taza	crema espesa
4	escalopas de ternera grandes
	sal y pimienta

Precaliente el horno a 180°C (*350°F*).

Caliente la mitad de la mantequilla a fuego medio en una sartén. Ponga los champiñones, los chalotes y el perejil; sofríalos 3 minutos.

Mézclele la carne molida de salchichas y reduzca el fuego; cocine otros 4 ó 5 minutos.

Agregue la crema, suba el fuego y sazone bien. Hiérvala de 3 a 4 minutos para que se consuma.

Muela esta mezcla en el procesador de alimentos. Deje el relleno aparte para que se enfríe.

Esparza el relleno frío sobre las escalopas abiertas y aplanadas. Enróllelas a lo largo, doble los extremos y átelas con un cordel de cocina.

Caliente la mantequilla restante en una sartén. Ponga la ternera enrollada y fríala a fuego medio alto de 2 a 3 minutos cuidando de dorarla por todos lados. Sazone bien.

Cámbiela a un molde refractario, tape y hornee de 10 a 12 minutos.

Sírvala con papas y la salsa de su preferencia.

1 porción	454 calorías	3 g carbohidratos
34 g proteínas	34 g grasa	1,6 g fibra

1. Sofría los champiñones, los chalotes y el perejil 3 minutos en la mantequilla caliente.

2. Mézclele la carne molida de salchichas y cocínela a fuego lento de 4 a 5 minutos.

3. Agregue la crema. Suba el fuego a alto y sazone bien. Deje consumir la crema por 3 ó 4 minutos.

4. Después de moler el relleno y dejarlo enfriar, extiéndalo sobre las escalopas.

Lomo de ternera al horno

4 porciones

1 c/da	aceite vegetal
2	lomos de ternera sin grasa de 500 g (*1 lb*) cada uno*
½	tallo de apio cortado en cubos
1	zanahoria pelada y cortada en cubos
1	cebolla mediana cortada en cubitos
1	chalote picado
1 c/da	cebollines frescos picados
½ c/dita	orégano
½ c/dita	albahaca
½ taza	vino blanco seco
1¼ tazas	consomé de res caliente
1 c/da	fécula de maíz
3 c/das	agua fría
	sal y pimienta

Precaliente el horno a 190°C (*375°F*).

Caliente el aceite a fuego medio alto en una sartén que pueda ir al horno. Cuando esté caliente, ponga la carne y fríala por todos lados hasta que dore.

Baje el fuego a medio. Agregue el apio, la zanahoria, la cebolla, el chalote, los cebollines y los condimentos; sofría 2 minutos más.

Sazónelos bien y viértales el vino; cocine 2 minutos.

Agregue el consomé y ponga la sartén en el horno; hornee la carne 16 minutos sin taparla.

Saque la carne de la sartén y déjela aparte.

Ponga la sartén a fuego lento. Mezcle la fécula de maíz con el agua e incorpórela a la salsa, cuézala 30 segundos o hasta que espese un poco.

Rebane la carne y sírvala con la salsa. Acompáñela con zanahorias y chícharos frescos.

* El lomo de ternera puede ser difícil de conseguir en el supermercado local; pídalo con su carnicero, quien seguramente le puede conseguir este corte tan especial y excepcionalmente tierno.

1 porción	423 calorías	7 g carbohidratos
47 g proteínas	23 g grasa	1,2 g fibra

Ternera braseada

4 porciones

1,5 kg	(*3 lb*) de bola de ternera atada para asado
1 taza	harina sazonada
2 c/das	aceite
2	cebollas cortadas en 4 ó 6
2	zanahorias peladas y cortadas en cubos grandes
2	tallos pequeños de apio cortados en cubos grandes
1 c/da	perejil fresco picado
½ c/dita	orégano
¼ c/dita	sal de apio
1 taza	vino blanco seco
1 taza	caldo de pollo caliente
1 c/da	fécula de maíz
3 c/das	agua fría
	sal y pimienta
	una pizca de tomillo
	una pizca de chiles machacados

Precaliente el horno a 180°C (*350°F*). Enharine la carne.

Caliente el aceite en una cacerola que pueda ir al horno. Fría la carne por todos lados a fuego medio alto, hasta que dore bien.

Agregue las verduras y sazone bien. Cocine 2 minutos más. Ponga el perejil, el orégano, la sal de apio, el tomillo y los chiles machacados; revuelva bien.

Viértale el vino y cocine a fuego alto de 3 a 4 minutos. Agregue el caldo de pollo y deje que empiece a hervir. Tape la cacerola y hornee la carne 1 hora.

Saque la ternera de la cacerola y póngala en un platón; deje aparte.

Mezcle la fécula de maíz con el agua fría; incorpórela a la salsa que quedó en la cacerola y cuézala de 1 a 2 minutos para que espese.

Rebane la carne, báñela con la salsa y sírvala acompañada de verduras.

1 porción	743 calorías	25 g carbohidratos
73 g proteínas	39 g grasa	3,2 g fibra

Ternera rellena de verduras

4 porciones

1,5 kg	(*3 lb*) de espaldilla de ternera deshuesada para asado*
2 c/das	mantequilla
1	cebolla finamente picada
2	dientes de ajo picados
½ c/dita	estragón
½ c/dita	tomillo
¼ c/dita	salvia
3½ c/ditas	perejil fresco picado
3	rebanadas de pan blanco sin corteza
¼ taza	crema ligera
12	champiñones grandes frescos limpios y picados
2 c/das	aceite de oliva
2	cebollas cortadas en 6
½ c/dita	romero
1	pimiento rojo cortado en cubos grandes
2	calabacitas cortadas diagonalmente en rebanadas gruesas
1 taza	vino blanco seco
1 taza	caldo de pollo caliente
	sal y pimienta

Caliente la mantequilla en una cacerola pequeña.

Ponga la cebolla picada, los ajos, el estragón, ¼ cucharadita tanto de tomillo como de salvia y ½ cucharadita de perejil; sofríalos a fuego medio 2 minutos. Mientras tanto, remoje el pan en un tazón pequeño con la crema.

Ponga los champiñones en la cacerola y sazónelos bien. Baje el fuego, tape y cocine 6 minutos. Destape la cacerola y cocine de 4 a 6 minutos más. Desbarate el pan y exprímale el exceso de crema. Incorpore el pan al relleno en la cacerola y deje que enfríe un poco.

Precaliente el horno a 180°C (*350°F*). Esparza el relleno sobre la carne abierta. Ciérrela y átela con un cordel de cocina. Caliente el aceite a fuego alto en una cacerola grande que pueda ir al horno. Dore la carne por todos lados. Agregue las cebollas, el romero y el resto de perejil y tomillo. Cocine a fuego medio por 2 ó 3 minutos más. Agregue el pimiento rojo y las calabacitas; sazone bien. Cocine otros 2 minutos. Viértale el vino y cocine la carne a fuego alto de 4 a 5 minutos. Agregue el caldo de pollo, revuelva y deje que empiece a hervir. Tape la cacerola y hornee 1 hora.

Rebane la carne y sírvala con las verduras. Si desea puede acompañarla con granos de elotes.

* Pida a su carnicero que deshuese la carne y la abra en una sola pieza para poder rellenarla.

1 porción	865 calorías	29 g carbohidratos
77 g proteínas	49 g grasa	6,8 g fibra

Entrecote de ternera asado

4 porciones

1,5 kg	**(3 lb) de entrecote de ternera para asar atado**
1 c/da	**mantequilla**
2	**cebollas cortadas en 4**
	sal y pimienta
	perejil fresco picado

Precaliente el horno a 220°C (*425°F*). Sazone la carne con bastante pimienta.

Caliente la mantequilla a fuego medio alto en un molde para asar. Cuando esté caliente, ponga la carne y dórela de 8 a 10 minutos por todos lados. Sazónela ligeramente conforme la vaya dorando.

Agregue las cebollas y revuelva; cocine otros 2 minutos.

Ponga el molde en el horno y ase la carne 40 minutos.

Sírvala con cebollas y el jugo que soltó. Acompáñela con colecitas de Bruselas y espárzale perejil encima.

1 porción	*561 calorías*	*6 g carbohidratos*
60 g proteínas	*33 g grasa*	*1,3 g fibra*

Lomo de cerdo relleno en salsa de verduras

4 porciones

1 c/da	mantequilla
½	tallo de apio picado
2	cebollitas de Cambray picadas
125 g	(¼ *lb*) de champiñones frescos limpios y picados
½ c/dita	orégano
½ c/dita	albahaca
½ taza	arroz cocido
1 c/da	aceite
2	lomos de cerdo sin grasa
2	puerros limpios* y rebanados
2	cebollitas de Cambray rebanadas
1	diente de ajo picado
½ c/dita	hierbas de Provenza**
½ taza	vino tinto seco
1½ tazas	salsa oscura para carne caliente
1 c/dita	perejil fresco picado
	sal y pimienta

Precaliente el horno a 180°C (*350°F*).

Caliente la mantequilla en una sartén y sofría el apio, las cebollitas de Cambray, los champiñones, el orégano y la albahaca a fuego medio de 5 a 6 minutos. Mézclele el arroz y cocine

2 minutos más; rectifique la sazón. Muela en el procesador de alimentos y deje enfriar.

Abra los lomos en 2 a lo largo formando una sola pieza de cada uno. Póngalos entre 2 hojas de papel encerado y aplánelos hasta que tengan la mitad del grueso original. Unte el relleno sobre los lomos aplanados y enróllelos. Átelos con un cordel de cocina.

Caliente el aceite en una sartén que pueda ir al horno. Fría los lomos a fuego medio alto por 6 u 8 minutos dorándolos por todos lados. Agregue los puerros, las cebollitas de Cambray, el ajo y las hierbas de Provenza; sazone bien y cocine otros 2 ó 3 minutos. Incorpore el vino y la salsa de carne; revuelva, tape y hornee 35 minutos o el tiempo necesario según el tamaño de los lomos.

Para servirlos, quíteles el cordel, rebánelos y báñelos con la salsa. Espárzales el perejil.

* Para limpiar bien los puerros, vea la técnica en la página 375.

** Mezcla de tomillo, romero, hoja de laurel, albahaca y ajedrea.

1 porción	616 calorías	18 g carbohidratos
64 g proteínas	32 g grasa	2,3 g fibra

Lomo de cerdo braseado al vino blanco *4 porciones*

1 c/da	aceite vegetal
2	lomos de cerdo sin grasa de 500 g (*1 lb*) cada uno
1	tallo de apio cortado en cubos
2	zanahorias peladas y cortadas en cubos
1	calabacita cortada en trozos de 1,2 cm (*½ pulg*) de grueso
1	diente de ajo picado
1 c/da	orégano
¼ taza	vino blanco seco
1½ tazas	caldo de pollo caliente
1 c/da	fécula de maíz
3 c/das	agua fría
	sal y pimienta

Precaliente el horno a 180°C (*350°F*).

Caliente el aceite a fuego medio alto en una sartén grande que pueda ir al horno. Cuando esté muy caliente, ponga los lomos y dórelos por todos los lados.

Agregue las verduras, el ajo y el orégano; suba el fuego, mezcle bien y sofría 2 minutos.

Vierta el vino y cocine otros 2 minutos.

Agregue el caldo de pollo y sazone bien. Tape la sartén y hornee de 30 a 35 minutos.

Cuando la carne esté lista, sáquela del caldo y déjela aparte. Mezcle la fécula de maíz con el agua, incorpórela al caldo y cocínela 1 minuto para que espese.

Rebane la carne, báñela con la salsa y sírvala.

1 porción	510 calorías	9 g carbohidratos
60 g proteínas	26 g grasa	2,5 g fibra

Chuletas de cerdo con manzanas

4 porciones

2 c/das	aceite vegetal
4	chuletas de cerdo de 2 cm (¾ *pulg*) de grueso deshuesadas y sin grasa
1	cebolla picada
1	tallo de apio rebanado
3	manzanas sin corazón, peladas, cortadas en mitades y en rebanadas de 1,2 cm (½ *pulg*) de grueso
½ c/dita	canela
1 taza	caldo de pollo caliente
	una pizca de clavos
	sal y pimienta

Caliente el aceite a fuego medio en una sartén grande. Ponga las chuletas y fríalas de 5 a 6 minutos. Voltéelas, salpimiente y fríalas de 5 a 6 minutos más o ajuste el tiempo según el tamaño. Sáquelas de la sartén y consérvelas calientes.

Ponga la cebolla y el apio en la sartén; sofríalos a fuego medio de 3 a 4 minutos.

Agregue las manzanas, la canela y los clavos y siga cocinando durante 5 minutos. Viértales el caldo de pollo y rectifique la sazón; cocine la mezcla 3 minutos más.

Vacíe la salsa y las manzanas sobre las chuletas y sírvalas.

1 porción	470 calorías	18 g carbohidratos
23 g proteínas	34 g grasa	2,6 g fibra

Chuletas de cerdo en salsa de encurtido   *4 porciones*

1 c/da	**mantequilla**
1	**chalote finamente picado**
2	**cebollitas de Cambray cortadas en trozos de 2,5 cm (*1 pulg*) de largo**
1	**pimiento rojo cortado en juliana**
2	**pepinillos grandes marinados y cortados en tiras**
3 c/das	**vinagre de vino tinto**
¼ taza	**vino blanco seco**
1½ tazas	**salsa oscura para carne caliente**
1 c/da	**aceite vegetal**
4	**chuletas de cerdo de 2 cm (¾ pulg) de grueso deshuesadas**
	sal y pimienta

Caliente la mantequilla a fuego medio en una cacerola. Ponga el chalote, las verduras y los pepinillos; saltéelos 2 minutos.

Mézclele el vinagre y el vino; cocine 2 minutos a fuego alto.

Agregue la salsa oscura, revuelva y sazone bien. Baje el fuego y deje hervir la mezcla a fuego lento de 4 a 6 minutos.

Mientras tanto, caliente el aceite en una sartén grande*. Ponga la carne y dórela 3 minutos a fuego alto.

Voltee las chuletas, sazone bien y reduzca el fuego. Cocínelas otros 3 minutos. Voltéelas otra vez y continúe la cocción 2 minutos o más, dependiendo del grueso de las chuletas.

Sirva la carne bañada con la salsa. Las papas al horno van bien con este platillo.

* Si la sartén no es suficientemente grande para que quepan 4 chuletas sin encimarse, use dos sartenes o cocine la carne en tandas.

1 porción	383 calorías	7 g carbohidratos
37 g proteínas	23 g grasa	1,4 g fibra

Estofado de cerdo

4 porciones

2 c/das	manteca de tocino
1,5 kg	(*3 lb*) de espaldilla de cerdo sin grasa y cortada en cubos de 2,5 cm (*1 pulg*)
1	diente de ajo picado
1	cebolla picada
1 c/da	salsa de soya
3 c/das	harina
2½ tazas	caldo de res caliente
1 c/da	pasta de tomate
1	hoja de laurel
½ c/dita	romero
1 c/da	mantequilla
2	zanahorias peladas y cortadas en cubos grandes
2	cebollas cortadas en cuartos
2	papas peladas y cortadas en cubos grandes
1 c/dita	azúcar mascabado
	sal y pimienta

Precaliente el horno a 180°C (*350°F*).

Caliente la mitad de la manteca de tocino en una cacerola grande que pueda ir al horno, a fuego medio alto. Ponga la mitad del cerdo y dórelo a fuego alto de 8 a 10 minutos por todos lados. Sáquelo de la cacerola y deje aparte.

Caliente la manteca de cerdo restante en la cacerola y dore el resto de la carne.

Con toda la carne en la cacerola, agregue el ajo y la cebolla picada. Revuelva bien y sazone; cocine 3 minutos a fuego medio alto.

Rocíe la carne con la salsa de soya y revuelva bien. Agregue la harina y revuelva con una cuchara de madera hasta que se incorpore bien; dórela 3 minutos a fuego medio.

Vierta el caldo de res mientras revuelve bien; agregue la pasta de tomate, la hoja de laurel y el romero; deje que empiece a hervir.

Tape la cacerola y cocine el estofado 1 hora en el horno.

Antes de terminar de hornearlo, derrita la mantequilla a fuego medio en una sartén. Agregue las verduras y el azúcar mascabado; saltéelas aproximadamente 5 minutos.

Incorpore las verduras al estofado, revuelva bien y termine de hornearlo 1 hora o hasta que la carne esté suave.

1 porción	*845 calorías*	*34 g carbohidratos*
85 g proteínas	*41 g grasa*	*4,3 g fibra*

Chuletas de cerdo con pimientos

4 porciones

2 c/das	aceite vegetal
4	chuletas de cerdo de 2 cm (¾ *pulg*) de grueso deshuesadas y sin grasa
3	cebollitas de Cambray picadas
1	tallo de apio rebanado
1 c/da	raíz de jengibre recién picada
1	pimiento verde cortado en cubos grandes
1	pimiento rojo cortado en cubos grandes
1½ tazas	caldo de pollo caliente
1 c/da	fécula de maíz
3 c/das	agua fría
	sal y pimienta
	unas gotas de salsa Tabasco

Caliente el aceite a fuego medio en una sartén grande. Ponga las chuletas y fríalas de 4 a 5 minutos. Voltéelas, sazone bien y siga cocinándolas 4 ó 5 minutos; ajuste el tiempo según el tamaño. Sáquelas de la sartén y consérvelas calientes.

Agregue las cebollitas de Cambray, el apio y el jengibre; sofríalos a fuego medio 3 minutos. Ponga los dos tipos de pimiento, sazónelos y cocine otros 2 minutos.

Agregue el caldo de pollo, rectifique la sazón y cocine 3 minutos. Mezcle la fécula de maíz con el agua fría e incorpórela a la salsa. Ponga la salsa Tabasco y deje que empiece a hervir; cuézala 1 minuto más. Bañe las chuletas con la salsa y sirva.

1 porción	430 calorías	7 g carbohidratos
24 g proteínas	34 g grasa	0,9 g fibra

Riñones de ternera en salsa de vino tinto

4 porciones

2	riñones de ternera bien limpios
3 c/das	mantequilla
250 g	(½ lb) de champiñones frescos limpios y cortados en cuartos
2	chalotes picados
¼ taza	vino tinto seco
1 taza	caldo de res caliente
1 c/da	fécula de maíz
2 c/das	agua fría
3 c/das	crema espesa
	sal y pimienta

Quítele la grasa a los riñones y tírela. Rebánelos en trozos de 0,65 cm (¼ pulg).

Caliente 1 cucharada de mantequilla en una sartén grande. Cuando se derrita, suba el fuego a alto y ponga la mitad de los riñones; saltéelos 2 minutos.

Voltéelos, sazónelos y cocínelos otros 2 minutos. Sáquelos de la sartén y deje aparte. Ponga 1 cucharada de mantequilla en la sartén caliente y saltee los riñones restantes siguiendo el mismo procedimiento.

Ponga la mantequilla restante en la sartén. Agregue los champiñones y los chalotes; sofríalos a fuego alto 4 minutos.

Agregue el vino tinto; cocine otros 3 minutos.

Agregue el caldo de res y sazónelo bien. Mezcle la fécula de maíz con el agua fría; incorpórela a la salsa y cuézala a fuego medio de 3 a 4 minutos.

Mezcle la crema, revuelva y cocine 2 minutos más.

Ponga los riñones en la salsa y déjelos hervir a fuego lento 2 minutos para calentarlos. Si desea puede servirlos con cubitos de pan frito.

1 porción	212 calorías	5 g carbohidratos
12 g proteínas	16 g grasa	1,6 g fibra

1. Elija riñones de ternera muy frescos, asegurándose de limpiarlos perfectamente.

2. Quite la grasa de los riñones y tírela. Rebánelos en trozos de 0,65 cm (¼ *pulg*) de grueso.

3. Es mejor saltearlos en dos tandas. Si pone demasiados en la sartén, la grasa los cocerá en lugar de saltearlos.

4. Después de cocinar todos los riñones y dejarlos aparte, ponga la mantequilla restante en la sartén y sofría los champiñones y los chalotes a fuego alto 4 minutos.

Pierna de carnero con albahaca

4 porciones

1,5 kg	(*3 lb*) **de pierna de carnero deshuesada**
2	**dientes de ajo pelados y cortados en 3**
2 c/das	**mantequilla derretida**
1 c/dita	**albahaca**
½ c/dita	**orégano**
3	**cebollas pequeñas cortadas en cuartos**
2	**tallos de apio cortado en cubos**
3 c/das	**harina**
2 tazas	**caldo de res caliente**
1 c/da	**pasta de tomate**
	una pizca de tomillo
	pimienta

Precaliente el horno a 220°C (*425°F*). Debe hornear 16 minutos por cada 500 g (*1 lb*) de carne.

Quite el pellejo (revestimiento delgado) de la pierna si es que no lo hizo ya el carnicero. Meche la carne con el ajo y úntela con la mantequilla derretida.

Ponga la carne en un molde para asar, mezcle los condimentos y frótelos sobre la pierna. Métala al horno y cocínela 1 hora para que la carne quede «rosada». Ajuste el tiempo de horneado si lo desea.

Cuando lleve la mitad del tiempo en el horno, ponga las cebollas y el apio alrededor de la carne; termine de hornearla.

Cuando el carnero esté cocido, cámbielo a un platón; consérvelo caliente en el horno.

Ponga el molde para asar sobre la estufa a fuego medio y cocine los jugos 4 minutos.

Agregue la harina mezclando con una cuchara de madera. Reduzca el fuego y dórela de 5 a 6 minutos.

Agregue el caldo de res y revuélvale la pasta de tomate; mezcle bien. Sazone sólo con pimienta y deje hervir a fuego medio de 5 a 6 minutos.

Cuele la salsa y bañe con ella la carne. Sírvala acompañada con verduras.

1 porción	*794 calorías*	*12 g carbohidratos*
65 g proteínas	*54 g grasa*	*1,7 g fibra*

Lomos de carnero con vino blanco

4 porciones

1,5 kg	(*3 lb*) dos lomos de carnero*
½ c/dita	orégano
¼ c/dita	tomillo
¼ c/dita	ajedrea
2 c/das	mantequilla derretida
½ taza	vino blanco seco
½	cebolla finamente picada
1 c/da	perejil fresco picado
1 taza	caldo de res caliente
	sal y pimienta

Precaliente el horno a 240°C (*450°F*).

Extienda los lomos sobre una tabla de picar y espárzales el orégano, el tomillo y la ajedrea; sazone con bastante pimienta. Enróllelos y átelos.

Ponga la carne y los huesos en un molde para asar y báñelos con mantequilla derretida. Vierta el vino sobre la carne. Dórela 12 minutos en el horno.

Baje la temperatura del horno a 180°C (*350°F*) y siga horneándola aproximadamente 25 minutos hasta que la carne esté «rosada». Ajuste el tiempo si la prefiere término medio.

Cuando esté lista, sáquela del molde y déjela aparte. Tápela con papel de aluminio para mantenerla caliente.

Con los huesos aún en el molde, agregue la cebolla y el perejil; sofríalos a fuego alto 3 minutos.

Agregue el caldo de res y deje que empiece a hervir. Siga cocinándolo a fuego medio alto de 3 a 4 minutos.

Rebane el carnero y sírvalo con la salsa de cebolla. Acompáñelo con espárragos frescos.

* Pida a su carnicero que deshuese los lomos y retire la mayor parte de la grasa. Lleve a casa los huesos.

1 porción	741 calorías	2 g carbohidratos
64 g proteínas	53 g grasa	0,4 g fibra

Chuletas de carnero con berenjena

4 porciones

3 c/das	aceite de oliva
3 c/das	salsa teriyaki
1	diente de ajo picado
½ c/dita	romero
1	berenjena en rebanadas de 1,2 cm (*½ pulg*) de grueso
8	chuletas de carnero sin grasa
	jugo de ½ limón
	sal y pimienta recién molida

Precaliente el horno a 200°C (*400°F*).

Mezcle el aceite con la salsa teriyaki, el ajo, el romero, el jugo de limón y la pimienta. Unte con esta mezcla las rodajas de berenjena y las chuletas.

Ponga las berenjenas en un molde y póngalas en el asador del horno a 15 cm (*6 pulg*) del elemento superior. Deje la puerta del horno entreabierta y cocínelas de 5 a 6 minutos por cada lado.

Mientras tanto, sofría las chuletas maceradas en una sartén caliente a fuego alto de 3 a 4 minutos por cada lado, dependiendo del grueso. Sazone al voltearlas.

Sirva con las berenjenas asadas.

1 porción	317 calorías	4 g carbohidratos
28 g proteínas	21 g grasa	0,7 g fibra

Chuletas de carnero al vino blanco

4 porciones

8	chuletas de carnero
3 c/das	aceite de oliva
1	cebolla mediana finamente rebanada
¼ taza	vino blanco seco
1½ tazas	caldo de res caliente
1 c/dita	pasta de tomate
1 c/da	fécula de maíz
3 c/das	agua fría
1 c/da	mostaza de Dijon
1 c/da	cebollines recién picados
	sal y pimienta

Precaliente el horno a 190°C (*375°F*).

Quite la grasa de las chuletas; separe la carne del hueso aproximadamente 2,5 cm (*1 pulg*). Póngalas entre 2 hojas de papel encerado y aplánelas con un mazo.

Caliente 2 cucharadas de aceite a fuego medio en una sartén grande que pueda ir al horno. Ponga las chuletas y fríalas 3 minutos. Voltéelas, sazone y cocínelas otros 2 minutos. Póngalas en el horno y cocínelas de 6 a 7 minutos o ajuste el tiempo según el tamaño de la carne y el término de su preferencia.

Saque las chuletas de la sartén, déjelas aparte y consérvelas calientes.

Agregue el resto del aceite a la sartén y caliéntelo en la estufa a fuego medio. Ponga la cebolla y sofríala 3 minutos a fuego medio. Agregue el vino y siga cocinado 2 minutos.

Incorpore el caldo de res y la pasta de tomate, revuelva bien y deje que empiece a hervir. Mezcle la fécula de maíz con el agua fría; agréguela a la salsa. Cuézala 2 minutos más a fuego medio revolviendo continuamente.

Retire la sartén del fuego y mézclele la mostaza. Ponga las chuletas de nuevo en la sartén y déjelas hervir a fuego lento 2 minutos. Sírvalas.

1 porción	532 calorías	5 g carbohidratos
56 g proteínas	32 g grasa	0,3 g fibra

Estofado de carnero

4 porciones

2 c/das	aceite
1,5 kg	(*3 lb*) de paletilla de carnero sin grasa y cortada en cubos
2	cebollas picadas
1	diente ajo picado
1 c/da	jengibre fresco picado
3 c/das	harina
3 tazas	caldo de pollo caliente
1	hoja de laurel
1	cabeza pequeña de coliflor en floretes
1	calabacita pequeña cortada en cubos
	sal y pimienta

Caliente el aceite en una cacerola grande. Cuando esté caliente, ponga la carne y dórela de 5 a 6 minutos; voltéela para que dore bien.

Agregue las cebollas, el ajo y el jengibre; revuelva y sofríalos 5 minutos.

Incorpore la harina y dórela 1 minuto a fuego medio bajo.

Agregue el caldo de pollo, la hoja de laurel y sazone bien. Deje que empiece a hervir.

Tape parcialmente la cacerola y cocine a fuego lento 1 hora.

Ponga las verduras y cuézalas 30 minutos.

1 porción	831 calorías	17 g carbohidratos
67 g proteínas	55 g grasa	3,9 g fibra

Espaldilla de res al curry

4 porciones

2 c/das	manteca de tocino
1,5 kg	(*3 lb*) de espaldilla de res sin grasa y cortada en cubos de 2,5 cm (*1 pulg*)
2	cebollas finamente picadas
3 c/das	curry en polvo
1 c/da	comino en polvo
3 c/das	harina
3 tazas	caldo de res caliente
2 c/das	pasta de tomate
1	hoja de laurel
1 c/dita	romero en polvo
	sal y pimienta

Precaliente el horno a 180°C (*350°F*).

Caliente la mitad de la manteca en una sartén grande. Cuando esté caliente, ponga la mitad de la carne y dórela por todos lados a fuego alto.

Saque la carne cuando esté bien dorada y déjela aparte. Ponga el resto de la manteca y repita el mismo procedimiento con la carne restante.

Coloque la carne dorada en una cacerola que pueda ir al horno y sazone bien.

Ponga las cebollas en la sartén donde doró la carne. Saltéelas a fuego alto de 3 a 4 minutos y después cámbielas a la cacerola.

Esparza el curry y el comino en polvo sobre la carne; revuelva bien e incorpore la harina. Revuelva con una cuchara de madera.

Ponga la cacerola a fuego medio y cocine hasta que la harina se empiece a pegar en el fondo. Revuelva una o dos veces.

Agregue el caldo de res, revuelva bien e incorpore la pasta de tomate y los condimentos restantes. Mezcle y tape la cacerola. Hornee el estofado 2½ horas.

Sírvalo sobre pasta de huevo.

1 porción	621 calorías	12 g carbohidratos
87 g proteínas	25 g grasa	1,4 g fibra

277

Carne 'bourguignon' primavera

4 porciones

2 c/das	aceite
2 kg	(*4 lb*) de espaldilla de res deshuesada y sin grasa
4	dientes de ajo blanqueados
1	hoja de laurel
¼ c/dita	tomillo
½ c/dita	albahaca
1 c/da	perejil fresco picado
3	cebollas cortados en gajos
⅓ taza	harina
2 tazas	vino tinto seco
1 taza	caldo de res caliente
1 c/da	fécula de maíz
3 c/das	agua fría
	sal y pimienta

Precaliente el horno a 180°C (*350°F*).

Caliente el aceite a fuego alto en una cacerola grande que pueda ir al horno. Dore la carne por todos los lados de 8 a 10 minutos.

Agregue el ajo, la hoja de laurel, el tomillo, la albahaca y el perejil; sazone bien. Ponga las cebollas y siga cocinando a fuego alto de 4 a 5 minutos.

Agregue la harina poco a poco mientras voltea la carne. Siga cocinando a fuego medio 4 o 5 minutos más.

Sazone la carne y agréguele el vino y el caldo de res; deje que empiece a hervir. Tape la cacerola y hornee la carne 3 horas. Voltee el asado varias veces durante la cocción.

Cambie la carne cocida a un platón y prepárela para rebanarla. Si desea una salsa más espesa, disuelva la fécula de maíz en el agua fría y agréguela a la salsa mezclando bien.

Corte la carne en trozos grandes, báñela con la salsa y acompañe con papas o mitades de tomate asado.

1 porción	720 calorías	19 g carbohidratos
98 g proteínas	28 g grasa	2,1 g fibra

1. Dore la carne en aceite caliente por todos lados durante 8 ó10 minutos. No voltee el asado frecuentemente ya que ésto impide que dore bien.

2. Agregue el ajo, la hoja de laurel, el tomillo, la albahaca y el perejil; sazónelos bien. Ponga las cebollas y sofría de 4 a 5 minutos a fuego alto.

3. Agregue la harina poco a poco mientras voltea la carne. Siga cocinando a fuego medio 4 o 5 minutos más.

4. Sazone bien la carne, agregue el vino y el caldo de res; deje que empiece a hervir y termine de cocerla en el horno.

Filete a la pimienta

4 porciones

4 c/das	**pimienta negra entera**
4	**filetes de lomo de res sin grasa**
1 c/da	**aceite de oliva**
2	**chalotes secos finamente picados**
¼ taza	**cognac**
1 taza	**vino tinto seco**
1½ tazas	**caldo de res caliente**
¼ taza	**crema espesa**
1 c/dita	**fécula de maíz**
2 c/das	**agua fría**
	sal

Ponga los granos de pimienta sobre una tabla de cortar y aplástelos con fondo de una sartén pesada. Incrústelos en ambos lados de los filetes.

Caliente la mitad del aceite a fuego alto en una sartén grande. Cuando el aceite esté muy caliente, ponga 2 filetes y dórelos 3 minutos. Voltéelos, sazónelos generosamente y baje el fuego a medio alto; dore el otro lado de 3 a 4 minutos.

Voltee nuevamente los filetes y termine de cocinarlos en 3 ó 4 minutos según el termino deseado. Cámbielos a un platón y consérvelos calientes en el horno mientras repite el procedimiento con los otros filetes.

Deje la sartén en la estufa y póngale los chalotes; sofríalos 1 minuto.

Aumente el fuego a alto y agregue el cognac. Flamee los chalotes y cocínelos 2 minutos.

Incorpore el vino, cocine otros 2 minutos, después agregue el caldo de res. Cocine 3 minutos. Agréguele la crema y cocine 2 minutos.

Mezcle la fécula de maíz con el agua fría; revuélvala con la salsa hasta que se incorpore bien. Cuézala 1 minuto; viértala sobre los filetes y sírvalos.

1 porción	*451 calorías*	*2 g carbohidratos*
59 g proteínas	*23 g grasa*	*0,1 g fibra*

Entrecot a la americana

4 porciones

2 c/das	manteca de tocino
2,5 kg	(*5 lb*) de entrecot para asar atado
2	tallos de apio cortados en 4 trozos
2	zanahorias peladas y cortadas en 4 trozos
4	cebollas cortadas en cuartos
1	diente de ajo pelado
3	ramas de perejil
2	hojas de laurel
½ c/dita	tomillo
1 c/dita	perifollo
½ c/dita	albahaca
1 taza	vino blanco seco
3 tazas	salsa oscura para carne caliente
1 c/da	perejil fresco picado
	sal y pimienta

Precaliente el horno a 160°C (*325°F*).

Caliente la manteca de tocino en una cacerola grande que pueda ir al horno. Cuando esté caliente, ponga la carne y dórela por todos los lados a fuego alto.

Sazone la carne y agréguele todas las verduras, el ajo, las ramas de perejil, las hojas de laurel y los condimentos. Sofríalos 2 minutos a fuego medio alto.

Incorpore el vino, suba el fuego a alto y cocine otros 2 minutos.

Agregue la salsa oscura, sazone bien y deje que empiece a hervir.

Tape la cacerola y hornee 3 horas. Cuando lleve la mitad del tiempo de horneado, voltee la carne.

Sáquela de la cacerola, rebánela y sírvala. Acompáñela con salsa y, si lo desea, con zanahorias glaseadas con miel. Esparza perejil a cada porción.

1 porción	*962 calorías*	*9 g carbohidratos*
119 g proteínas	*50 g grasa*	*0 g fibra*

281

Filetes de lomo en salsa de pimiento

4 porciones

1 c/da	aceite
1	pimiento verde cortado en cubos
250 g	(½ lb) de champiñones frescos limpios y picados
½ c/dita	orégano
½ c/dita	cebollines frescos picados
1	diente de ajo picado
1	tomate cortado en cubos
½ taza	caldo de pollo caliente
1 c/da	pasta de tomate
4	filetes de lomo de res de 170 g (6 oz) cada uno
	sal y pimienta

Caliente la mitad del aceite a fuego alto en una sartén. Agregue el pimiento verde y sofríalo 1 minuto.

Agregue los champiñones, el orégano, los cebollines y el ajo; siga cocinándolos 2 minutos.

Incorpore el tomate, el caldo de pollo y la pasta de tomate; sazone bien. Revuelva y cocine a fuego medio bajo de 6 a 8 minutos.

Mientras tanto, unte ambos lados de los filetes con el aceite restante. Fría a fuego medio bajo 3 minutos.

Voltee los filetes, sazónelos y cocínelos 2 minutos solamente para que queden casi crudos. Si le agrada, acompáñelos con papas.

1 porción	305 calorías	6 g carbohidratos
41 g proteínas	13 g grasa	2,2 g fibra

1. Caliente la mitad del aceite a fuego alto en una sartén y sofría el pimiento verde 1 minuto.

2. Agregue los champiñones, el orégano, los cebollines y el ajo; cocínelos 2 minutos más.

3. Incorpore los tomates.

4. Agregue el caldo de pollo y la pasta de tomate; sazone bien y revuelva. Cueza a fuego medio bajo de 6 a 8 minutos mientras prepara los filetes.

Filetes de lomo en salsa tejana

4 porciones

7	dientes de ajo
1	yema de huevo
½ taza	aceite de oliva
1 c/da	aceite vegetal
4	filetes de lomo de res sin grasa de 250 g (*8 oz*) cada uno
	sal y pimienta

Pele los dientes de ajo y póngalos en una cacerola pequeña. Viértales 1 taza de agua y cuando empiecen a hervir cuézalos de 4 a 5 minutos.

Escurra bien los ajos, póngalos en un mortero y macháquelos. Agrégueles la yema de huevo e incorpórela con la mano del mortero.

Agréguele el aceite de oliva en un chorro delgado mientras bate la mezcla. Siga batiéndola hasta que la salsa esté muy espesa. Cuélela en un colador de metal y déjela aparte.

Caliente la mitad del aceite vegetal en una sartén de fondo grueso a fuego alto. Cuando el aceite esté bien caliente, ponga 2 filetes y dórelos 3 minutos sin moverlos.

Voltéelos y sazónelos generosamente. Baje el fuego a medio alto y dórelos 3 o 4 minutos por el otro lado para que queden casi crudos. Si desea la carne a término medio, voltéela una segunda vez y cocine 3 ó 4 minutos más a fuego medio.

Sáquela de la sartén y consérvela caliente en el horno mientras cocina los otros 2 filetes.

Para servirlos, rocíe un extremo de los filetes con salsa de ajo y acompáñelos con vainitas de chícharo al vapor.

1 porción	*653 calorías*	*2 g carbohidratos*
51 g proteínas	*49 g grasa*	*0 g fibra*

Filetes de lomo 'Louise'

4 porciones

2 c/das	aceite
4	filetes de lomo de res sin grasa de 250 g (*8 oz*) cada uno
1 c/da	mantequilla
250 g	(*½ lb*) de champiñones frescos limpios y rebanados
2	cebollitas de Cambray rebanadas en ángulo
1	pimiento verde cortado en mitades y rebanado en ángulo
¾ taza	salsa oscura para asado
	un poco de salsa inglesa
	sal y pimienta

Combine 1 cucharada de aceite con la salsa inglesa y rocíe la carne con la mezcla; sazónela con bastante pimienta.

Sofría la carne en 2 tandas para evitar que se encimen en la sartén. Si lo prefiere, utilice 2 sartenes.

Caliente la mitad del aceite restante en una sartén de fondo grueso grande a fuego alto. Cuando esté bien caliente, ponga 2 filetes y dórelos 3 minutos sin moverlos.

Voltéelos y sazone generosamente. Baje el fuego a medio alto y dórelos por el otro lado 3 ó 4 minutos para que queden casi crudos. Si los desea a término medio, voltéelos una segunda ocasión y cocínelos de 3 a 4 minutos a fuego medio.

Cuando estén listos, sáquelos de la sartén y consérvelos calientes en el horno. Agregue el resto del aceite y repita el procedimiento para los otros filetes.

Mientras tanto, caliente la mantequilla a fuego medio en otra sartén. Ponga las verduras y sofríalas de 4 a 5 minutos.

Sazónelas bien e incorpóreles la salsa oscura para asado y deje hervir rápidamente.

Sirva las verduras con la carne.

1 porción	475 calorías	6 g carbohidratos
52 g proteínas	27 g grasa	2,1 g fibra

Entrecot con pimienta verde

4 porciones

1 kg	(*2 lb*) de entrecot de res
2 c/das	aceite
1 c/da	salsa teriyaki
½ c/dita	hierbas de Provenza*
2 c/das	pimienta verde entera machacada
	sal y pimienta

Mezcle el aceite con la salsa teriyaki y bañe la carne con la mezcla. Espárzale las hierbas y la pimienta verde machacada.

Voltee la carne con unas pinzas y cubra ambos lados de la carne; déjela marinar 30 minutos.

Precaliente el horno a 220°C (*425°F*).

Ponga la carne en una sartén de fondo grueso que pueda ir al horno y dórela 3 minutos por cada lado a fuego alto. Cocínela un poco más si la desea término medio. Asegúrese de sazonarla bien cuando la voltee.

Métala al horno y termine de cocinarla en 10 ó 12 minutos.

Rebánela como se muestra en la técnica y sírvala con verduras como ejotes verdes y papas. Si le agrada, sírvala con salsa.

* Mezcla de tomillo, romero, hoja de laurel, albahaca y ajedrea.

1 porción	411 calorías	1 g carbohidratos
50 g proteínas	23 g grasa	0 g fibra

1. Por lo regular, este corte no se encuentra en el supermercado. Pida a su carnicero que le corte un filete de entrecot de 1 kg (*2 lb*).

2. Bañe la carne con los ingredientes de la salmuera.

3. Voltéela para que se cubra por ambos lados; déjela macerar 30 minutos.

4. Cuando la carne esté lista, rebánela y sírvala.

Filetes con salsa 'Choron'

4 porciones

375 g	(¾ *lb*) de mantequilla sin sal
1 c/da	perejil fresco picado
1 c/da	chalote picado
1 c/da	pimienta molida gruesa
3 c/das	vinagre de vino tinto
2 c/das	vino tinto seco
2	yemas de huevo
1 c/da	pasta de tomate
1 c/da	aceite
4	filetes de entrecot 250 g (*8 oz*) cada uno
	sal y pimienta

Ponga una cacerola llena hasta la mitad con agua caliente. Coloque la mantequilla en un tazón de acero inoxidable y póngalo dentro de la cacerola sin que éste toque el agua. Derrítala a fuego lento.

Quite la espuma blanquecina de la superficie y deséchela. Deje el tazón aparte.

Ponga el perejil, el chalote, la pimienta molida, vinagre y el vino en una cacerola limpia. Cocínelos a fuego medio hasta que se evapore el líquido. Vacíe la mezcla a un tazón de acero inoxidable limpio; agréguele las yemas de huevo y bata bien.

Coloque el tazón en una cacerola con agua caliente. Póngala a fuego muy bajo y agréguele gradualmente ¼ de la mantequilla clarificada mientras bate sin cesar.

Bátale la pasta de tomate. Agregue la mantequilla restante siguiendo la técnica indicada; pase la salsa por un colador. Sazónela y deje aparte.

Caliente el aceite a fuego alto en una sartén de fondo grueso. Ponga la carne y dórela 3 minutos. Voltéela, sazónela y dórela de 3 a 4 minutos a fuego medio alto para dejarla casi cruda. Repita con el otro lote. Sirva con la salsa.

1 porción	1058 calorías	1 g carbohidratos
52 g proteínas	94 g grasa	0,1 g fibra

1. Cuando la mantequilla se haya derretido, retírele la espuma blanquecina de la superficie y deséchela.

2. Ponga el perejil, los chalotes, la pimienta molida, el vinagre de vino y el vino en una cacerola. Sofríalos a fuego medio hasta que se evapore el líquido.

3. Pase la mezcla de perejil a un tazón; agregue las yemas de huevo y revuelva bien con un batidor de metal.

4. Incorpore lentamente la mantequilla en un chorro delgado mientras bate constantemente. Vierta ¼ de la mantequilla. Mezcle la pasta de tomate. Agregue la mantequilla restante con la misma técnica.

Tapa de aguayón en su jugo

4 porciones

4 c/das	mostaza en polvo
1,5 kg	(*3 lb*) de tapa de aguayón atada
2	dientes de ajo pelados y cortados en mitades
2 c/das	mantequilla derretida
3	cebollas cortadas en 6
1 taza	caldo de res caliente
1 c/dita	perejil fresco picado
	sal y pimienta

Precaliente el horno a 180°C (*350°F*). Para que la carne quede a término medio, calcule 30 minutos por cada 500 g (*1 lb*).

Mezcle la mostaza con suficiente agua para formar una pasta; revuelva con la parte posterior de una cuchara pequeña, hasta que quede tersa y sin grumos.

Haga varios cortes en la carne y méchela con el ajo. Frote la carne con sal y úntela con la pasta de mostaza.

Caliente la mantequilla a fuego medio en un molde para asar. Ponga la carne y hornéela 1½ horas o hasta que tenga el término deseado.

Cuando esté lista, sáquela del molde y deje aparte.

Ponga las cebollas en el molde y sofríalas 4 minutos a fuego medio alto. Viértales el caldo de res y agregue el perejil; sazone y cocine 3 minutos más.

Rebane la carne y sírvala con el jugo del molde. Acompáñelas con ejotes verdes frescos.

1 porción	554 calorías	9 g carbohidratos
80 g proteínas	22 g grasa	1,7 g fibra

Asado de bola

4 porciones

1,5 kg	(*3 lb*) de bola para asar
2	dientes de ajo pelados y cortados en 3
1 c/dita	romero
1	cebolla cortada en cuartos
1 c/da	perejil fresco picado
	rebanadas delgadas de tocino
	sal y pimienta recién molida

Precaliente el horno a 180°C (*350°F*). Para que la carne quede a término medio, calcule 30 minutos por cada 500 g (*1 lb*).

Haga cortes en la carne y méchela con el ajo. Cúbrala con rebanadas de tocino fijándolas con palillos.

Ponga el asado en un molde pequeño para asar y hornéelo 1 hora.

Sazone bien la carne y espárzale romero; siga cocinándola otros 30 minutos o hasta que tenga el término deseado.

Cuando esté cocida, sáquela del molde y tire la grasa. Coloque la carne de nuevo en el molde y déjela reposar 15 minutos; después sáquela del molde nuevamente y póngala en una tabla de cortar.

Ponga el molde a fuego alto y agregue la cebolla; cocínela 2 minutos.

Sazónela bien con pimienta y cocine 3 ó 4 minutos más. Cuele la salsa y sírvala con el asado y las cebollas. Espárzale perejil.

1 porción	*508 calorías*	*3 g carbohidratos*
79 g proteínas	*20 g grasa*	*0,6 g fibra*

Filete 'mignon' en salsa a la cazadora

4 porciones

1 c/da	mantequilla
3	cebollitas de Cambray cortadas en cubos
250 g	(½ *lb*) de champiñones frescos limpios y cortados en cubos
1	diente de ajo picado
1	chalote picado
2	tomates cortados en cubos grandes
½ c/dita	orégano
½ taza	vino blanco seco
1 taza	salsa oscura para carne caliente
4	filetes 'mignon' de 200 g (7 *oz*) cada uno
1 c/dita	aceite
	sal y pimienta

Caliente la mantequilla a fuego medio alto en una sartén. Póngale las cebollas, los champiñones, el ajo y el chalote; sofríalos de 3 a 4 minutos.

Agregue los tomates y el orégano; sazónelos bien. Revuelva y cocínelos de 3 a 4 minutos a fuego alto.

Viértale el vino y cocínelos 2 ó 3 minutos.

Rectifique la sazón y agregue la salsa oscura para carne. Deje hervir la salsa a fuego lento hasta que la carne esté lista.

Unte los filetes con aceite por ambos lados. Fríalos en la sartén caliente a fuego alto 3 minutos. Voltéelos, sazone y siga cocinándolos de 3 a 4 minutos para que queden casi crudos.

Sírvalos con la salsa a la cazadora.

1 porción	359 calorías	7 g carbohidratos
49 g proteínas	15 g grasa	1,5 g fibra

1. Caliente la mantequilla en una sartén grande a fuego medio alto. Póngale las cebollas, los champiñones, el ajo y el chalote; sofríalos de 3 a 4 minutos.

2. Agregue los tomates y el orégano; sazónelos bien. Revuelva y cocínelos a fuego alto de 3 a 4 minutos.

3. Viértale el vino y cocine 2 ó 3 minutos.

4. Rectifique la sazón y agregue la salsa oscura para carne. Deje hervir la salsa a fuego lento.

Espaldilla a la provenzal

4 porciones

1	trozo grande de espaldilla de res sin grasa
2 c/das	aceite
4 c/das	salsa teriyaki
3	dientes de ajo blanqueados y machacados
1 c/da	aceite de oliva
3	cebollas cortadas en gajos
3	tomates pelados y cortados en gajos
2 c/das	pasta de tomate
½ c/dita	orégano
	sal y pimienta
	una pizca de tomillo

Corte ligeramente la carne por ambos lados y colóquela en un molde refractario hondo. Mezcle el aceite con la salsa teriyaki y la mitad del ajo; vierta la mezcla sobre la carne y déjela macerar 1½ horas en el refrigerador. Voltee la carne ocasionalmente para que se impregne por ambos lados.

Cuando esté lista para cocinarla, caliente el aceite de oliva en una sartén. Sofría las cebollas con el ajo restante a fuego medio por 3 ó 4 minutos.

Revuelva bien y tape; cocine a fuego lento de 6 a 7 minutos.

Agregue los tomates, la pasta de tomate y los condimentos; Cocine a fuego lento por 8 ó 10 minutos. No la tape.

Mientras tanto, unte una sartén de fondo grueso, de preferencia de hierro forjado, con un poco de aceite. Caliente la sartén y ponga la espaldilla; dórela 6 minutos a fuego alto.

Voltee la carne, sazone generosamente y cocínela otros 6 minutos, dependiendo del grueso. Para que quede suave, debe dejarla casi cruda.

Córtela en rebanadas diagonales muy delgadas; sírvala con tomates.

1 porción	634 calorías	18 g carbohidratos
82 g proteínas	26 g grasa	3,1 g fibra

DELICIAS DEL MAR

*Platillos irresistibles
a base de
mariscos y pescados*

Deliciosa ensalada de pescado

4 porciones

½ taza	**aceitunas verdes rellenas**
1	**lata de 400 ml (*14 oz*) de elotes miniatura cortados en mitades**
2	**huevos cocidos y rebanados**
1 taza	**ejotes verdes cocidos**
1 taza	**vainitas de chícharo cocidas**
½	**pimiento rojo finamente rebanado**
1	**papa cocida, pelada y rebanada**
2 tazas	**pescado cocinado y cortado en trozos pequeños**
1 c/da	**mostaza de Dijon**
2 c/das	**vinagre de vino**
1 c/da	**jugo de limón**
6 c/das	**aceite de oliva**
	sal y pimienta

Ponga las aceitunas en un tazón con los elotes, los huevos, los ejotes, las vainitas de chícharo, el pimiento rojo y la papa; sazone bien.

Agréguele el pescado, mezcle con cuidado y sazone de nuevo. Deje aparte.

Ponga la mostaza en otro tazón. Sazone y agregue el vinagre, el jugo de limón y el aceite. Mezcle muy bien con un batidor de metal. Rectifique la sazón.

Vierta el aderezo sobre la ensalada, revuelva para que se mezclen bien todos los ingredientes y sirva sobre hojas crujientes de lechuga. Adorne con fruta.

1 porción	*469 calorías*	*25 g carbohidratos*
27 g proteínas	*32 g grasa*	*6,6 g fibra*

Hipogloso al curry

4 porciones

1	rebanada de hipogloso partida en 2
2 c/das	curry en polvo
1	zanahoria pelada y rebanada
1	rama de eneldo
1 c/dita	mantequilla
½	cebolla rebanada
125 g	(¼ *lb*) de champiñones frescos limpios y rebanados
2 c/das	harina
2 c/das	crema espesa
	sal y pimienta

En un molde refractario y para fuego directo untado de mantequilla, ponga el pescado; espárzale la mitad del curry en polvo. Agregue la zanahoria y el eneldo; viértale suficiente agua fría para cubrir todo y sazone. Deje que empiece a hervir a fuego medio.

Voltee el pescado y hiérvalo a fuego lento de 5 a 6 minutos o hasta que le pueda quitar fácilmente el espina central. Saque el pescado, déjelo aparte y guarde 1½ tazas del caldo.

Derrita la mantequilla en una cacerola. Póngale la cebolla, tape y sofría a fuego medio de 3 a 4 minutos.

Agregue los champiñones; cocínelos de 3 a 4 minutos más.

Esparza el polvo de curry restante y mezcle bien. Cocine 1 minuto sin tapar.

Incorpórele la harina y dórela 1 minuto.

Agregue el caldo de pescado que guardó y mezcle bien. Ponga la crema y cocine la salsa de 7 a 8 minutos más y revuelva 2 ó 3 veces.

Acomode el pescado en los platos y báñelos con la salsa. Adorne con uvas moradas.

1 porción	*390 calorías*	*16 g carbohidratos*
41 g proteínas	*18 g grasa*	*3,4 g fibra*

Hipogloso escalfado al Pernod

4 porciones

1	**rebanada gruesa de hipogloso cortada transversalmente en 2**
1 c/da	**perejil fresco picado**
1 c/da	**Pernod**
1	**chalote picado**
	sal y pimienta
	jugo de ½ limón

Unte con mantequilla una sartén y ponga el pescado; salpimiente bien. Rocíele el perejil, el jugo de limón, el Pernod y el chalote.

Tápelo con papel encerado de modo que toque la superficie y cocínelo a fuego medio de 4 a 5 minutos.

Voltee el pescado; tape y cocínelo de 4 a 5 minutos más. Cuando la espina central pueda quitarse con facilidad, el pescado estará cocido.

Sírvalo con verduras.

1 porción	262 calorías	5 g carbohidratos
38 g proteínas	10 g grasa	0,1 g fibra

Hipogloso con mantequilla de ajo

4 porciones

250 g	(½ *lb*) de mantequilla sin sal y suavizada
1 c/da	perejil fresco picado
1	chalote picado
2	dientes de ajo picados
1	rebanada de hipogloso cortada en 2
	pimienta
	jugo de limón
	salsa Tabasco

Mezcle la mantequilla con el perejil; agregue el chalote y el ajo. Mezcle bien con una cuchara de madera. Sazone con pimienta, jugo de limón y salsa Tabasco. Mezcle de nuevo hasta que se incorporen bien.

Unte un molde refractario con un poco de mantequilla de ajo. Ponga el pescado y espárzale más mantequilla de ajo. Sazone con bastante pimienta.

Métalo al horno precalentado y áselo 7 minutos.

Voltee el pescado, espárzale más mantequilla de ajo y hornéelo 7 u 8 minutos más. Ajuste el tiempo dependiendo del tamaño.

Sírvalo con papas y cebollas.

1 porción	*413 calorías*	*0 g carbohidratos*
38 g proteínas	*29 g grasa*	*0 g fibra*

Hipogloso salteado con almendras

4 porciones

2 c/das	mantequilla
1 c/dita	aceite
2	rebanadas gruesas de hipogloso cortadas transversalmente en 2
2 c/das	almendras rebanadas
	harina
	sal y pimienta

Ponga 1 cucharada de mantequilla y el aceite a fuego medio en una sartén.

Mientras tanto, enharine el pescado y salpimiente bien. Póngalo en la sartén y fríalo 3 minutos.

Voltéelo, sazone y aumente el fuego a medio alto. Cocínelo 4 minutos más o según el tamaño. Cuando pueda quitar la espina central con facilidad, el pescado estará cocido.

Páselo a un platón caliente y deje aparte.

Ponga la mantequilla restante en la sartén todavía caliente. Saltee las almendras a fuego medio alto por 2 minutos.

Vacíe las almendras y el jugo de la sartén sobre el pescado y sírvalo. Si le agrada, acompáñelo con espinacas.

1 porción	368 calorías	7 g carbohidratos
40 g proteínas	20 g grasa	0,4 g fibra

Lenguado con calabacita amarilla

4 porciones

4	**filetes grandes de lenguado**
2 c/das	**mantequilla**
1 c/da	**aceite**
1	**chalote picado**
2	**calabacitas amarillas rebanadas**
	harina
	sal y pimienta
	jugo de 1 limón

Enharine el pescado y salpimiente bien.

Ponga la mantequilla y el aceite a fuego medio alto en una sartén. Cuando esté caliente, agregue el pescado y fríalo 3 minutos.

Voltee los filetes; cocínelos 3 minutos más. Sáquelos y déjelos aparte.

Ponga rápidamente el chalote y las calabacitas amarillas en la sartén; rocíelos con el jugo de limón. Saltéelos 2 minutos y sirva inmediatamente con el pescado.

Lenguado empanizado con ajonjolí

4 porciones

4	**filetes de lenguado**
2 c/das	**semillas de ajonjolí**
2	**huevos batidos**
1 taza	**pan molido**
1 c/da	**aceite**
1 c/da	**mantequilla**
	harina sazonada
	sal y pimienta
	rebanadas de limón

Enharine el pescado. Mezcle las semillas de ajonjolí con el pan molido y espárzalos en un plato.

Moje los filetes de pescado en huevo batido, páselos por el pan molido presionando ligeramente con las yemas de los dedos para que se adhiera bien.

Caliente el aceite y la mantequilla en una sartén. Póngale el pescado y fría los filetes 2 minutos a fuego medio alto.

Voltéelos, sazónelos y cocínelos de 2 a 3 minutos más. Ajuste el tiempo de acuerdo al tamaño.

Sírvalos acompañados con rebanadas de limón.

1 porción	317 calorías	26 g carbohidratos
24 g proteínas	13 g grasa	0,8 g fibra

Rollos de lenguado con salsa cremosa *4 porciones*

4	**filetes grandes de lenguado**
1	**zanahoria pelada y rebanada diagonalmente**
12	**champiñones grandes frescos limpios y rebanados**
1	**tallo de apio rebanado**
1	**chalote rebanado**
	unas ramitas de alheña
1 taza	**vino blanco seco**
½ taza	**agua**
1 c/da	**perejil fresco picado**
2 c/das	**mantequilla**
2½ c/das	**harina**
2 c/das	**crema espesa**
	sal y pimienta

Extienda los filetes sobre una tabla de cocina; enróllelos y asegúrelos con palillos. Póngalos en una sartén.

Agregue la zanahoria, los champiñones, el apio, el chalote, la alheña, el vino, el agua y el perejil; sazone bien. Tape con papel encerado de modo que toque la superficie; ponga a cocinar a fuego medio.

En cuanto empiece a hervir voltee los rollos. Baje el fuego, tape de nuevo con el papel encerado y cocínelos 2 ó 3 minutos más.

Saque los rollos de la sartén y déjelos aparte.

Deje hervir 5 minutos más a fuego alto, sin tapar.

Mientras tanto, derrita la mantequilla en una cacerola a fuego lento. Incorpórele la harina y dore 1 minuto.

Vierta gradualmente esta mezcla al líquido de cocción con las verduras, revolviendo constantemente. Cueza la salsa a fuego lento de 2 a 3 minutos.

Incorpore la crema. Retire los palillos de los rollos y ponga nuevamente el pescado en la salsa. Deje hervir 2 minutos a fuego lento para calentarlo. Sirva.

1 porción	202 calorías	10 g carbohidratos
18 g proteínas	10 g grasa	2,8 g fibra

Lenguado al ajo con champiñones

4 porciones

2	filetes de lenguado
1 c/da	mantequilla
125 g	(¼ *lb*) de champiñones frescos limpios y rebanados
1 c/da	mantequilla al ajo*
1 c/da	perejil fresco picado
	harina sazonada
	sal y pimienta

Enharine el pescado. Derrita la mantequilla en una sartén. Póngale el pescado y fríalo 2 minutos a fuego medio alto.

Voltee los filetes, sazónelos y cocínelos de 1 a 2 minutos más dependiendo del tamaño. Ya cocidos, cámbielos a un platón caliente.

Regrese la sartén a la estufa y póngale los champiñones y la mantequilla de ajo. Espárzale el perejil y cocine a fuego medio alto de 3 a 4 minutos.

Sirva los champiñones con el pescado.

* Para la receta de mantequilla al ajo, vea la página 66.

1 porción	225 calorías	9 g carbohidratos
18 g proteínas	13 g grasa	2,0 g fibra

Filetes de lucio a la 'forestière'

4 porciones

1 c/da	mantequilla
1 c/da	aceite
4	filetes de lucio
1	chalote picado
125 g	(¼ lb) de champiñones frescos limpios y cortados en cubos
2	papas cocidas, peladas y cortadas en cubos
1	limón pelado, la pulpa cortada en cubos
	sal y pimienta

Caliente la mantequilla y el aceite a fuego medio alto en una sartén. Póngale el pescado, (con la piel hacia abajo) y fríalo 2 minutos.

Voltee los filetes, sazónelos y cocínelos 2 minutos más; o ajuste el tiempo de acuerdo al tamaño. Ponga el pescado en un platón caliente y déjelo aparte.

Regrese la sartén a la estufa. Póngale el chalote, los champiñones y las papas; sazone bien. Sofría a fuego medio alto de 3 a 4 minutos.

Agregue el limón en cubos y cocine 1 minuto. Vacíe sobre los filetes y acompáñelos con zanahorias miniatura.

1 porción	*244 calorías*	*17 g carbohidratos*
26 g proteínas	*8 g grasa*	*3,2 g fibra*

Rodaballo con alcaparras y champiñones   *4 porciones*

2	**filetes de rodaballo**
2 c/das	**mantequilla**
1 c/dita	**aceite**
1 c/da	**alcaparras**
1	**manzana sin corazón, pelada y rebanada**
12	**champiñones grandes frescos, limpios y rebanados**
1 c/dita	**perejil fresco picado**
	harina sazonada
	sal y pimienta

Enharine los filetes de pescado. Caliente la mantequilla y el aceite a fuego medio alto en una sartén. Póngale el pescado y fríalo 2 minutos.

Voltee los filetes, sazónelos y cocínelos 2 minutos más; ajuste el tiempo según el tamaño. Cambie el pescado a un platón caliente y déjelo aparte.

Ponga las alcaparras, las manzanas y los champiñones en la sartén. Saltee a fuego medio alto 3 minutos.

Espárzale el perejil y sirva sobre el pescado.

1 porción	340 calorías	23 g carbohidratos
26 g proteínas	16 g grasa	5,5 g fibra

Abadejo salteado con tomates

4 porciones

280 g	(*10 oz*) de filetes de abadejo cortados en trozos de 2,5 cm (*1 pulg*)
1 c/da	aceite
2 c/das	cebolla picada
1/3 taza	apio rebanado
1	diente de ajo picado
1 taza	tomates en trozos
1 c/dita	orégano
	sal y pimienta
	harina sazonada

Enharine el pescado. Caliente el aceite a fuego medio alto en una sartén. Póngale el pescado, la cebolla, el apio y el ajo; fría 3 minutos.

Voltee los trozos de pescado, sazone y fríalo de 3 a 4 minutos más.

Mézclele los tomates y el orégano; sazone. Cocine de 3 a 4 minutos a fuego medio alto.

Sirva sobre pasta.

Perca con salsa espesa de tomate

4 porciones

3 c/das	aceite de oliva
1 c/da	chalote picado
¼ taza	cebolla morada picada
3	dientes de ajo blanqueados y picados
1 c/dita	alheña fresca picada
1 c/da	perejil fresco picado
800 g	(*28 oz*) de tomates enlatados escurridos y picados
2 c/das	pasta de tomate
2 c/das	salsa teriyaki
1 c/da	jengibre fresco picado
2	filetes de perca
	sal y pimienta
	jugo de ½ limón

Ponga 1 cucharada de aceite y el chalote en una sartén. Agregue la cebolla morada, 1 diente de ajo picado, la alheña y el perejil; cocine de 4 a 5 minutos a fuego medio.

Mézclele los tomates y sazone bien. Deje que empiece a hervir y cueza 10 minutos a fuego medio.

Incorpórele la pasta de tomate, rectifique la sazón y mezcle bien. Cocine otros 3 ó 4 minutos.

Mientras tanto, ponga la salsa teriyaki en un tazón pequeño junto con el jugo de limón, el resto del ajo y el jengibre. Agréguele el aceite de oliva restante y mezcle bien.

Unte los filetes por ambos lados con la mezcla y póngalos sobre una parrilla de metal para asar pescado. Cocínelos aproximadamente 7 minutos volteándolos 2 ó 3 veces; báñelos ocasionalmente. Para asarlos, usted puede escoger entre el asador para parrillada precalentado a una temperatura media-alta, el asador del horno o la estufa.

Cuando el pescado esté asado, sírvalo con la salsa espesa de tomate, calentándola un poco de ser necesario.

1 porción	435 calorías	25 g carbohidratos
23 g proteínas	27 g grasa	4,0 g fibra

1. Unte los filetes de pescado con la mezcla de salsa teriyaki, jugo de limón, ajo, jengibre y aceite de oliva. Póngalos sobre una parrilla de metal para asar pescado.

2. Ponga 1 cucharada de aceite y el chalote en una sartén. Agregue la cebolla morada, 1 diente de ajo picado, la alheña y el perejil; cocine de 4 a 5 minutos a fuego medio.

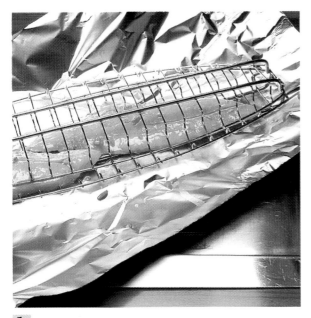

3. Agregue los tomates y sazone bien. Deje que empiece a hervir y cueza 10 minutos más a fuego medio.

4. Incorpore la pasta de tomate, rectifique la sazón y revuelva de nuevo. Cocine de 3 a 4 minutos más.

Bacalao escalfado en leche

4 porciones

2	**filetes de bacalao de 340 g (*12 oz*) cada uno cortados en 2**
2	**chalotes picados**
1 c/da	**perejil fresco picado**
4 tazas	**leche caliente**
	sal y pimienta

Ponga el pescado en un molde refractario untado con mantequilla o en una cacerola. Agréguele los chalotes y el perejil; sazone bien.

Póngale la leche y cuézalo a fuego lento de 4 a 5 minutos. No deje que el líquido hierva.

Voltee el pescado y siga cocinándolo a fuego lento sin que hierva, por 4 ó 5 minutos, dependiendo del tamaño. Esté pendiente de la temperatura.

Sirva con una verdura.

1 porción	*207 calorías*	*0 g carbohidratos*
36 g proteínas	*7 g grasa*	*0 g fibra*

Filetes de bacalao con pepino

4 porciones

1	filete de bacalao de 340 g (*12 oz*) cortado en 2
1 c/da	mantequilla
1 c/dita	aceite
½	pepino pelado, sin semillas y rebanado
1	diente de ajo picado
1	rama de eneldo picada
	harina sazonada
	sal y pimienta
	jugo de ½ limón

Enharine el pescado. Caliente la mantequilla y el aceite a fuego medio alto en una sartén grande. Póngale el bacalao y fríalo 3 minutos a fuego medio.

Voltee el pescado; sazónelo bien. Agregue el pepino, el ajo y el eneldo. Cocínelo 3 minutos; ajuste el tiempo según el tamaño.

Saque el pescado y póngalo en un platón caliente. Cocine el pepino a fuego alto 2 minutos más.

Rocíele jugo de limón y sírvalo con el pescado.

1 porción	355 calorías	17 g carbohidratos
38 g proteínas	15 g grasa	0,9 g fibra

311

Huachinango con hierbas de Provenza

4 porciones

1	**huachinango mediano limpio**
3	**ramas grandes de perejil**
1	**cebollita de Cambray cortada en 3**
1	**rama de estragón**
1 c/dita	**hierbas de Provenza***
	sal y pimienta
	aceite

Precaliente el horno a 220°C (425°F).

Haga varios cortes superficiales en la piel del pescado y sazone bien la cavidad.

Ponga el perejil, la cebollita de Cambray, el estragón y las hierbas de Provenza dentro del pescado. Colóquelo, sin atar, en un molde engrasado para asar.

Sazone el exterior del pescado y úntelo con aceite. Hornee 15 minutos o ajuste el tiempo según el tamaño.

Sáquelo del molde, córtele la cabeza y la cola y separe en filetes para servirlo.

* Mezcla de tomillo, romero, hoja de laurel, albahaca y ajedrea.

1 porción	196 calorías	1 g carbohidratos
30 g proteínas	8 g grasa	0,8 g fibra

Huachinango asado con pimiento verde

4 porciones

2 c/das	aceite
1	diente de ajo picado
1 c/dita	salsa teriyaki
4	filetes de huachinango, con cortes en la piel
1	pimiento verde cortado en 4
	jugo de ½ limón
	sal y pimienta

Ponga el aceite en un tazón. Agréguele el jugo de limón, el ajo, la salsa teriyaki y la pimienta. Mezcle bien.

Unte la mezcla en ambos lados de los filetes y déjelos marinar 1 hora.

Precaliente el horno a 220°C (*425°F*).

Ponga el pescado y el pimiento verde en un molde refractario; unte el pimiento con el resto de la salmuera. Póngalo en el horno de 10 a 12 minutos o ajuste el tiempo al tamaño de los filetes.

Sirva inmediatamente.

1 porción	*232 calorías*	*2 g carbohidratos*
29 g proteínas	*12 g grasa*	*0,2 g fibra*

Filetes de huachinango salteados

4 porciones

1	filete grande de huachinango cortado en 2
1 c/da	mantequilla
125 g	(¼ *lb*) de champiñones frescos limpios y rebanados
1	calabacita rebanada
1	cebolla pequeña rebanada
1	zanahoria pelada y finamente rebanada
1	rama de eneldo picada
	harina sazonada
	sal y pimienta
	jugo de ½ limón

Haga cortes superficiales en la piel del pescado y enharínelo.

Caliente la mantequilla a fuego medio en una sartén. Póngale el pescado (con la piel hacia abajo) y sazónelo; fríalo de 3 a 4 minutos parcialmente tapado.

Voltee el pescado, agréguele todas las verduras y el eneldo; sazónelo bien. Cocínelo de 3 a 4 minutos más.

Voltee otra vez el pescado y cocínelo 2 minutos más. Páselo a un platón caliente.

Tape y cocine las verduras 5 minutos más. Rocíeles jugo de limón y sírvalas con el pescado.

1 porción	380 calorías	33 g carbohidratos
35 g proteínas	12 g grasa	6,8 g fibra

Pescado al horno

4 porciones

1	**pescado de 800 g (*1¾ lb*) sin espinas, abierto en mariposa**
5	**ramas grandes de perejil**
1	**cebollita de Cambray cortada en 2 a lo largo**
½ c/dita	**hierbas de Provenza***
1	**tallo de apio pequeño**
1 c/da	**aceite de oliva**
	sal y pimienta
	jugo de 1 limón

Precaliente el horno a 220°C (*425°F*).

Engrase un molde refractario y déjelo aparte.

Con el pescado abierto, ponga el perejil, la cebollita de Cambray, las hierbas de Provenza y el apio sobre la carne y sazone bien. Cierre el pescado pero no lo ate.

Colóquelo en el molde refractario y rocíele aceite y el jugo de limón. Hornee 14 minutos o ajuste el tiempo según el tamaño. Sírvalo.

* Mezcla de tomillo, romero, hoja de laurel, albahaca y ajedrea.

1 porción	*234 calorías*	*3 g carbohidratos*
33 g proteínas	*10 g grasa*	*0,7 g fibra*

Cacerola de salmón a la crema

4 porciones

1 c/da	mantequilla
4	cebollas pequeñas cortadas en cuartos
1 c/da	eneldo fresco picado
250 g	(½ *lb*) de champiñones frescos limpios y cortados en cuartos
¼ taza	vino blanco seco
1½ tazas	salsa blanca caliente*
3 tazas	salmón cocido y desmenuzado
½ taza	queso rallado de su preferencia
	sal y pimienta

Ponga la mantequilla, las cebollas y el eneldo en una cacerola. Tape parcialmente y sofría a fuego lento de 3 a 4 minutos.

Agregue los champiñones, tape parcialmente y cocine a fuego medio de 3 a 4 minutos más.

Viértale el vino; cocine de 2 a 3 minutos sin tapar y a fuego alto.

Agregue la salsa blanca y cueza otros 3 ó 4 minutos a fuego lento; sazone bien.

Agregue el salmón, revuelva y cambie la mezcla a un molde refractario; espárzale queso. Póngalo en el asador del horno precalentado de 4 a 5 minutos o hasta que dore; sirva.

* Para la receta de salsa blanca, vea la página 324.

1 porción	449 calorías	17 g carbohidratos
39 g proteínas	25 g grasa	2,8 g fibra

1. Ponga la mantequilla, las cebollas y el eneldo en una cacerola. Tape parcialmente y sofría a fuego lento de 3 a 4 minutos.

2. Agregue los champiñones, tape parcialmente y cocine a fuego medio de 3 a 4 minutos más.

3. Aumente el fuego a alto y viértale el vino; cocine de 2 a 3 minutos sin tapar.

4. Agregue la salsa blanca y cueza otros 3 ó 4 minutos a fuego lento; sazone bien.

Rebanadas de salmón al eneldo

4 porciones

1 c/da	aceite
4	rebanadas de salmón de 2 cm (¾ *pulg*) de grueso
1 c/da	mantequilla
2	chalotes finamente picados
1	rama grande de eneldo o de hinojo finamente picada
	sal y pimienta
	jugo de ½ limón

Precaliente el horno a 200°C (*400°F*).

Caliente el aceite en una sartén a fuego medio alto. Cuando esté caliente, póngale el salmón y fríalo 2 minutos.

Voltee el pescado, sazone bien y siga cocinándolo 2 minutos. Ponga la sartén en el horno y hornéelo de 12 a 14 minutos más. Voltee el salmón a la mitad del tiempo.

Sáquelo de la sartén y deje aparte.

Limpie la sartén y póngale la mantequilla. Póngala a fuego medio sobre la estufa. Agréguele los chalotes y el eneldo y sofríalos aproximadamente 2 minutos.

Rocíele el jugo de limón y vierta la salsa sobre el salmón. Sirva con papas y verduras.

1 porción	330 calorías	1 g carbohidratos
41 g proteínas	18 g grasa	0 g fibra

Salmón a la italiana

4 porciones

1 c/da	aceite de oliva
4	rebanadas de salmón de 2 cm (*¾ pulg*) de grueso
1	chalote picado
1	diente de ajo picado
800 g	(*28 oz*) de tomates enlatados escurridos y picados
1 c/dita	orégano
	sal y pimienta
	jugo de limón

Precaliente el horno a 200°C (*400°F*).

Caliente el aceite a fuego medio alto en una sartén grande. Póngale el salmón y fríalo 2 minutos. Voltéelo, sazone y siga cocinándolo 2 minutos.

Agréguele el chalote y el ajo; cocine 1 minuto más.

Agregue los tomates y el orégano; rectifique la sazón. Meta la sartén al horno de 12 a 14 minutos. Voltee el pescado a la mitad del tiempo.

Cambie el pescado a un platón; déjelo aparte.

Ponga la sartén sobre la estufa a fuego alto. Rocíele el jugo de limón, cueza 1 minuto y sirva sobre el salmón.

Trucha salmonada teriyaki

4 porciones

2	**filetes de trucha salmonada**
2	**cebollitas de Cambray rebanadas diagonalmente**
1 c/da	**mantequilla**
1 c/da	**salsa teriyaki**
½ c/dita	**hierbas de Provenza***
	jugo de 1 limón sin semilla
	sal y pimienta

Coloque el pescado en un molde refractario untado con mantequilla. Espárzale las cebollitas de Cambray y los ingredientes restantes.

Ase el pescado 6 minutos en el horno precalentado.

Si prefiere, sirva con un poco de salsa espesa de tomate.**

* Mezcla de tomillo, romero, hoja de laurel, albahaca y ajedrea.

** Para la receta de salsa espesa de tomate, vea la página 308.

1 porción	*432 calorías*	*5 g carbohidratos*
22 g proteínas	*36 g grasa*	*0,8 g fibra*

Trucha salmonada con verduras

4 porciones

1	**filete grande de trucha salmonada**
1 c/da	**aceite de oliva**
1	**diente de ajo blanqueado y picado**
1 c/dita	**semillas de hinojo**
1 c/dita	**salsa teriyaki**
1 c/da	**aceite de cacahuate**
1	**cebollita de Cambray rebanada diagonalmente**
½	**calabacita amarilla cortada en tiras**
½	**pimiento verde cortado en tiras**
½	**calabacita cortada en tiras**
8	**champiñones frescos limpios y rebanados**
	jugo de ½ limón sin semillas
	unas gotas de salsa Tabasco
	sal y pimienta
	jugo de 1 limón

Deslice un cuchillo entre la piel y la carne para quitarle la piel al pescado (si la tiene todavía). Corte la carne en trozos diagonales de 1,2 cm (½ *pulg*) de grueso.

Ponga el pescado en un tazón y agregue el aceite de oliva, el ajo, las semillas de hinojo, la salsa teriyaki, el jugo de limón sin semilla y la salsa Tabasco; sazone bien. Déjelo macerar 15 minutos.

Caliente el aceite de cacahuate en una sartén a fuego alto. Saltee el pescado 3 minutos. Sáquelo y déjelo aparte.

Ponga todas las verduras en la sartén, sazone y cocínelas a fuego alto de 4 a 5 minutos.

Regrese el pescado a la sartén con las verduras; rocíele el jugo de limón. Déjelo hervir a fuego lento 1 minuto antes de servirlo.

1 porción	*569 calorías*	*16 g carbohidratos*
25 g proteínas	*45 g grasa*	*5,1 g fibra*

Salmón salteado con verduras

4 porciones

4	**filetes de salmón de 130 g (4½ oz) cada uno**
1 c/da	**aceite**
250 g	**(½ lb) de vainitas de chícharo lavadas**
2 tazas	**germinado de soya lavado**
1	**calabacita cortada en tiras**
2 c/das	**jengibre fresco picado**
	jugo de limón
	salsa de soya
	sal y pimienta

Precaliente el horno a 200°C (*400°F*).

Ponga el pescado en un platón y rocíele el jugo de limón y la salsa de soya; déjelo marinar 10 minutos.

Caliente el aceite a fuego medio en una sartén. Póngale el pescado y fríalo 3 minutos. Voltee los filetes, sazone y hornéelos 6 ó 7 minutos más.

Pase el pescado a un platón.

Ponga las verduras y el jengibre en la sartén; rocíele un poco más de salsa de soya. Cocine a fuego alto de 3 a 4 minutos.

Sazone las verduras sólo con pimienta y sírvalas con el pescado.

1 porción	359 calorías	11 g carbohidratos
45 g proteínas	15 g grasa	5,2 g fibra

Salmón con almendras

4 porciones

2	rebanadas de salmón de aproximadamente 1,2 cm (*½ pulg*) de grueso
1 c/da	aceite
1 c/da	mantequilla
1 c/da	perejil fresco picado
1 c/da	almendras rebanadas
	harina
	sal y pimienta
	jugo de ½ limón

Precaliente el horno a 200°C (*400°F*).

Enharine el salmón, sazónelo y deje aparte.

Caliente el aceite a fuego alto en una sartén que pueda ir al horno. Póngale el pescado y fríalo 3 minutos. Voltee las rebanadas, baje el fuego a medio y cocínelas 3 minutos más.

Envuelva el mango de la sartén con papel de aluminio y métala al horno de 4 a 5 minutos.

Saque el pescado y póngalo en un platón; deje aparte.

Ponga la mantequilla, el perejil y las almendras en la sartén; cocine 2 minutos a fuego medio.

Rocíeles el jugo de limón, mezcle y vacíe inmediatamente sobre el pescado. Sirva con espinacas blanqueadas.

1 porción	446 calorías	12 g carbohidratos
41 g proteínas	26 g grasa	0,7 g fibra

323

Salmón escalfado con salsa de huevo

4 porciones

SALSA BLANCA:*

3 c/das	mantequilla
3 c/das	harina
2 tazas	leche
	una pizca de nuez moscada
	una pizca de clavo
	pimienta blanca

Derrita la mantequilla en una cacerola. Cuando empiece a burbujear agréguele la harina. Mezcle bien con una cuchara de madera y dórela a fuego lento 2 minutos.

Agregue la leche poco a poco mientras mueve con la cuchara de madera. Agregue la nuez moscada, el clavo y la pimienta. Cueza la salsa 12 minutos a fuego lento revolviendo con frecuencia.

*Esta es una salsa blanca muy versátil que puede usarse en otras recetas. Para prepararla más delgada, simplemente agregue 1 taza más de leche.

SALMÓN ESCALFADO:

4	rebanadas de salmón de 2 cm (¾ *pulg*) de grueso
2	chalotes rebanados
2	ramas de eneldo
2	zanahorias pequeñas peladas y rebanadas
2	huevos cocidos y picados
	jugo de 1 limón
	sal y pimienta

Ponga el salmón en un molde refractario untado con mantequilla o en una sartén grande. Agregue los chalotes, el eneldo, las zanahorias y el jugo de limón; sazone.

Viértale suficiente agua fría para cubrir el pescado y deje que empiece a hervir a fuego medio alto sin tapar.

Baje el fuego y voltee el pescado; deje hervir de 3 a 4 minutos. Cuando la espina central se pueda quitar con facilidad, el pescado estará cocido.

Saque cuidadosamente el salmón del caldo donde lo coció y póngalo en los platos.

Mezcle los huevos picados con la salsa blanca y rocíe el pescado con la mezcla. Sirva.

1 porción	481 calorías	15 g carbohidratos
49 g proteínas	25 g grasa	0,8 g fibra

1. Para preparar la salsa blanca, ponga a derretir la mantequilla en una cacerola.

2. Cuando empiece a burbujear, agréguele la harina

3. Dore la mezcla de harina con mantequilla a fuego lento 2 minutos revolviendo con una cuchara de madera.

4. Vierta la leche poco a poco; mezcle bien. Agregue la nuez moscada, el clavo y la pimienta. Cueza la salsa 12 minutos a fuego lento revolviendo con frecuencia.

Salmón escalfado con salsa holandesa

4 porciones

SALSA HOLANDESA:

1	**chalote seco finamente picado**
3 c/das	**vino blanco seco**
1 c/da	**hinojo recién picado**
2	**yemas de huevo**
1 taza	**mantequilla clarificada**
	sal y pimienta
	jugo de limón

Ponga el chalote, el vino e el hinojo en un tazón de acero inoxidable. Cocine la mezcla 2 minutos a fuego medio. Saque del fuego y deje enfriar.

Tenga lista una cacerola llena hasta la mitad con agua caliente a fuego lento. Agregue las yemas de huevo a la mezcla en el tazón y bata bien. Póngalo sobre la cacerola.

Incorpórele gradualmente la mantequilla en un chorro continuo mientras sigue batiendo. Cuando empiece a endurecer la mezcla, sazónela y agregue jugo de limón al gusto. Saque el tazón de la cacerola y déjelo aparte.

SALMÓN ESCALFADO:

6 tazas	**caldo de pescado caliente**
4	**filetes de salmón**
	unas gotas de jugo de limón

Vierta el caldo de pescado en un molde mediano para asar y deje que empiece a hervir a fuego alto. Baje el fuego y póngale los filetes. Déjelos hervir de 10 a 12 minutos o ajuste el tiempo al tamaño. Voltee el pescado 1 vez.

Saque el pescado cocido con una cuchara perforada y acompáñelo con salsa holandesa. Rocíele jugo de limón.

1 porción	756 calorías	2 g carbohidratos
43 g proteínas	64 g grasa	0 g fibra

Rebanadas de salmón asadas

4 porciones

2	rebanadas de salmón de aproximadamente 1,2 cm (*½ pulg*) de grueso
2	chalotes picados
2	rodajas de limón
2	ramas de perejil
1 c/dita	aceite de oliva
	unas gotas de jugo de limón
	sal y pimienta

Precaliente el horno a 200°C (*400°F*).

Unte con mantequilla un molde pequeño para asar. Ponga el pescado y espárzale los chalotes.

Coloque una rodaja de limón sobre cada rebanada de pescado y espárzale el resto de los ingredientes.

Hornee 7 minutos o ajuste el tiempo al tamaño.

Sírvalo con papas.

Salmón salteado con pimientos y cebolla   *4 porciones*

4	**filetes de salmón**
1 taza	**harina sazonada**
2 c/das	**aceite**
1	**pimiento verde finamente rebanado**
1	**pimiento rojo finamente rebanado**
1	**cebolla mediana finamente rebanada**
1 c/da	**perejil recién picado**
	sal y pimienta

Precaliente el horno a 190°C (*375°F*).

Sazone el salmón y enharínelo. Caliente el aceite a fuego medio en una sartén que pueda ir al horno. Fría el pescado 4 minutos por cada lado.

Meta la sartén al horno y cocine el pescado 6 ó 7 minutos más, o ajuste el tiempo según el tamaño. Cuando esté cocido, sáquelo de la sartén, colóquelo en un platón y consérvelo caliente.

Ponga ambos pimientos y la cebolla en la sartén; cocínelas a fuego alto de 4 a 5 minutos.

Sazone bien y sirva las verduras con el pescado. Espárzale perejil.

1 porción	454 calorías	30 g carbohidratos
43 g proteínas	18 g grasa	1,9 g fibra

Filetes de salmón empanizados

4 porciones

4	**filetes de salmón de 130 g (4 ½ oz) cada uno sin piel**
2	**huevos batidos**
1 c/da	**aceite**
1 c/da	**mantequilla**
1	**pepino pelado sin semillas y rebanado**
½	**pimiento rojo cortado en juliana**
1	**pimiento amarillo cortado en juliana**
	harina sazonada
	pan molido sazonado
	sal y pimienta
	ralladura de 1 limón

Precaliente el horno a 200°C (*400°F*).

Enharine el pescado, mójelo en huevo batido y páselo por el pan molido presionando ligeramente con las yemas de los dedos para que se adhiera bien.

Caliente el aceite en una sartén grande. Póngale el pescado y fríalo 2 minutos a fuego medio. Voltéelo, sazone y cocínelo 2 minutos más.

Páselo al horno y hornéelo de 10 a 12 minutos.

Antes de que el pescado esté cocido, ponga la mantequilla y las verduras en una cacerola. Agréguele la ralladura de limón, tape y cocine 5 minutos.

Sazone y sirva con el pescado.

1 porción	*424 calorías*	*20 g carbohidratos*
41 g proteínas	*20 g grasa*	*1,2 g fibra*

Salmón fresco con vinagreta

4 porciones

3 tazas	salmón fresco cocido y desmenuzado
1 c/da	perejil recién picado
1 c/da	cebollines recién picados
1	tallo de apio finamente rebanado
1	pimiento amarillo finamente rebanado
1	zanahoria grande pelada y rallada
4 c/das	aceite de oliva
	jugo de 1 limón
	sal y pimienta

Ponga el salmón en un tazón. Agregue el perejil, los cebollines, el apio, el pimiento y la zanahoria; revuelva bien.

Mézclele el resto de los ingredientes. Rectifique la sazón. Sirva sobre hojas de lechuga.

1 porción	259 calorías	4 g carbohidratos
20 g proteínas	19 g grasa	1,0 g fibra

Pasta mixta con salmón

4 porciones

2 c/das	mantequilla
250 g	(½ *lb*) de champiñones frescos limpios y rebanados
1	chalote seco picado
4 c/das	harina
½	pimiento verde cortado en cubos
½	pimiento amarillo cortado en cubos
2 tazas	leche caliente
2 tazas	salmón cocido y desmenuzado
3	porciones de tallarines delgados cocidos y calientes
1½	porciones de tornillos cocidos y calientes
	sal y pimienta
	nuez moscada y paprika

Caliente la mantequilla a fuego medio en una sartén. Póngale los champiñones y el chalote; sofríalos de 3 a 4 minutos.

Mézclele harina hasta que se incorpore bien y dórela 1 minuto a fuego lento.

Mézclele los pimientos e incorpórele la mitad de la leche; revuelva muy bien. Agregue el resto de la leche y sazone. Espárzale la nuez moscada y la paprika. Cueza 7 minutos a fuego medio revolviendo ocasionalmente.

Agréguele el salmón y deje hervir a fuego lento de 2 a 3 minutos. Vierta la salsa sobre las pastas mezcladas y sirva.

1 porción	624 calorías	89 g carbohidratos
31 g proteínas	16 g grasa	2,1 g fibra

Veneras del peregrino a la bretona

4 porciones

3 c/das	mantequilla
2	chalotes picados
1 taza	cebolla morada picada
3 c/das	perejil fresco picado
3	dientes de ajo blanqueados y picados
3 c/das	vino blanco seco
750 g	(*1½ lb*) de veneras picadas
1 taza	pan seco cortado en cubitos
½ c/dita	estragón
	sal y pimienta

Ponga 2 cucharadas de mantequilla en un sartén. Agregue los chalotes, la cebolla, el perejil y el ajo; tape y sofríalos 10 minutos a fuego lento.

Agregue el vino y cocine a fuego alto 3 minutos.

Mézclele las veneras y el pan; agregue la mantequilla restante. Sazone e incorpore el estragón. Cocine a fuego medio de 5 a 6 minutos.

Divida la mezcla en 4 conchas y acomódelas en una hoja para hornear galletas.

Comprima ligeramente la mezcla con la parte posterior de una cuchara.

Ponga la hoja en la rejilla central del horno precalentado; hornee 8 minutos o hasta que doren. Sirva.

1 porción	308 calorías	16 g carbohidratos
34 g proteínas	12 g grasa	0,8 g fibra

1. Ponga 2 cucharadas de mantequilla en un sartén. Agréguele los chalotes, la cebolla, el perejil y el ajo; tape y sofríalos 10 minutos a fuego lento.

2. Agregue el vino y cocine a fuego alto 3 minutos. Mézclele las veneras y el pan; agregue la mantequilla restante. Sazone e incorpore el estragón.

3. Cocine a fuego medio de 5 a 6 minutos para que se evapore el líquido y se seque la mezcla.

4. Divida la mezcla en 4 platos en forma de concha. Póngalas en la rejilla central del horno precalentado; hornee 8 minutos o hasta que doren.

Conchas de mejillones a la italiana

4 porciones

2 c/das	mantequilla
2	dientes de ajo blanqueados y picados
250 g	(½ lb) de champiñones frescos limpios y picados
1	chalote picado
1 c/da	perejil fresco picado
1½ tazas	mejillones cocidos y picados
1 taza	pan seco cortado en cubitos
1 taza	salsa espesa de tomate*
	sal y pimienta
	pan molido fino
	mantequilla derretida

Ponga la mantequilla en una sartén. Agregue el ajo, los champiñones, el chalote y el perejil; sazone bien. Sofría 5 minutos a fuego medio.

Agregue los mejillones y el pan; cocine de 2 a 3 minutos más.

Viértale la salsa espesa de tomate, revuelva bien y cocine 2 minutos más. Rectifique la sazón.

Divida la mezcla en 4 platos en forma de concha y espárzale pan molido; humedezca con un poco de mantequilla derretida. Acomódelas en una hoja para hornear galletas.

Ase 2 minutos en el horno precalentado. Sirva con rebanadas de pan fresco.

* Para la salsa espesa de tomate, vea la página 308.

1 porción	302 calorías	21 g carbohidratos
14 g proteínas	18 g grasa	2.5 g fibra

Mejillones en salsa de vino blanco

4 porciones

4 kg	**(8 ½ lb) de mejillones frescos, tallados, sin barbas y muy bien lavados**
2	**chalotes finamente picados**
2 c/das	**perejil fresco picado**
¼ taza	**vino blanco seco**
1	**limón rebanado**
1 taza	**crema ligera caliente**
	sal y pimienta

Ponga los mejillones en una cacerola grande, asegúrese de tirar todas las conchas abiertas. Agregue los chalotes, el perejil, el vino y el limón rebanado. Sazone con pimienta pero no con sal.

Tape y cueza a fuego medio alto hasta que se abran los mejillones. Revuelva una vez durante la cocción.

Sáquelos uno por uno y póngalos en un platón profundo.

Tire el limón rebanado y regrese la cacerola a la estufa a fuego alto; deje que se consuma el líquido de 3 a 4 minutos.

Póngale la crema, revuelva bien y cueza otros 3 ó 4 minutos. Rectifique la sazón y vierta la salsa sobre los mejillones.

1 porción	*385 calorías*	*18 g carbohidratos*
49 g proteínas	*13 g grasa*	*0,2 g fibra*

Mejillones en salsa de tomate con pasta

4 porciones

1 c/da	aceite
3 c/das	cebolla morada picada
3	dientes de ajo blanqueados y picados
2 c/das	perejil fresco picado
½ c/dita	estragón
1,2 kg	(*42 oz*) de tomates estofados escurridos y picados
1	ramita de orégano fresco picado
3 c/das	pasta de tomate
2 tazas	mejillones cocidos y sin concha
4	porciones de pasta cocida y caliente
	sal y pimienta
	una pizca de azúcar

Ponga el aceite, la cebolla, el ajo, el perejil y el estragón en una sartén. Sofríalos 3 minutos a fuego medio.

Agregue los tomates y el orégano fresco; sazone bien. Mezcle y cocine 10 minutos más.

Mézclele la pasta de tomate y el azúcar; cueza a fuego lento de 4 a 5 minutos.

Agregue los mejillones y deje hervir 1 minuto a fuego muy bajo. Sirva inmediatamente sobre pasta caliente. Sirva.

1 porción	387 calorías	58 g carbohidratos
23 g proteínas	7 g grasa	3,1 g fibra

1. Ponga el aceite, la cebolla, el ajo, el perejil y el estragón en una sartén. Sofríalos 3 minutos a fuego medio.

2. Agregue los tomates y el orégano fresco; sazone bien. Mezcle y cocine 10 minutos más.

3. Mézclele la pasta de tomate y el azúcar; cueza a fuego lento de 4 a 5 minutos.

4. Agregue los mejillones y deje hervir 1 minuto a fuego muy bajo antes de servirlos.

Camarones salteados con tomates

4 porciones

24	camarones grandes
1 c/da	aceite
1 c/da	perejil fresco picado
1 c/dita	hierbas de Provenza*
2	dientes de ajo picados
2	cebollitas de Cambray picadas
¼ taza	vino blanco seco
1,2 kg	(*42 oz*) de tomates enlatados escurridos y picados
	sal y pimienta
	unas gotas de salsa Tabasco

Pele los camarones y déjeles la cola intacta. Ábrales la parte posterior y quíteles la vena; lave y deje aparte.

Caliente el aceite a fuego alto en una sartén grande y fría los camarones 2 minutos. Voltéelos, sazone y cocínelos 1 minuto más.

Agrégueles el perejil, las hierbas de Provenza, el ajo y las cebollitas de Cambray; cocine 2 minutos. Saque los camarones con unas pinzas y déjelos aparte.

Vierta el vino a la sartén, a fuego alto y cueza 3 minutos más.

Agregue los tomates, la sal, la pimienta y la salsa Tabasco. Cocine a fuego alto de 8 a 10 minutos, revuelva varias veces.

Ponga los camarones en los tomates, caliéntelos 1 minuto y sirva.

* Mezcla de tomillo, romero, hoja de laurel, albahaca y ajedrea.

1 porción	*266 calorías*	*14 g carbohidratos*
39 g proteínas	*6 g grasa*	*3,1 g fibra*

1. Pele los camarones y déjeles la cola intacta. Ábrales la parte posterior con un cuchillo pequeño y quíteles la vena. Lávelos en agua fría.

2. Caliente el aceite a fuego alto en una sartén grande y fría los camarones 2 minutos. Voltéelos, sazone y cocínelos 1 minuto más.

3. Agregue el perejil, las hierbas de Provenza, el ajo y las cebollitas de Cambray; cocine 2 minutos.

4. Saque los camarones con unas pinzas antes de que estén demasiado cocidos y déjelos aparte.

Camarones a la pimienta

4 porciones

32	**camarones grandes**
1 c/dita	**hierbas de Provenza***
1 c/da	**pimienta molida**
1 c/dita	**paprika**
1 c/da	**salsa teriyaki**
¼ taza	**vino blanco seco**
	jugo de 1 limón

Ponga los camarones sin pelar en una cacerola. Agrégueles las hierbas de Provenza, la pimienta molida, la paprika y el jugo de limón.

Rocíeles la salsa teriyaki y mezcle bien. Viértales el vino, tape y póngalo a fuego alto.

Tan pronto como empiece a hervir, retire la cacerola del fuego y escurra los camarones. Sirva inmediatamente con una salsa para mariscos.

* Mezcla de tomillo, romero, hoja de laurel, albahaca y ajedrea.

1 porción	*230 calorías*	*4 g carbohidratos*
49 g proteínas	*2 g grasa*	*0 g fibra*

Camarones mariposa asados

4 porciones

24	**camarones grandes**
1 taza	**cebolla morada picada y cocinada**
1 c/da	**perejil fresco picado**
2	**dientes de ajo blanqueados y picados**
3 c/das	**mantequilla suavizada**
	unas gotas de salsa inglesa
	sal y pimienta

Corte los camarones sin pelar, abriéndoles la parte posterior a lo largo en forma de mariposa; quíteles la vena y acomódelos en un molde refractario.

Mezcle el resto de los ingredientes en el procesador de alimentos.

Unte la mezcla en los camarones abiertos y áselos en el horno de 4 a 5 minutos, dependiendo del tamaño.

Sírvalos con verduras.

1 porción	*263 calorías*	*4 g carbohidratos*
37 g proteínas	*11 g grasa*	*0,6 g fibra*

Camarones con puré de ajo

4 porciones

16 a 18	dientes de ajo pelados
2 c/das	aceite de oliva
24	camarones de tamaño mediano a grande
3	rebanadas de limón
½ taza	vino blanco seco
1 c/dita	mantequilla
½ c/dita	hierbas de Provenza*
1 c/dita	fécula de maíz
2 c/das	agua fría
½ taza	crema ligera caliente
	unas gotas de jugo de limón
	sal y pimienta
	unas gotas de salsa picante

Ponga los dientes de ajo en una cacerola pequeña con suficiente agua para cubrirlos. Deje que empiecen a hervir a fuego alto; cuézalos de 8 a 10 minutos más a fuego medio.

Escúrralos y póngalos en un mortero; macháquelos con la mano del mortero. Pase el puré por un colador de malla fina a un tazón. Si prefiere, utilice el procesador de alimentos.

Incorpórele el aceite mientras bate constantemente. Rocíe jugo de limón, sazone, mezcle y deje aparte.

Ponga los camarones sin pelar y las rebanadas de limón en una cacerola limpia, Agregue el vino, la mantequilla, las hierbas de Provenza y la salsa picante. Deje que empiece a hervir a fuego alto.

Revuelva y siga cocinado 1 minuto. Quite la cacerola del fuego y deje reposar varios minutos antes de sacar los camarones con pinzas.

Ponga la cacerola a fuego alto y deje consumir el líquido 2 minutos.

Mezcle la fécula de maíz con el agua fría; incorpórela al líquido. Viértale la crema, sazone y deje que empiece a hervir. Cueza 2 minutos más a fuego medio.

Pele los camarones y déjeles las colas intactas; rocíeles la salsa y acompáñelos con el puré de ajo.

* Mezcla de tomillo, romero, hoja de laurel, albahaca y ajedrea.

1 porción	*293 calorías*	*7 g carbohidratos*
37 g proteínas	*13 g grasa*	*0 g fibra*

1. Ponga los dientes de ajo en una cacerola pequeña con suficiente agua para cubrirlos. Deje que empiecen a hervir a fuego alto; cuézalos de 8 a 10 minutos a fuego medio.

2. Pase los ajos escurridos a un mortero y macháquelos con la mano del mismo.

3. Pase el puré por un colador de malla fina y a un tazón.

4. Cueza los camarones sin pelar con las rebanada de limón, el vino, la mantequilla, las hierbas de Provenza y la salsa picante.

Patas de cangrejo

4 porciones

4	**patas largas de cangrejo**
½ taza	**mantequilla de ajo***
	pan molido
	pimienta

Precaliente el horno a 200°C (*400°F*).

Corte las patas de cangrejo a lo ancho; pártalas para abrirlas a lo largo.

Esparza la mantequilla de ajo sobre la carne y espolvoréele el pan molido; acomódelas en un molde refractario. Sazone bien con pimienta.

Cambie la temperatura del horno para el asador. Ponga el las patas de cangrejo y áselas de 5 a 6 minutos.

* Para la receta de mantequilla de ajo, vea la página 66.

1 porción	408 calorías	9 g carbohidratos
30 g proteínas	28 g grasa	0,2 g fibra

TODO EL SABOR DE LAS VERDURAS

Los productos de la huerta en
una explosión de colores y
sabores

Ensalada de col

4 a 6 personas

1	**col mediana cortada en cuartos**
2	**zanahorias peladas y ralladas**
1 c/da	**perejil recién picado**
3 c/das	**vinagre de manzana caliente a punto de ebullición**
4 c/das	**mayonesa**
2 c/das	**rábano picante**
4 c/das	**crema espesa**
	sal y pimienta
	jugo 1 limón

Ponga los trozos de col en una cacerola llena de agua hirviendo. Blanquee de 4 a 5 minutos a fuego alto. Escúrrala y déjela aparte para que se enfríe.

Rebane finamente la col y póngala en un tazón grande. Agregue las zanahorias y el perejil; revuelva bien. Sazone con sal y pimienta.

Vierta el vinagre caliente sobre la col y continúe mezclando. Deje aparte.

Ponga la mayonesa y el rábano picante en un tazón pequeño. Mézclelos. Bata ligeramente la crema e incorpórela a la mayonesa. Agregue el jugo de limón; salpimiente al gusto y mezcle bien.

Vierta el aderezo sobre la col y revuelva bien hasta que se incorpore. Deje macerar 1 hora a temperatura ambiente antes de servir.

1 porción	138 calorías	10 g carbohidratos
2 g proteínas	10 g grasa	3,4 g fibra

1. Ponga los trozos de col en suficiente agua hirviendo. Blanquee de 4 a 5 minutos a fuego alto.

2. Ponga la col finamente rebanada en un tazón grande. Agréguele las zanahorias y el perejil; revuelva bien. Sazone con sal y pimienta.

3. Vierta el vinagre caliente sobre la col y continúe mezclando. Deje aparte.

4. Vierta el aderezo sobre la col y revuelva bien.

Ensalada mixta de pimientos

4 porciones

2 c/das	aceite de oliva
3	rebanadas de tocino de lomo cortadas en tiras
1	berenjena pequeña pelada y cortada en juliana
1	pimiento verde cortado en juliana
2	pimientos rojos cortados en juliana
2	chalotes picados
1	diente de ajo picado
1	yema de huevo cocida
	sal y pimienta
	vinagreta al gusto
	perejil fresco picado

Caliente la mitad del aceite a fuego alto en una sartén. Ponga el tocino y sofría de 2 a 3 minutos, revolviéndolo una vez.

Agregue la berenjena y sofría de 4 a 5 minutos a fuego medio.

Agregue el resto de las verduras, los chalotes y el ajo; rocíele el aceite restante. Sazone, tape y cocine de 7 a 8 minutos a fuego medio. Revuelva una o dos veces.

Pase la mezcla a un platón y póngale vinagreta al gusto. Espárzale perejil picado y yema de huevo pasada por un cedazo.

1 porción	299 calorías	5 g carbohidratos
5 g proteínas	21 g grasa	1,3 g fibra

Plato vegetariano

4 porciones

4	**papas para hornear**
2	**zanahorias peladas y rebanadas diagonalmente**
1	**calabacita cortadas en tiras**
250 g	**(½ lb) de ejotes pelados**
4	**cebollas cortadas en 4**
1	**pimiento verde cortado en 4**
	sal y pimienta

Precaliente el horno a 220°C (*425°F*).

Pique las papas varias veces con un tenedor y envuélvalas en papel de aluminio. Hornéelas 1 hora o hasta que estén cocidas.

Antes de que las papas estén cocidas, ponga todas las verduras en una vaporera en el orden en que se listaron. Cuézalas a vapor sacándolas conforme se vayan cociendo y páselas a un tazón con agua fría.

Cuando todas las verduras estén cocidas, regréselas a la vaporera para que se calienten.

Acomode las verduras y las papas calientes en un platón y sírvalas con sus aderezos preferidos, como crema agria, salsa de queso, mantequilla derretida, etc.

| 1 porción | 345 calorías | 75 g carbohidratos | **349** |
| 9 g proteínas | 1 g grasa | 9,4 g fibra | |

Variación de la ensalada César

4 porciones

2 a 3	dientes de ajo picados
1 c/da	mostaza de Dijon
1	yema de huevo
4 a 5	filetes de anchoa escurridos y finamente picados
3 c/das	vinagre de vino
½ taza	aceite de oliva
2	lechugas orejonas lavadas y secas*
	sal y pimienta
	jugo de 1 limón
	tocino frito cortado en trocitos
	cubitos de pan frito al ajo
	queso parmesano rallado

Ponga los ajos, la mostaza y la yema de huevo en un tazón; sazone bien. Agregue el jugo de limón, las anchoas y el vinagre; mezcle bien.

Incorpore el aceite en un chorro delgado mientras revuelve sin cesar. Rectifique la sazón.

Parta las hojas de lechuga en pedazos pequeños y póngalas en la ensaladera. Espárzale el tocino y los cubitos de pan frito. Vierta la vinagreta y revuelva. Espárzale el queso parmesano y sirva.

* Es muy importante que la lechuga esté bien lavada, y seca. Si no está bien seca, la vinagreta no se adherirá adecuadamente y la ensalada tendrá sabor acuoso.

1 porción	408 calorías	12 g carbohidratos
9 g proteínas	36 g grasa	1,5 g fibra

1. Ponga los ajos, la mostaza y la yema de huevo en un tazón; sazone bien.

2. Agregue el jugo de limón, las anchoas y el vinagre; revuelva bien.

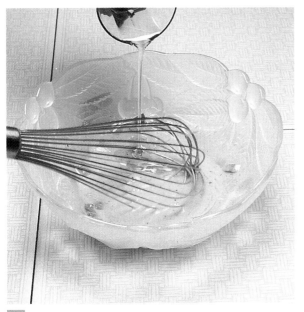

3. Incorpórele el aceite en un chorro delgado continuo mientras bate sin cesar. Rectifique la sazón.

4. La vinagreta debe quedar bastante espesa.

Ensalada de verduras en juliana

4 porciones

1	tallo de apio cortado en juliana
1	zanahoria grande pelada y cortada en juliana
1	pimiento verde cortado en juliana
1	pimiento rojo cortado en juliana
½	calabacita cortada en juliana
1	berenjena sin pelar cortada en juliana
1	manzana sin corazón, pelada y cortada en juliana
1 c/da	perejil fresco picado
1 c/da	mostaza de Dijon
1	yema de huevo
1 c/dita	curry en polvo
3 c/das	vinagre de vino
6 c/das	aceite de oliva
1	yema de huevo cocida
	sal y pimienta
	una pizca de paprika
	hojas de lechuga lavadas y secas

Ponga el apio y la zanahoria en agua con sal hirviendo. Tape y cocine 3 minutos a fuego medio.

Agregue el resto de las verduras, sazone y tape. Cocínelas 2 minutos más.

Escurra las verduras y enjuáguelas en agua fría. Escurra de nuevo y pase a un tazón. Agregue la manzana y deje aparte.

Revuelva el perejil con la mostaza en un tazón pequeño junto con la yema de huevo, el curry en polvo, la paprika, el vinagre, la sal y la pimienta.

Incorpore el aceite lentamente (para que se incorpore bien) en un chorro delgado mientras revuelve sin cesar.

Sazone el aderezo al gusto y viértalo sobre los ingredientes de la ensalada. Mezcle hasta que todos los ingredientes estén bien cubiertos.

Sirva sobre hojas de lechuga y adorne con yema de huevo cocida pasada por un cedazo.

1 porción	275 calorías	15 g carbohidratos
2 g proteínas	23 g grasa	3,2 g fibra

Ensalada fría de betabel

4 porciones

6	betabeles pequeños
1 c/da	perejil fresco picado
2	chalotes picados
2	pepinillos dulces encurtidos y picados
1 c/da	mostaza de Dijon
2 c/das	vinagre de vino
3 c/das	aceite de oliva
	sal y pimienta

Corte la parte superior de los betabeles y tírela. Lávelos bien en suficiente agua fría y use un cepillo si es necesario. Cueza en agua hirviendo con sal hasta que suavicen.

Una vez cocidos, escúrralos bien y deje aparte hasta que enfríen. Pélelos y córtelos en rebanadas de 0,65 cm (¼ *pulg*) de grueso.

Ponga las rebanadas en un tazón; sazone y agregue el perejil, los chalotes y los pepinillos. Déjelo aparte.

En un tazón pequeño mezcle la mostaza y el vinagre y el aceite de oliva; mezcle hasta que se incorporen bien.

Vierta la vinagreta sobre los betabeles, revuelva y rectifique la sazón.

Sirva sobre hojas de lechuga o espinaca.

1 porción	*139 calorías*	*9 g carbohidratos*
1 g proteínas	*11 g grasa*	*2,5 g fibra*

Ensalada morada

4 porciones

6 a 8	**betabeles cocidos, pelados y rebanados**
2	**cebollitas de Cambray rebanadas**
1 c/da	**perejil fresco picado**
4	**rebanadas de 'corned beef' cortadas en tiras**
1 c/da	**mostaza fuerte**
2 c/das	**vinagre de vino**
3 c/das	**aceite de oliva**
	sal y pimienta
	hojas de lechuga orejona lavadas y secas

Ponga los betabeles, las cebollitas de Cambray, el perejil y el 'corned beef' en un tazón. Mezcle y sazone; revuelva de nuevo y deje aparte.

Ponga la mostaza, el vinagre, la sal y la pimienta en un tazón pequeño. Revuelva.

Agréguele el aceite mientras bate, rectifique la sazón y vierta sobre la ensalada. Revuelva para que se cubra bien.

Sirva sobre hojas de lechuga.

1 porción	193 calorías	9 g carbohidratos
10 g proteínas	13 g grasa	3,5 g fibra

Ensalada del viernes

4 porciones

250 g	(½ *lb*) de ejotes verdes pelados y cocidos
4	betabeles cocidos, pelados y rebanados
2	tomates miniatura rebanados
3	filetes de anchoa picados
12	aceitunas rellenas
2	papas cocidas, peladas y rebanadas
2 c/das	alcaparras
1 c/da	mostaza de Dijon
1 c/dita	estragón
1	diente de ajo picado
3 c/das	vinagre blanco al estragón
½ taza	aceite de oliva
1 c/da	jugo de limón
2	huevos cocidos y rebanados
	sal y pimienta

Ponga los ejotes, los betabeles, los tomates, las anchoas, las aceitunas, las papas y las alcaparras en un tazón. Mezcle y sazone bien.

En un tazón, ponga la mostaza, el estragón, el ajo, la sal y la pimienta. Agregue el vinagre y bata bien.

Incorpórele el aceite en un chorro delgado mientras revuelve sin cesar. Agregue el jugo de limón y rectifique la sazón.

Vierta el aderezo sobre la ensalada y mezcle. Agregue los huevos, mezcle de nuevo y sirva.

1 porción	418 calorías	21 g carbohidratos
7 g proteínas	34 g grasa	5,6 g fibra

Ensalada alsaciana

4 porciones

2	**rebanadas de jamón de 0,65 cm (¼ *pulg*) de grueso cortadas en juliana**
2	**betabeles cocidos, pelados y cortados en juliana**
2	**papas cocidas, peladas y rebanadas**
1 c/da	**perejil fresco picado**
½	**pimiento rojo cortado en juliana**
2 c/das	**mayonesa**
1 c/da	**aceite de oliva**
1	**pechuga de pollo cocida, sin pellejo y cortada en juliana**
	sal y pimienta
	jugo de ½ limón

Ponga el jamón en un tazón grande con los betabeles, las papas, el perejil y el pimiento rojo. Sazone bien y mezcle.

Agregue la mayonesa y rocíe con jugo de limón. Mezcle bien.

Póngale el aceite de oliva y rectifique la sazón. Mezcle de nuevo.

Cubra con el pollo y sirva.

1 porción	234 calorías	14 g carbohidratos
22 g proteínas	10 g grasa	2,1 g fibra

Papas con crema agria

4 porciones

2 c/das	mantequilla derretida
1	cebolla mediana finamente picada
4	papas cocidas, peladas y cortadas en cubos, todavía calientes
1¼ tazas	crema agria
	sal y pimienta
	una pizca de paprika

Caliente la mantequilla en una sartén grande. Póngale la cebolla, tape y sofría 3 minutos a fuego lento.

Agregue las papas y sazone. Cocínelas de 8 a 10 minutos a fuego medio, sin tapar. Muévalas una o dos veces. Agrégueles la crema agria y mézclela suavemente. Cocínelas 3 minutos a fuego medio.

Espárzales paprika y sirva.

Ensalada de pepino

4 porciones

1	**pepino sin semillas pelado**
½	**pimiento rojo rebanado**
1	**tallo de apio pequeño rebanado**
1	**manzana pelada sin corazón y rebanada**
½ taza	**chícharos cocidos**
1 c/dita	**rábano picante**
3 c/das	**crema agria**
	sal y pimienta
	jugo de 1 limón

Corte el pepino en 2 a lo largo y rebánelo. Póngalo en un tazón y agréguele sal; deje reposar 15 minutos.

Escurra el pepino y páselo a otro tazón. Agregue el pimiento rojo, el apio, la manzana y los chícharos.

Exprímale el jugo de limón y sazone bien. Agréguele el rábano picante y la crema agria; revuelva bien.

Rectifique la sazón. Si le agrada, sirva sobre col rallada y adorne con rábanos frescos.

1 porción	86 calorías	15 g carbohidratos
2 g proteínas	2 g grasa	3,9 g fibra

Ensalada de tomate

4 porciones

4	tomates lavados
2	chalotes finamente picados
1 c/da	perejil fresco picado
2	huevos cocidos y picados
2 c/das	vinagre de vino
3 c/das	aceite de oliva
	jugo de ½ limón
	sal y pimienta

Ponga los tomates en una tabla de cocina, con el lado del corazón hacia abajo. Córtelos verticalmente en dos. Ponga el lado cortado del tomate sobre la tabla y rebane.

Ponga las rebanadas en un tazón junto con los chalotes, el perejil y los huevos.

Rocíeles el vinagre, el aceite y el jugo de limón; sazone generosamente. Mezcle, rectifique la sazón y sirva.

1 porción	166 calorías	6 g carbohidratos
4 g proteínas	14 g grasa	1,9 g fibra

Rebanadas de tomate fritas

4 porciones

4	**tomates grandes sin corazón y cortados en rebanadas de 2 cm (¾ pulg) de grueso**
2 c/das	**aceite de oliva**
3 c/das	**salsa de soya**
2	**dientes de ajo picados**
1 taza	**harina**
3 c/das	**mantequilla derretida**
	sal y pimienta
	perejil fresco picado

Sazone las rebanadas de tomate con sal y pimienta y póngalas en un platón grande.

Revuelva el aceite con la salsa de soya y los ajos y viértalo sobre las rebanadas de tomate; deje reposar 15 minutos. Voltéelas y déjelas otros 15 minutos.

Enharine ligeramente las rebanadas de tomate. Caliente la mantequilla en una sartén grande; ponga las rebanadas de tomate y dórelas 3 minutos a fuego alto.

Voltéelas y fríalas de 3 a 4 minutos o hasta que estén ligeramente doradas.

Espolvoréelas con perejil fresco.

1 porción	253 calorías	21 g carbohidratos
4 g proteínas	17 g grasa	2,9 g fibra

Ensalada mixta de pepino

4 porciones

1	pepino sin semillas y rebanado
12	champiñones frescos grandes limpios
½	pimiento rojo finamente rebanado
1 c/da	perejil fresco picado
½ taza	queso manchego en cubitos
¼ taza	tallos de bambú rebanados
2 c/das	crema agria
1 c/da	aceite de oliva
4 c/das	nueces picadas
	jugo de 1 limón
	paprika al gusto
	sal y pimienta

Ponga los pepinos en un tazón grande. Rebane los champiñones y póngalos en el tazón.

Rocíeles el jugo de limón. Agregue el pimiento rojo, el perejil y la paprika; sazone bien.

Agregue el queso y los tallos de bambú; revuelva bien.

Vierta la crema agria y el aceite; mezcle bien y sazone al gusto.

Esparza las nueces sobre la ensalada y sirva.

1 porción	203 calorías	10 g carbohidratos
7 g proteínas	15 g grasa	2,5 g fibra

Ensalada de arroz

4 porciones

3	**tomates guaje cortados en cubos**
1	**pimiento amarillo sin semillas y rebanado**
¼ taza	**tallos de bambú rebanados**
1 c/dita	**perejil fresco picado**
2 tazas	**arroz cocido**
2	**huevos cocidos y picados**
1 c/da	**mostaza de Dijon**
1	**diente de ajo picado**
3 c/das	**vinagre de vino al estragón**
½ taza	**aceite de oliva**
1 c/da	**jugo de limón**
	sal y pimienta

Ponga los tomates, el pimiento amarillo, los tallos de bambú, el perejil y el arroz en un tazón; revuelva bien.

Sazone y agregue los huevos picados, mezcle y deje aparte.

Ponga la mostaza y el ajo en otro tazón; sazone bien. Vierta el vinagre de vino y revuelva bien.

Incorpore el aceite en un chorro delgado mientras bate con un batidor. Rocíele el jugo de limón, mezcle bien y rectifique la sazón.

Vierta la vinagreta sobre la ensalada y mezcle bien. Sirva sobre lechuga fresca.

1 porción	428 calorías	29 g carbohidratos
6 g proteínas	32 g grasa	1,8 g fibra

Ensalada de pasta con comino

4 porciones

4 tazas	tubitos de pasta cocidos
3	cebollitas de Cambray rebanadas
1	chalote picado
1	zanahoria pelada y rallada
2 c/das	mayonesa
3 c/das	queso cottage
1 c/dita	comino en polvo
6	rebanadas de tocino frito y desmenuzado
1 c/dita	vinagre de vino
	sal y pimienta
	jugo de ½ limón

Ponga los tubitos en un tazón grande con las cebollitas de Cambray, los chalotes y la zanahoria. Sazone bien y mezcle.

Mezcle la mayonesa en un tazón pequeño junto con el queso cottage y el comino en polvo. Rocíele jugo de limón y revuelva de nuevo.

Vierta el aderezo sobre la ensalada, sazone y mezcle hasta que se incorporen por completo.

Agregue el tocino, revuelva bien y rocíelo con vinagre. Mezcle de nuevo y sirva.

1 porción	291 calorías	38 g carbohidratos
10 g proteínas	11 g grasa	1,2 g fibra

Ensalada de garbanzos y coliflor

4 porciones

350 g	(*540 ml*) de garbanzos enlatados escurridos
1½ tazas	floretes cocidos de coliflor
1 c/da	perejil fresco picado
2 c/das	mostaza de Dijon
1	chalote finamente picado
1	diente de ajo picado
2 c/das	vinagre de vino al estragón
2 c/das	aceite de oliva
	sal y pimienta
	hojas de lechuga lavadas y secas

Ponga los garbanzos en un tazón con la coliflor, el perejil y la mostaza; sazone bien.

Agregue el chalote y el ajo; mezcle bien. Rocíele el vinagre y mezcle de nuevo.

Agregue el aceite, revuelva y rectifique la sazón.

Sirva sobre hojas de lechuga.

1 porción	*148 calorías*	*14 g carbohidratos*
5 g proteínas	*8 g grasa*	*4,2 g fibra*

Champiñones, cebollas y chícharos

4 porciones

1 c/da	mantequilla
125 g	(¼ *lb*) de champiñones frescos limpios y cortados en mitades
1	cebolla cortada en 6
¼ c/dita	estragón
¼ taza	caldo de pollo caliente
1½ tazas	chícharos congelados cocidos
1 c/dita	fécula de maíz
2 c/das	agua fría
	sal y pimienta

Derrita la mantequilla en una sartén grande. Agregue los champiñones y la cebolla; sazone bien. Cocine de 3 a 4 minutos a fuego alto.

Agregue el estragón y el caldo de pollo; sazone bien y deje que empiece a hervir. Cocine 1 minuto.

Agregue los chícharos y cocínelos otro minuto.

Mezcle la fécula de maíz con agua fría; incorpórela en la salsa y cocine 1 minuto más. Sirva.

1 porción	99 calorías	14 g carbohidratos
4 g proteínas	3 g grasa	9.0 g fibra

Champiñones en salsa blanca

4 porciones

2 c/das	**mantequilla**
500 g	**(1 lb) de champiñones frescos limpios y rebanados**
1	**chalote, finamente rebanado**
1¼ tazas	**salsa blanca caliente***
1 c/da	**perejil fresco picado**
	sal y pimienta
	unas gotas de jugo de limón
	una pizca de paprika

Derrita la mantequilla a fuego medio en una sartén. Agregue los champiñones y el chalote; sazone bien. Tape parcialmente y sofría de 8 a 10 minutos.

Viértales la salsa blanca y mezcle bien. Cocine de 2 a 3 minutos a fuego lento.

Espárzale el perejil, el jugo de limón y la paprika; rectifique la sazón. Mezcle bien y sirva inmediatamente.

* Para la receta de salsa blanca, vea la página 324.

1 porción	185 calorías	12 g carbohidratos
5 g proteínas	13 g grasa	3.3 g fibra

Champiñones a la naranja

4 porciones

2 c/das	mantequilla
1 c/da	aceite de oliva
500 g	(*1 lb*) de champiñones frescos limpios y cortados en 3
2 c/das	cáscara de naranja finamente picada
1	chalote finamente rebanado
2	dientes de ajo picados
1 c/da	perejil fresco picado
1 taza	cubitos de pan fritos
	sal y pimienta

Caliente la mantequilla y el aceite en una sartén. Cuando esté caliente, agregue los champiñones y sazone; sofría a fuego alto 2 minutos por lado.

Agréguele la cáscara de naranja, el chalote y el ajo. Cocine de 2 a 3 minutos más.

Agregue el perejil, los cubitos de pan frito y un poco más de aceite si lo necesita. Sofría 2 minutos a fuego alto y sirva inmediatamente.

1 porción	162 calorías	14 g carbohidratos
4 g proteínas	10 g grasa	3,3 g fibra

367

Verduras estilo chino

4 porciones

2 c/das	aceite
1	tallo de apio cortado diagonalmente
1	berenjena pequeña cortada en tiras
1	zanahoria pelada y cortada en rebanadas diagonales
½	pimiento rojo finamente rebanado
1	calabacita pequeña y rebanada diagonalmente
½	pepino sin semillas y rebanado diagonalmente
1 taza	caldo de pollo caliente
1 c/dita	salsa de soya
2 c/das	jengibre fresco picado
2 c/das	ralladura de limón
1 c/da	fécula de maíz
2 c/das	agua fría
	sal y pimienta

Caliente el aceite en una sartén grande a fuego alto. Agregue el apio, la berenjena y la zanahoria; sofría de 7 a 8 minutos, revolviendo ocasionalmente.

Agregue el pimiento rojo, la calabacita y el pepino; sazone bien. Cocine de 5 a 6 minutos a fuego alto.

Viértale el caldo de pollo y cocine de 3 a 4 minutos a fuego medio.

Mézclele la salsa de soya, el jengibre y la ralladura de limón; siga cociendo de 3 a 4 minutos.

Mezcle la fécula con el agua fría, incorpórela a la salsa y cocine 2 minutos más.

Sirva inmediatamente.

1 porción	115 calorías	11 g carbohidratos
2 g proteínas	7 g grasa	3,0 g fibra

1. Sofría el apio, la berenjena y la zanahoria en aceite caliente de 7 a 8 minutos. Revuelva ocasionalmente.

2. Agregue el pimiento rojo, la calabacita y el pepino; sazone bien. Cocine de 5 a 6 minutos a fuego alto.

3. Baje el fuego a medio y vierta el caldo de pollo; cocine de 3 a 4 minutos.

4. Mézclele la salsa de soya, el jengibre y la ralladura de limón; siga cociendo de 3 a 4 minutos.

Col china al jengibre con verduras

4 porciones

2	berenjenas italianas pequeñas y sin pelar
2 c/das	aceite
1	cebolla cortada en 6
1	col china o 'bok choy' lavada y cortada en trozos diagonales de 2,5 cm (*1 pulg*)
½	pimiento rojo rebanado
2 c/das	jengibre fresco picado
1½	tazas caldo de pollo caliente
1 c/da	fécula de maíz
3 c/das	agua fría
1 c/da	salsa de soya
	sal y pimienta

Parta las berenjenas por la mitad a lo largo; corte las mitades en trozos de 2,5 cm (*1 pulg*) de largo.

Caliente el aceite a fuego alto en una sartén grande, Póngale las berenjenas y la cebolla; sazone bien. Sofría de 3 a 4 minutos.

Agregue la col china y el pimiento rojo; revuelva bien. Espárzale el jengibre y sazone. Cocine de 5 a 6 minutos a fuego alto.

Agregue el caldo de pollo, mezcle y deje que empiece hervir. Rectifique la sazón.

Revuelva la fécula de maíz con el agua e incorpore a la salsa. Espárzale la salsa de soya, mezcle y cocine de 5 a 6 minutos a fuego alto.

1 porción	118 calorías	12 g carbohidratos
4 g proteínas	6 g grasa	5,9 g fibra

1. Lave bien las verduras y córtelas como se indica en la receta.

2. Sofría las berenjenas con la cebolla en aceite caliente de 3 a 4 minutos.

3. Agregue el resto de las verduras.

4. Agregue el jengibre y sazone bien. Cocine de 5 a 6 minutos más a fuego alto.

Coles de Bruselas

4 porciones

750 g	**(1½ lb) de coles de Bruselas***
1 c/da	**mantequilla**
2	**rebanadas tocino de lomo cortadas en trocitos**
	sal y pimienta

Lave las coles de Bruselas en suficiente agua fría. Corte los tallos con un cuchillo pequeño y haga una incisión en cruz en la base de cada colecita, ésto hará que se cuezan rápida y uniformemente.

Ponga las coles en agua hirviendo con sal y tápelas. Cuézalas 8 minutos o mas, dependiendo del tamaño. Las coles deben quedar suaves, pero todavía firmes. No deben perder textura.

Cuando estén cocidas, ponga la cacerola bajo el chorro del agua fría durante varios minutos. Escúrralas bien.

Caliente la mantequilla en una sartén. Agregue el tocino y las coles; cocine de 3 a 4 minutos a fuego alto.

Rectifique la sazón y sirva.

* Cuando seleccione coles de Bruselas frescas, busque las que tengan un color verde muy vivo y estén firmes. Evite las coles decoloradas o deshojadas. Para facilitar la cocción, escójalas de tamaño uniforme.

1 porción	137 calorías	13 g carbohidratos
10 g proteínas	5 g grasa	5,0 g fibra

Espinacas en salsa blanca

4 porciones

2 a 3	**manojos (*285 g/10 oz*) de espinacas***
2 tazas	**agua fría**
1 c/da	**mantequilla**
1½ tazas	**salsa blanca caliente****
	sal

Llene el fregadero con bastante agua fría y ponga las espinacas. Agítelas para desprender la tierra y la arena de las hojas. Deje ir el agua y llene de nuevo. Repita hasta que estén completamente limpias.

Escurra las espinacas y córteles los tallos.

Vierta el agua fría en una cacerola grande y póngale algo de sal. Tape y deje que empiece a hervir.

Ponga las espinacas, sazone con más sal y tápelas. Cuézalas de 3 a 4 minutos a fuego alto, revolviéndolas una vez mientras las cuece.

Saque las espinacas de la cacerola y escúrralas bien en una coladera. Presiónelas con la parte de atrás de una cuchara para quitarles el exceso de agua.

Derrita la mantequilla en una sartén grande. Agregue las espinacas y cocínelas 1 minuto a fuego medio alto.

Agregue la salsa blanca y cocínelas 3 minutos. Sirva.

* Si puede conseguirlas, utilice espinacas frescas en manojos. Busque las que tengan hojas verde oscuro, muy erguidas.

** Para la receta de salsa blanca, vea la página 324.

1 porción	192 calorías	13 g carbohidratos
8 g proteínas	12 g grasa	5,5 g fibra

Puerros gratinados

½	**limón partido en 2**
4	**puerros**
2 c/das	**mantequilla**
2 c/das	**harina**
2 tazas	**leche caliente**
½ taza	**queso 'gruyère' rallado**
1 c/da	**hojuelas de maíz molidas**
	sal y pimienta blanca
	una pizca de paprika
	una pizca de nuez moscada

Precaliente el horno a 200°C (*400°F*).

Llene una cacerola grande con agua y póngale los trozos de limón. Póngale un poco de sal y deje a fuego fuerte hasta que empiece a hervir.

Entre tanto, prepare los puerros como se indica en la página opuesta.

Ponga los puerros en el agua hirviendo, tape y cuézalos de 25 a 30 minutos a fuego medio. Escúrralos bien y deje aparte.

Derrita la mantequilla en una cacerola. Póngale la harina y revuélvala bien. Dórela 2 minutos a fuego lento.

Viértale la leche e incorpórela mezclando muy bien con una cuchara de madera. Sazone la salsa con sal, pimienta, paprika y nuez moscada. Cocine de 8 a 10 minutos a fuego lento, revolviendo una o dos veces mientras se cuece.

Mezcle la mitad del queso y cocine de 2 a 3 minutos más.

Acomode los puerros en un molde refractario. Viértales la salsa y cubra con el queso restante. Espárzale las hojuelas de maíz y hornee 20 minutos.

Sírvalos con un platillo principal.

1 porción	*233 calorías*	*19 g carbohidratos*
10 g proteínas	*13 g grasa*	*1,1 g fibra*

1. En esta ilustración aparecen las partes de un puerro fresco. Observe que las raíces están intactas y que la base o tallo es blanca y recta. Empiece por enjuagar los puerros en agua fría.

2. Córteles las raíces y tírelas, así como la parte verde del tallo. (Las hojas verdes se pueden utilizar para darle sabor a las sopas).

3. Haga un corte en la parte blanca, teniendo cuidado de cortar sólo hasta aproximadamente 1,2 cm (½ *pulg*) de la base, ya que de otro modo se deshoja. Gire el puerro y haga otro corte igual. Esto le permite lavar bien el puerro, que es el siguiente paso.

4. Una vez que los puerros estén bien limpios, póngalos en el agua hirviendo con unas gotas de limón y cuézalos a fuego medio, tapados, de 25 a 30 minutos.

Brócoli con salsa de queso a la antigua

4 porciones

1 c/da	**vinagre blanco**
1	**cabeza de brócoli* bien lavada y separada desde el tallo en varios pedazos**
2 c/das	**mantequilla**
2 c/das	**harina**
2 tazas	**leche caliente**
½ taza	**queso cheddar semi maduro rallado**
	sal y pimienta
	una pizca de paprika
	una pizca de nuez moscada

Ponga a hervir mucha agua con sal y vinagre en una cacerola grande.

Póngale el brócoli, tape y cueza 5 minutos a fuego alto. El tiempo varía según el tamaño de los tallos. El brócoli cocido debe estar suave, pero todavía crujiente.

Cuando esté cocido, ponga la cacerola al chorro del agua fría para detener el proceso de cocción. Escurra bien y deje aparte.

Derrita la mantequilla a fuego lento en una cacerola pequeña. Agregue la harina y mezcle bien; cocine 2 minutos.

Viértale la leche e incorpórela mezclando con una cuchara de madera. Sazone la salsa con sal, pimienta, paprika y nuez moscada. Cueza de 8 a 10 minutos a fuego lento, revolviendo varias veces durante la cocción.

Agregue el queso y siga cocinando de 2 a 3 minutos a fuego lento.

Coloque el brócoli sobre el platón de servicio, cubra con la salsa de queso y sirva.

* Cuando escoja una cabeza fresca de brócoli, fíjese que los floretes estén apretados y los tallos fuertes con hojas erguidas.

1 porción	262 calorías	20 g carbohidratos
14 g proteínas	14 g grasa	7,3 g fibra

Coliflor salteada

4 porciones

¼ taza	leche
1	cabeza de coliflor
2 c/das	mantequilla
7 a 8	champiñones frescos limpios y en cuartos
1	cebollita de Cambray rebanada
	perejil fresco picado
	cubitos de pan frito
	sal y pimienta

Llene una cacerola grande con agua fría y póngale sal. Agregue la leche y deje que empiece a hervir.

Mientras tanto, corte casi toda la base de la coliflor, quítele las hojas que rodean la cabeza. Con un cuchillo pequeño, haga un corte en la base en forma de cruz.

Ponga la coliflor en el líquido hirviendo y tape; cocine 8 minutos a fuego medio. El tiempo varía según el tamaño de la coliflor.

Cuando esté cocida, ponga la cacerola varios minutos bajo el chorro de agua fría. Escurra bien y deje la coliflor en la tabla de cocina. Quite el resto de la base y sepárela en floretes.

Caliente la mantequilla en una cacerola. Agregue la coliflor y los champiñones; sazone bien. Cocine de 3 a 4 minutos a fuego alto.

Agregue la cebollita de Cambray y el perejil picado; cocine de 3 a 4 minutos más. Sirva con los cubitos de pan frito.

1 porción	143 calorías	15 g carbohidratos
5 g proteínas	7 g grasa	4,0 g fibra

Coliflor dorada

4 porciones

¼ taza	leche
1	cabeza mediana de coliflor
1 c/da	mantequilla derretida
1	cebolla picada
1	tallo de apio finamente picado
1	diente de ajo picado
1 c/dita	perejil fresco picado
2 c/das	curry en polvo
2 tazas	salsa blanca caliente
	sal y pimienta

Llene ¾ de una cacerola grande con agua caliente con sal. Póngala a hervir.

Mientras tanto, prepare la coliflor quitándole la mayor parte de la base y cortando las hojas que rodean la cabeza. Con un cuchillo pequeño, haga una incisión en cruz en la base.

Vierta la leche en el agua hirviendo. Agregue la coliflor cuando empiece a hervir de nuevo; tape y cueza de 10 a 15 minutos, dependiendo del tamaño. Ajuste el tiempo si es necesario.

Cuando esté cocida, escúrrala apartando ½ taza del líquido. Deje la coliflor aparte pero consérvela caliente.

Ponga la mantequilla derretida a fuego medio en una sartén honda. Cuando esté caliente, ponga la cebolla, el apio, el ajo y el perejil y sofría de 3 a 4 minutos.

Sazone y agregue el curry en polvo; revuelva bien y cocine de 6 a 7 minutos a fuego lento.

Viértale la salsa blanca y mezcle muy bien. Agregue el líquido de cocción que apartó y sazone al gusto.

Cueza la salsa a fuego lento por 10 minutos, viértala sobre la coliflor y sírvala inmediatamente.

1 porción	247 calorías	20 g carbohidratos
8 g proteínas	15 g grasa	2,9 g fibra

1. Corte la mayor parte de la base de la coliflor y quítele las hojas duras del exterior. Hágale una incisión en forma de cruz. Esto facilita que se cueza rápida y uniformemente.

2. Cueza la coliflor entera en una cacerola grande que contenga agua hirviendo con sal y leche. La leche ayuda a las verduras a conservar su color.

3. Ponga la mantequilla derretida a fuego medio en una sartén honda. Cuando esté caliente, ponga la cebolla, el apio, el ajo y el perejil y sofría de 3 a 4 minutos.

4. Agregue el curry en polvo, revuelva bien y cocine de 6 a 7 minutos a fuego lento.

Chilacayote al natural

4 porciones

1	**chilacayote**
2 c/das	**mantequilla**
	pimienta recién molida

Precaliente el horno a 180°C (*350°F*).

Parta el chilacayote por la mitad a lo largo. Quítele las semillas y tírelas.

Unte mantequilla en cada mitad y hornéelos en una hoja para galletas durante 1 hora con el lado cortado hacia abajo.

Afloje la pulpa con una cuchara, destacando las fibras del chilacayote y si le agrada, sírvalo con pimienta recién molida y mantequilla.

1 porción	217 calorías	23 g carbohidratos
2 g proteínas	13 g grasa	4,9 g fibra

Calabaza de invierno al horno

4 porciones

1	**calabaza de invierno**
2 c/das	**mantequilla**
1 c/da	**azúcar mascabado**
	sal y pimienta

Precaliente el horno a 200°C (*400°F*).

Parta la calabaza por la mitad a lo largo; quítele las semillas y póngala con el lado cortado hacia arriba en una hoja para hornear galletas. Reparta la mantequilla y el azúcar mascabado en ambas cavidades y sazone bien.

Hornéelas 40 minutos o hasta que estén cocidas.

Calabacitas rellenas

4 porciones

2	**calabacitas grandes**
2 c/das	**mantequilla**
1	**cebolla picada**
250 g	**(½ lb) de champiñones frescos limpios y finamente picados**
2	**dientes de ajo picados**
¼ c/dita	**tomillo**
½ c/dita	**estragón**
2 c/das	**pan molido**
	sal y pimienta
	mantequilla derretida

Precaliente el horno a 200°C (*400°F*).

Corte las calabacitas por la mitad a lo largo. Quíteles la mayor parte de la pulpa para dejar espacio para el relleno.

Ponga las calabacitas en agua hirviendo con sal y blanquéelas de 5 a 6 minutos a fuego medio. Escurra bien y deje aparte.

Caliente 2 cucharadas de mantequilla en una cacerola. Agregue la cebolla, los champiñones, el ajo y los condimentos. Cuézalas de 7 a 8 minutos a fuego medio.

Agregue el pan molido para amalgamar el relleno. Unte la mezcla en las mitades de calabacita y presione las mitades rellenas para formar de nuevo la calabacita entera. Átelas con un cordel de cocina.

Ponga las calabacitas rellenas en un molde refractario y báñelas con la mantequilla derretida. Hornéelas 10 minutos para que acaben de cocerse.

Quíteles el cordel con cuidado y rebane cada una en 6 trozos. Sirva inmediatamente.

1 porción	*209 calorías*	*18 g carbohidratos*
5 g proteínas	*13 g grasa*	*6,0 g fibra*

Zanahorias cremosas al curry

4 porciones

4	**zanahorias grandes peladas y finamente rebanadas**
1 c/da	**mantequilla**
2 c/das	**curry en polvo**
½ taza	**tallos de bambú rebanados**
1 taza	**salsa blanca caliente***
	una pizca de azúcar
	sal y pimienta

Cueza las zanahorias en agua salada con sal hasta que suavicen. Enfríelas al chorro del agua y escúrralas bien.

Caliente la mantequilla a fuego medio en una sartén. Póngale las zanahorias y dórelas ligeramente 2 minutos.

Mézcleles el curry en polvo y cocínelas 2 minutos más.

Agregue los tallos de bambú y el azúcar; cocine a fuego lento de 3 a 4 minutos. Sazone al gusto.

Viértale la salsa blanca, revuelva y deje hervir de 3 a 4 minutos antes de servirla.

Si le agrada, espárzale perejil o cebollines picados.

* Para la receta de salsa blanca, vea la página 324.

Calabaza negra al horno

4 porciones

2	**calabazas negras**
4 c/das	**mantequilla**
1 c/da	**azúcar mascabado**

Precaliente el horno a 180°C (*350°F*).

Acomode las calabazas en un molde para asar y ponga 1 cucharada de mantequilla en cada cavidad. Cubra con papel de aluminio y hornéelas 1 hora.

Saque las calabazas del horno y espolvoréeles azúcar mascabado. Métalas 5 minutos al asador y sírvalas inmediatamente.

1 porción	*120 calorías*	*18 g carbohidratos*
3 g proteínas	*4 g grasa*	*2,5 g fibra*

Verduras en salsa al curry

4 a 6 porciones

2 c/das	aceite de oliva
2	cebollas cortadas en trozos grandes
1	diente de ajo picado
2 c/das	curry en polvo
2	zanahorias peladas y finamente rebanadas en ángulo
1½ tazas	caldo de pollo caliente
1	cabeza de brócoli bien lavada y en floretes
1	pimiento rojo cortado en trozos grandes
1 c/dita	fécula de maíz
2 c/das	agua fría
	sal y pimienta

Caliente el aceite a fuego medio en una sartén grande. Agregue las cebollas y sofríalas 6 minutos.

Agrégueles el ajo y el curry en polvo; mezcle bien. Sofría 4 minutos a fuego lento. Agregue las zanahorias y cocínelas 5 minutos, revolviendo ocasionalmente.

Vierta el caldo de pollo y deje que empiece a hervir. Cocine 4 minutos a fuego medio. Agregue el resto de las verduras y sazónelas bien; cocine 4 minutos a fuego lento.

Revuelva la fécula de maíz con el agua fría; Agregue al caldo hasta que se incorporen bien. Cocine a fuego medio durante 2 minutos y sirva.

'Ratatouille' a la parmesana

4 porciones

4 c/das	aceite de oliva
1	berenjena grande con cáscara y cortada en cubos
1	cebolla finamente picada
2	dientes de ajo picados
1 c/da	perejil fresco picado
½ c/dita	orégano
¼ c/dita	tomillo
½ c/dita	albahaca
¼ c/dita	chiles machacados
1	calabacita partida por la mitad a lo largo y finamente rebanada
4	tomates guajes cortados en cubitos
¼ taza	queso parmesano rallado
	sal y pimienta
	una pizca de paprika

Caliente 3 cucharadas aceite en una sartén grande y honda. Cuando esté muy caliente, póngale la berenjena y sazone bien. Tape y sofría de 15 a 20 minutos a fuego medio revolviendo 2 ó 3 veces.

Agregue la cebolla, los ajos y el perejil; revuelva bien y rectifique la sazón. Tape y cocine de 7 a 8 minutos más.

Agregue los condimentos, la calabacita, los tomates y la cucharada restante de aceite. Revuelva, tape y cocine 35 minutos a fuego medio lento.

Agregue el queso, mezcle y cocine sin tapar por 7 u 8 minutos.

Sírvala con el platillo principal.

1 porción	220 calorías	14 g carbohidratos
5 g proteínas	16 g grasa	5,1 g fibra

1. Caliente 3 cucharadas aceite en una sartén grande y honda. Cuando esté muy caliente, póngale la berenjena y sazone bien. Tape y sofría de 15 a 20 minutos a fuego medio revolviendo 2 ó 3 veces.

2. Agregue la cebolla, los ajos y el perejil; revuelva bien y rectifique la sazón. Tape y cocine de 7 a 8 minutos más.

3. Agregue los condimentos, la calabacita, los tomates y el resto del aceite. Revuelva y cocine 35 minutos.

4. Mézclele el queso y cocine destapado de 7 a 8 minutos.

387

Verduras en su jugo

4 porciones

5 tazas	caldo casero de res
2	papas peladas y cortadas en 2
4	zanahorias peladas y cortadas en 2
½	nabo pelado y cortado en 4
½	cabeza col cortada en 4
3	ramas de apio cortadas en 2
	sal y pimienta
	aceite y vinagre al gusto
	perejil picado al gusto

Ponga a hervir el caldo en una cacerola grande. Agregue todas las verduras y cuézalas a fuego medio; sazone al gusto.

Esté pendiente y saque cada verdura del caldo en cuanto esté cocida, dejándola aparte. No las cueza demasiado.

Cuando todas las verduras estén cocidas, regréselas a la cacerola con el caldo y recaliéntelas 2 minutos.

Sirva las verduras humedeciéndolas con un poco del caldo. Póngales aceite y vinagre al gusto y adórnelas con perejil picado.

1 porción	236 calorías	28 g carbohidratos
4 g proteínas	12 g grasa	4,9 g fibra

Puré de papas y zanahorias

4 porciones

4	**zanahorias cocidas y todavía calientes**
4	**papas cocidas con cáscara, peladas y todavía calientes**
1 c/da	**salsa comercial de menta**
¼ taza	**leche caliente**
1 c/da	**mantequilla**
	sal y pimienta

Pase las verduras cocidas por un molino de alimentos o un prensapapas. Póngalas en un tazón.

Agrégueles la salsa de menta e incorpórela con una cuchara de madera.

Viértales la leche y revuelva bien. Agregue la mantequilla, sazone y mezcle de nuevo.

Sirva.

Rosetones de papa

5	papas peladas y lavadas
3 c/das	mantequilla
2	yemas de huevo
4 c/das	crema espesa
	sal y pimienta
	una pizca de paprika

Cueza las papas en suficiente agua salada hirviendo. Tire el agua y déjelas reposar 5 minutos en la cacerola para que se sequen.

Muela las papas en un molino de alimentos o prensapapas.

Póngales la mantequilla y sazone; mezcle bien con una cuchara de madera.

Incorpore las yemas de huevo; agrégueles la crema. Agregue la paprika y revuelva hasta que se combinen bien.

Precaliente el horno a 200°C (*400°F*).

Ponga las papas molidas en una duya con punta grande de estrella. Forme los rosetones de papa en una hoja para galletas.

Hornéelos de 10 a 12 minutos o hasta que estén ligeramente dorados.

Sírvalos inmediatamente con carne o aves.

1 porción	277 calorías	26 g carbohidratos
5 g proteínas	17 g grasa	3,0 g fibra

1. Muela las papas en un molino de alimentos o prensapapas. Es muy difícil que queden bien molidas si las muele a mano.

2. Después de agregarles la mantequilla, la sal y la pimienta, agrégueles las yemas y siga revolviendo con una cuchara de madera.

3. Agregue la crema y paprika y revuelva hasta que se combinen bien.

4. Forme los rosetones de papa con una duya.

Col horneada con cebollas

4 porciones

1	col cortada en 4
3 c/das	mantequilla
4	cebollas finamente rebanadas
2 tazas	crema agria
¼ taza	pan molido
2 c/das	mantequilla derretida
	sal y pimienta
	una pizca de paprika

Ponga la col lavada en una cacerola con suficiente agua hirviendo con sal. Tape y cueza 18 minutos a fuego medio. Escurra bien y deje aparte.

Precaliente el horno a 180°C (*350°F*).

Caliente 3 cucharadas de mantequilla en una sartén grande y honda. Cuando esté caliente, póngale las cebollas y sazone; sofríalas a fuego lento de 15 a 18 minutos. Mientras se cocinan, revuélvalas varias veces.

Ponga la col en la sartén y agregue la crema agria. Rectifique la sazón y tape. Hornee 30 minutos.

Destape y espárzale el pan molido y la mantequilla derretida. Póngala en el asador y dore 4 minutos.

Para servir, espolvoréele paprika.

1 porción	486 calorías	34 g carbohidratos
11 g proteínas	34 g grasa	6,0 g fibra

Papas salteadas

4 porciones

2 c/das	aceite de oliva
1	cebolla grande finamente rebanada
4	papas grandes cocidas con cáscara
1 c/da	mantequilla
¼ c/dita	ajedrea
	sal y pimienta
	perejil fresco picado

Caliente el aceite a fuego medio en una sartén grande. Póngale la cebolla y tape; sofría 4 minutos.

Pele las papas y rebánelas de 1,2 cm (½ *pulg*) de grueso. Póngalas en la sartén con la mantequilla y la ajedrea; sazone bien.

Cocine las papas a fuego medio alto durante 15 minutos, revolviendo conforme sea necesario.

Espárzale el perejil y sirva.

1 porción	194 calorías	23 g carbohidratos
3 g proteínas	10 g grasa	3,0 g fibra

Estupendas papas al horno

4 porciones

4	papas medianas para hornear lavadas

SUGERENCIAS PARA RELLENARLAS:

crema agria con cebollines

crema agria con pimiento

tiras de tocino con cebollines picados

champiñones salteados y chalotes

mantequilla derretida y tocino frito desmenuzado

queso parmesano y paprika

Precaliente el horno a 200°C (*400°F*).

Pique 2 ó 3 veces la cáscara con un palillo de madera, para que pueda salir el vapor durante la cocción. Envuélvalas en papel de aluminio, píquelas de nuevo y colóquelas en la rejilla del horno. Hornéelas 1 hora, dependiendo del tamaño.

Saque las papas ya cocidas, quíteles el papel de aluminio y córteles una cruz en la parte superior, de 2 cm (*¾ pulg*) de profundidad. Presiónelas de los lados y cubra generosamente con el relleno.

Sírvalas inmediatamente.

1 porción	246 calorías	52 g carbohidratos
5 g proteínas	2 g grasa	3.1 g fibra

1. Lave muy bien las papas. Para que el vapor escape durante la cocción, píquelas 2 ó 3 veces con un palillo de madera.

2. Envuelva las papas en papel de aluminio.

3. Una vez que estén horneadas, corte la parte superior en cruz, aproximadamente a 2 cm (¾ *pulg*) de profundidad.

4. Presione los lados para abrir. Quíteles el aluminio y cubra generosamente con el relleno.

395

Papas a la provenzal

4 porciones

4	**papas grandes cocidas con cáscara y todavía calientes**
4 c/das	**mantequilla**
3 c/das	**queso parmesano rallado**
1 c/dita	**perifollo**
1 c/da	**crema espesa**
	sal y pimienta

Pele las papas y córtelas en cubos. Para molerlas, páselas por el molino de alimentos o el prensapapas.

Agrégueles 3 cucharadas de mantequilla y sazone bien. Mézcleles el queso y el perifollo.

Incorpore la crema y forme las tortitas.

Caliente el resto de la mantequilla en una sartén grande. Dore las tortitas a fuego medio 6 ó 7 minutos por lado. Sazónelas una vez mientras se doran. Cuando el primer lado esté dorado, voltéelas.

Sirva inmediatamente.

1 porción	231 calorías	20 g carbohidratos
4 g proteínas	15 g grasa	2,4 g fibra

Papas a la francesa

4 porciones

4	papas grandes
	sal
	aceite de cacahuate para freír

Precaliente suficiente aceite de cacahuate en la freidora eléctrica a 180°C (*350°F*).

Pele las papas; haga cortes para igualar los extremos y los costados. Corte las papas a lo largo en trozos de 0,65 cm (¼ *pulg*) de grueso. Córtelas luego en barritas uniformes.

Póngalas en un tazón grande bajo el chorro del agua durante 2 minutos. Revuélvalas varias veces para quitarles bien el almidón.

Escúrralas bien y séquelas con una toalla de cocina limpia.

Ponga las barritas de papa en la freidora y fríalas 6 minutos.

Sáquelas de la canasta y déjelas aparte. Caliente el aceite de nuevo a 190°C (*375°F*).

Cuando esté listo, regrese las papas al aceite y siga friéndolas hasta que doren.

Sáquelas de la freidora y escúrralas en toallas de papel. Espárzales sal al gusto y sirva.

1 porción	211 calorías	25 g carbohidratos
3 g proteínas	11 g grasa	3,0 g fibra

Croquetas de papa

4 porciones

4	**papas grandes cocidas con cáscara**
2 c/das	**mantequilla**
1	**yema de huevo**
1	**huevo**
¼ c/dita	**nuez moscada**
½ c/dita	**estragón**
3	**huevos batidos**
1 taza	**pan molido**
	sal y pimienta
	aceite de cacahuate para freír

Pele las papas y córtelas en cubos. Páselas por el molino de alimentos o prensapapas y muélalas.

Póngales la mantequilla y sazónelas bien. Mezcle bien.

Agrégueles la yema y el huevo entero; revuelva bien con una cuchara de madera. Ponga también la nuez moscada y estragón y mezcle de nuevo.

Extienda la mezcla de papa en un plato plano. Cubra con envoltura plástica y refrigere 3 horas.

Precaliente a 190°C (*375°F*) suficiente aceite de cacahuate en la freidora.

Forme las croquetas como rollos cilíndricos. Sumérjalas completamente en huevo batido y cúbralas con pan molido.

Fríalas de 3 a 4 minutos.

1 porción	565 calorías	45 g carbohidratos
13 g proteínas	37 g grasa	3,5 g fibra

COCINA DE AQUÍ Y DE ALLÁ

Deliciosos platillos
de distintas culturas

Ensalada de papa a la pera (*Francia*)

4 porciones

3	**papas grandes cocidas con cáscara y todavía calientes**
8	**rebanadas de salami cortadas en juliana**
2	**chalotes picados**
2 c/das	**perejil fresco picado**
1 c/da	**cebollines frescos picados**
1 c/da	**mostaza de Dijon**
3 c/das	**vinagre de vino**
5 c/das	**aceite de oliva**
3	**endivias con las hojas bien lavadas y cortadas en trozos de 2,5 cm (*1 pulg*)**
½	**pera pelada y rebanada**
1 c/da	**vinagre de vino**
2 c/das	**aceite de oliva**
	sal y pimienta
	jugo de limón
	hojas de lechuga orejona

Corte las papas peladas en trozos grandes y póngalas en un tazón. Agrégueles el salami, los chalotes, el perejil y los cebollines; sazone bien.

Ponga la mostaza en un tazón más pequeño y sazónela bien. Viértale 3 cucharadas de vinagre y 5 cucharadas de aceite; bata hasta que esté uniforme. Agregue jugo de limón al gusto, revuelva y rectifique la sazón.

Vierta el aderezo sobre las papas en el tazón y mezcle para que se cubran bien. Ponga en una ensaladera y deje aparte.

Ponga las endivias y las peras rebanadas en un tazón. Sazónelas y exprímales un poco de jugo de limón. Viértales el vinagre y el aceite restantes; revuelva bien.

Sirva la mezcla de endivias con las papas y adorne la ensaladera con hojas de lechuga.

1 porción	429 calorías	25 g carbohidratos
8 g proteínas	33 g grasa	3,3 g fibra

Ensalada de tomate con queso 'feta' (*Grecia*)   *4 porciones*

2	tomates grandes maduros
125 g	(¼ *lb*) de queso 'feta' (de cabra) rebanado
¼ taza	queso de cabra picado
1	ramita de alheña picada
3 c/das	vinagre de vino
5 c/das	aceite de oliva
	hojas de lechuga orejona lavadas y secas
	sal y pimienta
	jugo de ¼ limón

Quítele el corazón a los tomates, córtelos por la mitad y rebánelos. Acomode las hojas de lechuga en un platón y alterne el tomate con las rebanadas de queso 'feta'. Deje aparte.

Ponga el queso picado en un tazón y espárzale la pimienta. Agregue la ramita de alheña y el vinagre; revuelva bien.

Agregue el aceite y el jugo de limón; mezcle perfectamente con un batidor. Rectifique la sazón.

Vierta el aderezo sobre el platón y sirva.

1 porción	294 calorías	8 g carbohidratos
7 g proteínas	26 g grasa	2,0 g fibra

401

Ensalada italiana (*Italia*)

4 porciones

2	**tomates sin corazón, cortados en mitades y rebanados**
20	**aceitunas negras sin semilla**
6	**aceitunas verdes rellenas**
1	**pimiento amarillo finamente rebanado**
1	**lechuga orejona bien lavada y seca, cortada en trozos para bocado**
½	**cabeza de brócoli cocido y en floretes**
125 g	**(¼ lb) de ejotes verdes cocidos**
2 c/das	**queso parmesano rallado**
1 c/da	**mostaza de Dijon**
3 c/das	**vinagre de vino**
7 c/das	**aceite de oliva**
1 c/da	**perejil fresco picado**
½ c/dita	**albahaca fresca picada**
4	**huevos cocidos y picados**
	unas gotas de jugo de limón
	sal y pimienta

Ponga los tomates en una ensaladera grande con ambas clases de aceitunas, el pimiento amarillo, la lechuga, el brócoli y los ejotes. Deje aparte.

Ponga el queso parmesano y la mostaza en un tazón pequeño. Agréguele el vinagre y revuelva.

Incorpore el aceite en un hilo delgado, mientras revuelve sin cesar. Espárzale el perejil y la albahaca, mezclando muy bien. Agregue el jugo de limón y sazone.

Agregue los huevos picados y vierta el aderezo sobre la ensalada. Mezcle hasta que todo se cubra bien y sírvala. Adorne cada porción con rebanadas de huevo cocido.

1 porción	493 calorías	11 g carbohidratos
11 g proteínas	45 g grasa	7,8 g fibra

1. Ponga el queso parmesano y la mostaza en un tazón pequeño.

2. Agréguele el vinagre y revuelva.

3. Incorpore el aceite en un hilo delgado batiendo sin cesar. Espárzale el perejil y la albahaca. Revuelva muy bien. Agregue el jugo de limón y sazone.

4. Mézclele los huevos picados y vierta sobre la ensalada.

Ensalada fría con carnero (*Grecia*)

4 porciones

2 tazas	carne de carnero cocida y rebanada
½	pimiento amarillo finamente rebanado
½	pimiento rojo finamente rebanado
½	pimiento verde finamente rebanado
½ taza	aceitunas negras sin semilla
½	cabeza de brócoli en floretes blanqueados
6	hojas frescas de menta picadas
1	papa grande cocida con cáscara, pelada y rebanada
2 c/das	vinagre de vino rojo
3 c/das	aceite de oliva
½ taza	queso 'feta' (de cabra) picado
	sal y pimienta
	unas gotas de jugo de limón

Ponga la carne de carnero en un tazón con los pimientos y las aceitunas; revuelva y sazone bien. Agregue el brócoli, la menta y las papas; revuelva de nuevo.

Póngale la pimienta y rocíelo con vinagre y aceite. Póngale el queso, mezcle de nuevo y rectifique la sazón.

Rocíele jugo de limón y sírvalo en una ensaladera, adornando con hojas de lechuga y más rebanadas de queso.

1 porción	407 calorías	14 g carbohidratos
27 g proteínas	27 g grasa	6,3 g fibra

Puré de berenjenas sobre pan (*Grecia*)   *4 a 6 porciones*

2	**berenjenas grandes**
1 c/da	**orégano fresco picado**
3	**dientes de ajo blanqueados y machacados**
4 a 5 c/das	**aceite de oliva**
	sal y pimienta
	galletas de sal y rodajas de pan tostado

Precaliente el horno a 220°C (*425°F*).

Haga 3 ó 4 incisiones no muy profundas en la piel de las berenjenas. Póngalas enteras en un molde para asar y déjelas 45 minutos en el horno.

Sáquelas del horno, pélelas y pique la pulpa. Póngala en un tazón.

Agregue el orégano y el ajo; revuelva bien y sazone. Incorpore el aceite mientras bate sin cesar.

Sirva la pasta sobre las galletas y el pan tostado.

1 porción	*190 calorías*	*21 g carbohidratos*
4 g proteínas	*10 g grasa*	*2,7 g fibra*

'Croque-monsieur' con huevo (*Francia*)   *4 porciones*

1 c/da	aceite de oliva
½	cebolla picada
1	diente de ajo picado
2 tazas	col agria bien enjuagada
8	rebanadas gruesas de barra de pan
12	rebanadas de jamón Selva Negra
1½ tazas	queso suizo rallado
¼ taza	agua
4	huevos batidos
2 c/das	mantequilla
	mantequilla adicional
	pimienta

Caliente el aceite en una sartén. Agregue la cebolla y el ajo. sofría de 5 a 6 minutos a fuego medio bajo.

Agregue la col agria, revuelva y tape; cocine de 15 a 20 minutos, revolviendo ocasionalmente.

Mientras tanto, unte con mantequilla las rebanadas de pan. Prepare 4 sándwiches, cada uno con 3 rebanadas de jamón y queso rallado.

Mezcle el agua con los huevos batidos y póngales suficiente pimienta.

Caliente la mantequilla en una sartén grande. Sumerja los sándwiches de uno en uno en la mezcla de huevo batido para que se cubran bien y póngalos en la mantequilla caliente.

Dórelos a fuego medio 3 minutos por cada lado. El queso debe derretirse o quedar suave.

Corte los sándwiches por la mitad y sírvalos con la col.

1 porción	578 calorías	33 g carbohidratos
35 g proteínas	34 g grasa	2,8 g fibra

Dip de aguacate con frijoles refritos (*México*)   *4 porciones*

1	pepino pelado sin semillas y cortado en trocitos
1	tomate grande pelado, sin semillas y cortado en cubitos
2	cebollitas de Cambray picadas
½ taza	frijoles refritos enlatados
¼ taza	caldo de pollo
½ c/dita	sazonador Maggi
1 c/da	chile Jalapeño sin semillas y picado
1	aguacate maduro pelado y en puré
1 c/dita	aceite de oliva
	sal y pimienta
	jugo de 1 limón
	hojas de lechuga

Ponga el pepino, el tomate y las cebollitas de Cambray en un tazón; sazone bien y deje aparte.

En una cacerola pequeña, caliente los frijoles refritos y el caldo de pollo. Agregue a las verduras en el tazón y mezcle bien.

Agregue el sazonador Maggi, el chile jalapeño el aguacate y el jugo de limón; mezcle hasta que se incorporen bien.

Rocíelo con el aceite de oliva y refrigere 20 minutos.

Sirva sobre lechuga y acompañe con nachos o galletas.

1 porción	*118 calorías*	*14 g carbohidratos*
2 g proteínas	*6 g grasa*	*3,6 g fibra*

Sopa de aguacate (*México*)

4 porciones

1	**aguacate maduro**
½ taza	**crema batida**
2 tazas	**caldo de pollo**
½ c/dita	**sazonador Maggi**
	jugo de ½ limón
	sal y pimienta
	crema agria
	cebollines frescos picados
	paprika

Pele el aguacate y corte la pulpa en trozos pequeños. Muélalo en el procesador de alimentos.

Pase el aguacate a un tazón y agréguele la crema batida. Viértale el caldo de pollo mientras lo revuelve.

Rocíele jugo de limón y el sazonador Maggi; salpimiente al gusto.

Refrigere la sopa 1 hora.

Para servirla, adorne cada plato con un poco de crema agria y espárzale cebollines y paprika.

1 porción	*153 calorías*	*7 g carbohidratos*
2 g proteínas	*13 g grasa*	*1,2 g fibra*

Berenjena con habas (*México*)

4 porciones

1	**berenjena con la cáscara perforada**
1 c/da	**aceite**
1	**cebolla picada**
2 c/das	**chile jalapeño rebanado**
1	**diente de ajo picado**
1	**tomate pelado y picado**
400 g	**habas cocidas y escurridas**
	sal y pimienta

Precaliente el horno a 200°C (*400°F*).

Ponga la berenjena entera con la cáscara perforada en un molde para asar. Hornéela 45 minutos.

Sáquela del horno y córtela en cuadritos. Caliente el aceite a fuego alto en una sartén grande. Póngale la berenjena, la cebolla, el chile jalapeño y el ajo y sofríalos de 3 a 4 minutos.

Revuelva bien y agregue los tomates; sazone. Cocine de 4 a 5 minutos más.

Agregue las habas, revuelva bien y rectifique la sazón. Hornee de 3 a 4 minutos y sirva.

1 porción	*144 calorías*	*22 g carbohidratos*
5 g proteínas	*4 g grasa*	*4,5 g fibra*

Camarones en salsa picante (*México*)

4 porciones

750 g	(*1½ lb*) de camarones gigantes
1 c/da	aceite
1	pimiento rojo cortado en tiras grandes
2	cebollitas de Cambray rebanadas
1 c/dita	chile jalapeño picado
1 taza	salsa mexicana picante
½ taza	frijoles refritos enlatados
½ taza	caldo de pollo caliente
	sal y pimienta

Pele los camarones, lávelos y desvénelos.

Caliente el aceite a fuego medio en una sartén grande. Póngale los camarones y sofríalos 2 minutos.

Agregue el pimiento rojo, las cebollitas de Cambray y el chile jalapeño; cocine de 2 a 3 minutos más; rectifique la sazón.

Saque los camarones y deje aparte.

Ponga en la sartén la salsa picante y los frijoles refritos. Mezcle bien y viértales el caldo de pollo. Cocine de 4 a 5 minutos.

Regrese los camarones a la sartén y caliéntelos 1 minuto a fuego lento.

1 porción	198 calorías	13 g carbohidratos
23 g proteínas	6 g grasa	1,6 g fibra

1. Ponga los camarones en la sartén con aceite caliente y sofríalos 2 minutos a fuego medio alto.

2. Agregue el pimiento rojo, las cebollitas de Cambray y el chile jalapeño picado; cocine de 2 a 3 minutos más. Rectifique la sazón.

3. Saque los camarones; agrégueles la salsa picante a las verduras.

4. Agregue los frijoles refritos y vierta el caldo de pollo. Cocine de 4 a 5 minutos.

Picadillo (*México*)

4 porciones

1 c/da	aceite
250 g	(*½ lb*) de carne magra de res molida
1	cebolla pequeña picada
1	cebollita de Cambray picada
2	dientes de ajo picados
½ taza	aceitunas verdes rellenas picadas
1	chile verde pequeño marinado, sin semillas y picado
1 c/da	cebollines frescos picados
2 c/das	frijoles refritos enlatados
½ taza	salsa mexicana picante
½ taza	salsa taquera
4	tortillas tostadas
1 taza	queso cheddar rallado
	sal y pimienta

Caliente el aceite a fuego alto en una sartén grande. Póngale la carne y sazónela; sofríala de 3 a 4 minutos, revolviendo varias veces.

Agregue ambas clases de cebollas, los ajos, las aceitunas, el chile verde y los cebollines; revuelva bien. Rectifique la sazón y cocine de 3 a 4 minutos más.

Mézclele los frijoles refritos y cocine 2 minutos más.

Incorpore las salsas picante y taquera; deje hervir 5 minutos a fuego lento.

Acomode las tortillas tostadas en un platón refractario grande. Vierta la mezcla de carne sobre cada una y cúbralas con queso.

Métalas al asador hasta que el queso se derrita.

1 porción	434 calorías	25 g carbohidratos
25 g proteínas	26 g grasa	3,7 g fibra

Tacos de pollo con pimientos *(México)*

4 porciones

1 c/da	aceite
½	**pimiento verde cortado en juliana**
½	**pimiento rojo cortado en juliana**
½	**cebolla rebanada**
2	**cebollitas de Cambray picadas**
½	**calabacita cortada en juliana**
2	**pechugas de pollo sin piel, deshuesadas y cortadas en tiras**
3 c/das	**frijoles refritos enlatados**
¼ taza	**caldo de pollo**
2 c/das	**salsa taquera**
4	**tostadas para tacos**
	sal y pimienta

Caliente el aceite a fuego alto en una sartén grande. Póngale los pimientos, ambas clases de cebollas y las calabacitas; mezcle bien y sazone. Cocine 4 minutos a fuego medio alto.

Agregue las tiras de pollo, sazónelas y sofría de 7 a 8 minutos. Revuelva 1 vez.

Agréguele los frijoles refritos, el caldo de pollo y la salsa taquera; rectifique la sazón. Cocine 2 minutos más; llene las tostadas. Sirva inmediatamente.

1 porción	268 calorías	19 g carbohidratos
30 g proteínas	8 g grasa	2,1 g fibra

413

Burritos de pollo (*México*)

4 porciones

1 c/da	aceite
2	pechugas de pollo sin piel, deshuesadas y cortadas en tiras delgadas
1	pimiento amarillo cortado en juliana
½ taza	aceitunas rellenas finamente picadas
1	tomate grande pelado, sin semillas y picado
1	chile verde marinado picado
¾ taza	salsa taquera
½ taza	frijoles refritos enlatados
4	tortillas suaves
	paprika
	sal y pimienta

Caliente el aceite a fuego medio alto en una sartén grande. Póngale las tiras de pollo y sofría a fuego alto de 2 a 3 minutos.

Agregue el pimiento amarillo y las aceitunas; sazone con paprika. Sofría de 3 a 4 minutos más.

Sazone bien y agregue el tomate y el chile verde marinado; revuelva bien.

Agregue la salsa taquera y los frijoles refritos, revuelva y rectifique la sazón. Cocine de 3 a 4 minutos a fuego lento. Sírvalo en tortillas.

1 porción	329 calorías	22 g carbohidratos
31 g proteínas	13 g grasa	4,3 g fibra

_1._ Sofría las tiras de pollo en aceite caliente a fuego alto durante 2 ó 3 minutos. Agregue el pimiento amarillo y las aceitunas; sazone con paprika. Sofría de 3 a 4 minutos.

_2._ Sazone bien y agregue el tomate y el chile marinado picado; revuelva bien.

_3._ Agregue la salsa taquera y mezcle.

_4._ Agregue los frijoles refritos, rectifique la sazón y cocine de 3 a 4 minutos a fuego lento.

415

Arroz verde (*México*)

4 porciones

1 c/da	aceite
3	cebollitas de Cambray rebanadas
1	pimiento verde grande picado
1 c/da	chile jalapeño picado
2	dientes de ajo picados
½ taza	aceitunas sin semilla y picadas
2 tazas	arroz blanco cocinado y caliente
1 c/da	aceite de oliva
1 c/da	perejil fresco picado
	sal y pimienta

Caliente el aceite en una cacerola a fuego medio. Agregue las cebollitas de Cambray, el pimiento verde, el jalapeño, los ajos y las aceitunas; sazone bien. Cocine de 4 a 5 minutos.

Pase el contenido al procesador de alimentos; muela hasta que se incorporen bien.

Mezcle el puré verde con el arroz caliente; sazone con aceite de oliva y el perejil. Rectifique la sazón, mezcle de nuevo y sirva.

1 porción	238 calorías	29 g carbohidratos
3 g proteínas	12 g grasa	3,4 g fibra

Cerdo con verduras (*Oriente*)

4 porciones

1 c/da	aceite
2	chuletas de cerdo sin grasa, abiertas por la mitad y cortadas en tiras
1 c/da	jengibre fresco picado
2	dientes de ajo picados
2 c/das	salsa de soya
1	pimiento rojo finamente rebanado
1½	pimientos amarillos finamente rebanados
1	calabacita finamente rebanada
1 taza	uvas verdes sin semillas
1 taza	caldo de pollo caliente
4 c/das	salsa china de frijoles
1 c/da	fécula de maíz
3 c/das	agua fría
	pimienta

Caliente el aceite a fuego alto en un 'wok' o sartén. Cuando esté caliente, póngale el cerdo, el jengibre y los ajos; sofría 2 minutos a fuego medio.

Voltee la carne; sazone con pimienta y sofría 1 minuto más.

Agregue la salsa de soya y cocine 1 minuto más. Saque la carne del 'wok' y deje aparte.

Ponga las verduras y las uvas en el 'wok'. Saltee 4 minutos a fuego medio alto.

Vierta el caldo de pollo y la salsa china de frijoles; revuelva bien. Ponga a hervir y cocine 1 minuto.

Mezcle la fécula de maíz con el agua fría; agréguela a la salsa hasta que se incorpore bien. Cocine 2 minutos.

Caliente el cerdo en la mezcla por algunos segundos y sirva inmediatamente con arroz.

1 porción	378 calorías	18 g carbohidratos
36 g proteínas	18 g grasa	2,2 g fibra

Verduras al vapor (*Oriente*)

4 porciones

20	**vainas de chícharo peladas**
½	**pimiento rojo cortado en tiras**
½	**calabacita cortada en mitades a lo largo y rebanada**
1	**tallo de apio rebanado**
½	**cabeza de brócoli en floretes**
125 g	**(¼ lb) de ejotes verdes pelados**
	sal y pimienta

Ponga la vaporera de bambú en un 'wok' con suficiente agua para toque el fondo de la cesta.

Agregue las verduras, colocando los trozos más grandes en el fondo; sazónelos bien. Cubra la cesta y cueza a vapor.

Cuando las verduras estén suaves (crujientes y no demasiado cocidas), sáquelas de la canasta y sírvalas.

1 porción   *44 calorías*   *8 g carbohidratos*
3 g proteínas   *0 g grasa*   *4,4 g fibra*

1. Una buena inversión para su cocina es una auténtica vaporera de bambú y un 'wok' de acero inoxidable. Con ellos podrá preparar una amplia variedad de platillos orientales.

2. El principio de cocer verduras al vapor es aplicable a todas las verduras. Empiece por colocar la vaporera en el 'wok' y viértale suficiente agua para que toque el fondo de la cesta. Agregue las verduras que le agraden, tape la vaporera y cueza al vapor.

3. Coloque los trozos más grandes de verduras en el fondo de la cesta, poniendo encima las tiras más delgadas. Antes de taparlas, sazone bien.

4. Cuando las verduras estén suaves pero todavía crujientes, sáquelas y sírvalas.

Cerdo estilo Szechuan (*Oriente*)

4 porciones

2	**chuletas de cerdo sin grasa, abiertas por la mitad y cortadas en tiras**
1 c/da	**jengibre fresco picado**
2	**dientes de ajo picados**
3	**chiles encurtidos finamente picados**
1 c/dita	**aceite de ajonjolí**
1 c/dita	**salsa de soya**
1½ tazas	**caldo de pollo caliente**
2 c/das	**salsa china de frijoles**
1 c/da	**salsa de ciruela**
½ c/dita	**fécula de maíz**
1 c/da	**agua fría**
1 c/da	**aceite**
	pimienta

Ponga en un tazón las tiras de cerdo y sazónelas con pimienta. Agregue el jengibre, la mitad del ajo y la mitad de los chiles. Espárzales el aceite de ajonjolí y la salsa de soya; revuelva bien. Viértale ½ taza de caldo de pollo y deje macerar 15 minutos.

Mientras tanto, vierta las salsas de frijoles y de ciruela en una cacerola pequeña. Agregue el caldo de pollo restante y revuelva bien. Agregue el resto de chiles y el ajo; ponga a hervir a fuego alto. En cuanto empiece a hervir, baje el fuego y cocine de 8 a 10 minutos.

Escurra el cerdo y guarde ¼ taza del líquido; déjelos aparte.

Revuelva la fécula de maíz con el agua fría e incorpórela a la mezcla en la cacerola. Vierta la salmuera de la carne que apartó y cocine de 1 a 2 minutos a fuego lento.

Caliente el aceite a fuego alto en una sartén. Póngale la carne y fríala 3 minutos. Voltee las tiras, sazónelas con pimienta y fríalas otros 2 minutos.

Sirva inmediatamente con la salsa a un lado y acompañe con tajadas de melón.

1 porción	335 calorías	7 g carbohidratos
34 g proteínas	19 g grasa	0,9 g fibra

Arroz con verduras (*Oriente*)

4 porciones

2 c/das	aceite
1	tallo de apio cortado diagonalmente
½	cebolla picada
½	calabacita cortada en tiras
6	champiñones frescos limpios y picados
½	pimiento rojo picado
20	vainitas de chícharo peladas
1 c/da	jengibre fresco picado
1 c/da	salsa de soya
2 tazas	arroz blanco cocido
	sal y pimienta
	unas gotas de aceite de ajonjolí

Caliente el aceite en una sartén grande. Póngale el apio, la cebolla y la calabacita; sofría a fuego alto por 3 ó 4 minutos.

Agregue los champiñones, el pimiento rojo y las vainitas de chícharo; sazone y rocíelos con aceite de ajonjolí. Agregue el jengibre y mezcle bien; cocine de 3 a 4 minutos.

Espárzale la salsa de soya y cocine 1 minuto más.

Mézclele el arroz y cocine de 3 a 4 minutos. Sirva.

1 porción	216 calorías	31 g carbohidratos
5 g proteínas	8 g grasa	5,2 g fibra

Carne con sake y teriyaki (*Oriente*)

4 porciones

625 g	(*1¼ lb*) de lomo de res rebanado en tiras finas
2 c/das	salsa soya
1 c/da	salsa teriyaki
3 c/das	sake*
3	dientes de ajo picados
1 c/da	azúcar mascabado
2 c/das	aceite de cacahuate
	jugo de ½ limón
	pimienta

Acomode en un molde refractario las rebanadas de carne. Rocíelas con las salsas soya y teriyaki, el sake y el jugo de limón. Extienda el ajo sobre la carne y ponga suficiente pimienta: no le ponga sal.

Espolvoree la carne con azúcar mascabado, tápela y refrigérela 4 horas

Caliente el aceite de cacahuate a fuego alto en una sartén grande. Agréguele la carne y dórela 1 minuto; voltéela y dórela otro minuto.

Sírvala con arroz.

* Licor japonés hecho de arroz fermentado.

1 porción	298 calorías	7 g carbohidratos
36 g proteínas	14 g grasa	0 g fibra

Lomo de res a la naranja (*Oriente*)

4 porciones

625 g	(*1¼ lb*) de lomo de res cortado en tiras
2	chiles encurtidos y picados
1 c/da	salsa de soya
1 c/dita	aceite de ajonjolí
2 c/ditas	fécula de maíz
2 c/das	aceite
½	cebolla rebanada
1	tallo de apio rebanado diagonalmente
1	pimiento amarillo finamente rebanado
4	castañas de agua rebanadas
2 c/das	vinagre blanco
2 c/das	azúcar mascabado
1 taza	jugo de naranja
1 c/da	agua fría
	sal y pimienta

Ponga la carne en un tazón con los chiles; rocíele la salsa de soya y el aceite de ajonjolí. Revuelva bien. Agregue 1 cucharadita de fécula de maíz y revuelva; deje macerar 15 minutos.

Caliente 1 cucharada de aceite a fuego alto en una sartén grande. Póngale la carne y dórela 1 minuto. Voltee las tiras, sazone y dore 1 minuto más. Saque la carne de la sartén y deje aparte.

Ponga la cebolla y el apio en la sartén y rocíele el aceite restante. Cocine de 8 a 10 minutos a fuego alto.

Agregue el pimiento amarillo y las castañas de agua; sazone y cocine 4 minutos a fuego medio alto.

Mézclele el vinagre y el azúcar mascabado; cocine de 3 a 4 minutos a fuego alto. Agregue el jugo de naranja, mezcle bien y ponga a hervir.

Mezcle la fécula de maíz restante con agua fría; incorpórela a la salsa y sazone. Cocine 2 minutos a fuego lento.

Ponga la carne con su jugo en la salsa; caliente 2 minutos y sirva. Adorne con rebanadas de naranja.

1 porción	*367 calorías*	*21 g carbohidratos*
37 g proteínas	*15 g grasa*	*1,4 g fibra*

Albóndigas con semillas de ajonjolí (*Oriente*)   *4 porciones*

375 g	**(¾ lb) de carne magra de res molida**
2 c/das	**azúcar mascabado**
1	**diente de ajo picado**
1 c/da	**jengibre fresco picado**
2 c/das	**semillas de ajonjolí**
1	**huevo**
1 c/da	**salsa de soya**
1 c/da	**aceite**
	unas gotas de aceite de ajonjolí
	pimienta
	salsa china de frijoles

Ponga la carne en el tazón del procesador de alimentos junto con el azúcar mascabado, el ajo, el jengibre, 1 cucharada de semillas de ajonjolí, el huevo, la salsa de soya y el aceite de ajonjolí; póngale suficiente pimienta y muela hasta que se incorpore todo bien.

Saque la mezcla y forme albóndigas pequeñas.

Caliente el aceite a fuego alto en una sartén grande. Ponga las albóndigas y fríalas 4 minutos a fuego medio. Voltéelas, póngales suficiente pimienta y fríalas otros 4 minutos o hasta que estén cocidas.

Espárzales el resto de semillas de ajonjolí y cocine 1 minuto más.

Sírvalas acompañadas de frutas frescas y salsa china de frijoles.

1 porción	*264 calorías*	*8 g carbohidratos*
22 g proteínas	*16 g grasa*	*0,1 g fibra*

Filete a la coreana (*Oriente*)

4 porciones

750 g	(*1½ lb*) de lomo de res cortado en rebanadas delgadas perpendicularmente a la fibra
4 c/das	salsa de soya
2 c/das	azúcar mascabado
2	dientes de ajo picados
2 c/das	aceite de cacahuate
	unas gotas de aceite de ajonjolí
	jugo de ½ limón
	semillas de ajonjolí

Ponga la carne en un tazón y espárzale la salsa de soya y el aceite de ajonjolí. Agréguele el azúcar mascabado, el jugo de limón y el ajo; revuelva bien. Refrigere 3 horas, tapado.

Caliente el aceite de cacahuate a fuego alto en un 'wok'. Agregue la carne y dórela 1 minuto de cada lado o ajuste el tiempo al grueso de la carne.

Saque la carne del 'wok' y póngala en el platón; espolvoréele rápidamente las semillas de ajonjolí. Sirva inmediatamente.

Lomo de cerdo a la parrilla (*Oriente*)

2 porciones

1	lomo de cerdo sin grasa
2 c/das	aceite de oliva
2	dientes de ajo picados
1 c/da	alheña fresca picada
1 c/dita	mejorana fresca picada
1 c/dita	romero fresco picado
1	calabacita cortada en 3 a lo largo y en 3 trozos a lo ancho
1 c/da	mostaza de Dijon
	sal y pimienta

Abra el lomo a lo largo, estilo mariposa. Mezcle el aceite de oliva con el ajo y úntelo en la carne.

Extienda los condimentos frescos sobre el interior de la carne y unte de nuevo con la mezcla de aceite. Cierre la carne y unte el exterior con aceite. Deje aparte.

Unte los trozos de calabacita con aceite.

Precaliente la parrilla del asador a temperatura alta. Ase las calabacitas de 3 a 4 minutos por cada lado.

Abra otra vez el lomo y póngalo sobre la parrilla caliente. Ase de 4 a 5 minutos.

Voltee la carne, sazónela y unte con mostaza. Ásela de 4 a 5 minutos.

Voltéela una vez más y ásela de 4 a 5 minutos según el tamaño.

Sirva con las calabacitas.

1 porción	*668 calorías*	*7 g carbohidratos*
61 g proteínas	*44 g grasa*	*2,5 g fibra*

Espaguetis estilo primavera (*Italia*)

4 porciones

2 c/das	aceite de oliva
½	cabeza brócoli bien limpia y en floretes
½	pimiento verde finamente rebanado
½	pimiento rojo finamente rebanado
1	calabacita partida por la mitad a lo largo y rebanada
1	tallo de apio rebanado
20	vainitas de chícharo
1	diente de ajo picado
4	porciones de espaguetis cocidos y calientes
4 c/das	queso parmesano rallado
	sal y pimienta

Caliente el aceite a fuego medio en una sartén grande. Agregue el brócoli, los pimientos, la calabacita, el apio y las vainitas de chícharo; mezcle bien. Póngale el ajo y sazone bien. Tape y sofría de 4 a 5 minutos.

Agregue el espagueti, rectifique la sazón y cocine tapado, 2 minutos.

Espolvoréele el queso; tape y cocine 1 minuto. Sirva inmediatamente.

1 porción	*358 calorías*	*54 g carbohidratos*
13 g proteínas	*10 g grasa*	*8,5 g fibra*

Hígado de ternera a la lionesa (*Francia*)

4 porciones

2 c/das	mantequilla
2	cebollas moradas finamente rebanadas
1	diente de ajo picado
4	rebanadas grandes de hígado
	sal y pimienta
	harina sazonada
	jugo de ½ limón

Derrita la mitad de la mantequilla en una sartén a fuego medio. Póngale las cebollas y el ajo; sazone. Sofría de 10 a 15 minutos.

Mientras tanto, quítele la grasa al hígado. Enharínelo.

Caliente el resto de la mantequilla a fuego medio en una sartén. Póngale las rebanadas de hígado y fríalas 2½ minutos a fuego medio lento.

Voltee las rebanadas, sazónelas y fríalas de 2 a 3 minutos más, o ajuste el tiempo según las prefiera.

Desprenda las cebollas de la sartén poniendo el jugo de limón y cocinándolas 1 minuto a fuego alto.

Sirva el hígado con las cebollas.

1 porción	316 calorías	18 g carbohidratos
34 g proteínas	12 g grasa	1,4 g fibra

Fantasía de hongos silvestres *(Francia)*   *4 porciones*

2 c/das	**mantequilla**
2	**chalotes picados**
900 g	**(*2 lb*) de champiñones blancos limpios y cortados en cuartos**
2 tazas	**champiñones silvestres comestibles limpios**
1 c/da	**perejil fresco picado**
1 c/da	**cebollines frescos picados**
3 c/das	**vino blanco seco**
1½ c/das	**harina**
1½ tazas	**leche caliente**
	sal y pimienta
	paprika
	barra de pan tostado

Derrita la mantequilla a fuego medio alto en una sartén grande. Agregue los chalotes y los champiñones blancos; sofría de 5 a 6 minutos.

Agregue los champiñones silvestres, el perejil y los cebollines; sazone. Saltéelos de 2 a 3 minutos.

Agregue el vino y cocine 3 minutos más. Incorpore la harina y cocine 1 minuto.

Mezcle la leche caliente y cocine a fuego medio por 3 ó 4 minutos.

Espolvoréeles paprika y sírvalos sobre pan tostado.

1 porción	*282 calorías*	*36 g carbohidratos*
12 g proteínas	*10 g grasa*	*7,5 g fibra*

Filetes de lomo 'mama mia' (*Italia*)

2 porciones

3 c/das	aceite de oliva
1	berenjena pequeña cortada en cubitos y sin pelar
1	pimiento verde finamente rebanado
1	chile finamente rebanado
½	pimiento amarillo finamente rebanado
1	tomate grande sin corazón y cortado en cubitos
1 c/da	orégano fresco picado
1 c/dita	tomillo fresco picado
2	dientes de ajo picados
2	tiras de lomo de res de (*225 g*) cada uno
	sal y pimienta

En una sartén grande, caliente 2 cucharadas de aceite a fuego alto. Agregue la berenjena, tape y cocine 10 minutos a fuego medio.

Mézclele los pimientos, el tomate, el orégano, el tomillo y la mitad del ajo; sazone bien. Cocine parcialmente tapado por 6 ó 7 minutos.

Mientras tanto, mezcle el aceite restante con lo que queda de ajo; úntelo sobre la carne.

Precaliente la parrilla a temperatura alta.

Ase la carne 3 minutos por cada lado; ajuste el tiempo según el grueso. Sirva con verduras.

1 porción	639 calorías	14 g carbohidratos
58 g proteínas	39 g grasa	4,3 g fibra

'Ossobuco' (*Italia*)

4 porciones

8	brazuelos de ternera de 4 cm (*1½ pulg*) de grueso
1½ c/das	aceite
1	cebolla picada
3	dientes de ajo picados
1 taza	vino blanco seco
800 g	(*28 oz*) de tomates enlatados escurridos y picados
2 c/das	pasta de tomate
½ taza	salsa oscura de res caliente
½ c/dita	orégano
¼ c/dita	tomillo
1	hoja de laurel picada
	harina sazonada
	sal y pimienta
	una pizca de azúcar

Precaliente el horno a 180°C (*350°F*). Enharine la carne.

Caliente el aceite en una cacerola que pueda ir al horno. Dore la ternera (en dos tantos) de 3 a 4 minutos por cada lado, a fuego medio alto. Sazone bien al voltear.

Deje la carne aparte. Ponga la cebolla y el ajo en la cacerola; mezcle y sofría a fuego medio por 3 ó 4 minutos.

Viértale el vino y cocine 4 minutos a fuego alto.

Mézclele los tomates, la pasta de tomate y la salsa oscura. Agregue los condimentos y el azúcar; rectifique la sazón. Ponga a hervir.

Regrese la ternera a la cacerola. Tape y hornéela 2 horas.

Cuando esté cocida, sáquela de la cacerola y deje aparte. Cocine la salsa a fuego alto de 3 a 4 minutos.

Rectifique la sazón y viértala sobre la ternera.

1 porción	*499 calorías*	*25 g carbohidratos*
48 g proteínas	*23 g grasa*	*2,8 g fibra*

Ternera 'alla vista' (*Italia*)

4 porciones

2 c/das	**mantequilla derretida**
2	**rebanadas de espaldilla de ternera de 2,5 cm (*1 pulg*) de grueso, cortadas en trozos**
1	**cebolla finamente picada**
1	**pimiento verde cortado en trozos**
3	**tomates pelados, sin semillas y cortados en trozos**
1 c/da	**pasta de tomate**
½ taza	**caldo de pollo caliente**
½ c/dita	**estragón**
3	**cebollitas de Cambray picadas**
	sal y pimienta

Precaliente el horno a 180°C (*350°F*).

Caliente la mantequilla derretida en una sartén. Póngale la ternera y dórela por todos lados a fuego medio. Pase la carne a una cacerola que pueda ir al horno y deje aparte.

Agregue la cebolla y el pimiento verde a la sartén; sazone bien. Sofría 4 minutos a fuego medio.

Agréguele los tomates, la pasta de tomate y el caldo de pollo; sazone bien. Agregue el estragón y ponga a hervir. Cocine a fuego alto por 3 ó 4 minutos.

Mezcle bien, rectifique la sazón y vierta sobre la ternera en la cacerola. Tape y hornee 1 hora.

Antes de servirla, espárzale las cebollitas de Cambray. Si lo desea, puede acompañarlo con pasta.

1 porción	*670 calorías*	*10 g carbohidratos*
72 g proteínas	*38 g grasa*	*2,7 g fibra*

Pollo Florencia (*Italia*)

4 porciones

2 c/das	aceite de oliva
1	pollo para asar de 2 kg (*4 lb*) limpio, sin pellejo y cortado en 8 piezas
1	cebolla morada picada
1	diente de ajo picado
1	pimiento rojo cortado en cubitos
1	pimiento verde cortado en cubitos
1	tallo de brócoli rebanado
6	champiñones grandes frescos limpios y cortados en 4
	harina sazonada
	sal y pimienta

Caliente el aceite a fuego medio alto en una sartén grande. Mientras tanto, enharine las piezas de pollo.

Cuando el aceite esté caliente, dore el pollo de un solo lado durante 8 minutos. Voltee las piezas, sazone y póngale la cebolla y el ajo. Baje el fuego a medio y cocine 6 minutos más.

Agregue ambos pimientos, el tallo de brócoli rebanado y los champiñones; rectifique la sazón. Tape y acabe de cocerlo, de 10 a 12 minutos a fuego lento.

1 porción	*543 calorías*	*22 g carbohidratos*
62 g proteínas	*23 g grasa*	*4,1 g fibra*

433

Chuletas de ternera al orégano (*Italia*)

2 porciones

2	**chuletas de ternera de 2 cm (¾ *pulg*) de grueso sin grasa**
1 c/da	**aceite de oliva**
8	**champiñones grandes frescos limpios y rebanados**
1 c/da	**mantequilla**
1 c/da	**orégano fresco picado**
¼ taza	**crema espesa**
	harina sazonada
	sal y pimienta
	jugo de ½ limón

Enharine las chuletas. Caliente el aceite en una sartén grande a fuego alto.

Cuando esté caliente, ponga las chuletas y fríalas 4 minutos a fuego alto. Voltéelas, sazone y fríalas 5 minutos más a fuego medio.

Voltéelas una vez más y cocínelas 3 minutos o ajuste el tiempo al tamaño. Retire las chuletas, póngalas en una fuente refractaria y manténgalas calientes.

Ponga los champiñones en la sartén caliente y rocíelos con jugo de limón. Agrégueles la mantequilla y el orégano; cocínelos de 3 a 4 minutos a fuego alto.

Agregue la crema y rectifique la sazón; cocine de 2 a 3 minutos a fuego alto.

Vierta la salsa sobre las chuletas de ternera y acompañe con tallarines.

1 porción	498 calorías	20 g carbohidratos
28 g proteínas	34 g grasa	3,1 g fibra

1. Seleccione la carne y las verduras más frescas que encuentre.

2. Después de enharinar las chuletas, dórelas 4 minutos en aceite caliente a fuego alto. Siga cocinándolas aproximadamente 8 minutos a fuego lento, volteándolas durante la cocción. Retírelas y manténgalas calientes.

3. Ponga los champiñones en la sartén caliente. Rocíelos con jugo de limón, agregue la mantequilla y el orégano; cocínelos de 3 a 4 minutos a fuego alto.

4. Viértales la crema y revuelva bien; rectifique la sazón. Cocine la ternera a fuego medio por 2 ó 3 minutos a fuego alto.

Alubias de Cupido (*Francia*)

4 a 6 porciones

1 c/dita	aceite de oliva
1	cebolla morada grande cortada en trozos grandes
1	tallo de apio cortado en trozos grandes
1	diente de ajo picado
1½ tazas	alubias secas remojadas toda la noche
800 g	(*28 oz*) de tomates enlatados y sin escurrir
4 tazas	caldo de pollo caliente
	condimentos frescos al gusto: tomillo, orégano, albahaca, perejil
	sal y pimienta

Caliente el aceite a fuego medio alto en una cacerola grande. Agregue la cebolla, el apio y el ajo; cocine de 5 a 6 minutos.

Agregue las alubias y los ingredientes restantes; revuelva bien. Rectifique la sazón, tape y ponga a hervir.

Baje el fuego, tape y siga cocinando por 3 horas.

1 porción	174 calorías	30 g carbohidratos
9 g proteínas	2 g grasa	8,2 g fibra

Salchichas con papas 'gruyère' (*Francia*)   *2 porciones*

1 c/dita	aceite de oliva
2	salchichas de ternera grandes
½	cebolla picada
1 c/da	aceite de cacahuate
2	papas grandes cocidas con cáscara, peladas y cortadas en rebanadas gruesas
¼ taza	queso 'gruyère' rallado
1 taza	salsa de tomate u otra salsa
	sal y pimienta

Caliente el aceite de oliva en una sartén. Póngale las salchichas y fríalas de 3 a 4 minutos a fuego medio. Voltéelas; sazone y fría otros 3 minutos.

Agregue la cebolla. Continúe la cocción a fuego medio hasta que las salchichas estén cocidas. Voltee varias veces.

Mientras tanto, caliente el aceite de cacahuate a fuego medio en una sartén. Póngale las papas, sazone y dórelas 15 minutos. Voltéelas varias veces.

Agregue el queso rallado y cocínelas 3 minutos más.

Agregue la salsa de tomate a las salchichas y cocine de 4 a 5 minutos.

Sirva inmediatamente con las papas.

1 porción	*691 calorías*	*48 g carbohidratos*
28 g proteínas	*43 g grasa*	*4,5 g fibra*

Brazuelo de ternera al vino (*Francia*)

4 porciones

4	brazuelos de ternera de 2,5 cm (*1 pulg*) de grueso, sin grasa
1 c/da	aceite
1	cebolla morada grande cortada en gajos pequeños
2	dientes de ajo picados
2 tazas	vino tinto seco
2	tomates sin corazón y cortado en gajos
2 c/das	pasta de tomate
1	ramita de tomillo picada
1	ramita de orégano picada
1	ramita de alheña picada
1 c/da	mantequilla
250 g	(*½ lb*) de champiñones frescos limpios y cortados en cuatro
	harina sazonada
	sal y pimienta

Precaliente el horno a 180°C (*350°F*). Enharine la carne.

Caliente el aceite a fuego alto en una sartén honda. Póngale la ternera y dórela 8 minutos por cada lado a fuego medio.

Póngale la cebolla y el ajo; sofría de 3 a 4 minutos.

Viértale el vino, agregue los tomates y la pasta de tomate; sazone bien. Agregue las hierbas; tape y hornee 1½ horas.

Antes que termine el tiempo de horneado, derrita la mantequilla en una sartén. Saltee 3 minutos los champiñones sazone bien.

Póngale los champiñones a la ternera, tape y cocine 1½ horas en el horno. Sirva.

1 porción	319 calorías	20 g carbohidratos
26 g proteínas	15 g grasa	4,0 g fibra

1. Enharine la carne. Esto ayuda al proceso de dorado.

2. Caliente el aceite a fuego alto en una sartén honda. Póngale la ternera y dórela 8 minutos por cada lado a fuego medio.

3. Voltee la carne para dorar el otro lado.

4. Agréguele la cebolla y el ajo y cocine de 3 a 4 minutos más.

439

'Souvlaki' (*Grecia*)

4 porciones

750 g	(*1½ lb*) de pierna de carnero cortada en cubitos
4 c/das	aceite de oliva
2 c/das	menta fresca picada
2	dientes de ajo picados
3	cebollitas de Cambray cortadas en trozos de 5 cm (*2 pulg*)
	sal y pimienta
	jugo de 1 limón

Ponga en un tazón la carne con el aceite, la pimienta y el jugo de limón. Agréguele la menta y los ajos; sazone de nuevo y mezcle. Tape con una hoja de película plástica y deje macerar 3 horas en el refrigerador.

Ensártelas en brochetas de alambre, alternando la carne y las cebollitas de Cambray. Precaliente el horno o la parrilla y ase las brochetas a fuego alto de 3 a 4 minutos por cada lado.

Sírvalas acompañadas de pan pita.

1 porción	392 calorías	4 g carbohidratos
40 g proteínas	24 g grasa	0,6 g fibra

Brochetas de veneras (*Grecia*)

4 porciones

750 g	(*1½ lb*) de veneras medianas
2 c/das	aceite de oliva
1	diente de ajo picado
1 c/da	orégano fresco picado
	jugo de ½ limón
	pimienta blanca

Ponga las veneras en un tazón con todos los ingredientes; revuelva y tape con película plástica. Refrigere de 2 a 3 horas.

Ensarte las veneras en brochetas de madera, mojadas. Póngalas en la parrilla o en el horno precalentado para asar. Cocínelos a fuego alto durante 1 minuto por cada lado.

Acompañe con verduras frescas y rodajas de limón.

1 porción	*213 calorías*	*1 g carbohidratos*
32 g proteína	*9 g grasa*	*0 g fibra*

Chuletas de carnero con hierbas (*Grecia*)   *4 porciones*

8	chuletas de carnero de 2 cm (¾ *pulg*) de grueso
2	dientes de ajo pelados y cortados en piezas
8	ramitas de perejil
8	ramitas de orégano
8	ramitas de tomillo
2	dientes de ajo picados
1 c/da	perejil fresco picado
1 c/dita	romero fresco picado
3 c/das	aceite de oliva
	jugo de 1 limón
	sal y pimienta

Precaliente el asador.

Quíteles el exceso de grasa a las chuletas. Inserte los trozos de ajo en la carne.

Ponga las hierbas frescas en los pliegues de cada chuleta y ensártelas cuidadosamente en las brochetas. Déjelas aparte.

Ponga en un tazón pequeño el ajo picado con el perejil, el romero y el jugo de limón; mezcle bien. Incorpórele el aceite con un batidor salpimiente.

Unte ambos lados de las chuletas con la mezcla y espolvoréeles suficiente pimienta; no les ponga más sal. Ase 3 minutos en el asador precalentado.

Voltee las chuletas y cocine de 3 a 4 minutos más, dependiendo de su gusto. Antes de servirlas, sáquelas de los alambres.

1 porción	309 calorías	3 g carbohidratos
27 g proteínas	21 g grasa	0,1 g fibra

1. Quítele a las chuletas el exceso de grasa.

2. Ponga las hierbas frescas en el pliegue de cada chuleta y ensártelas cuidadosamente en las brochetas. Esta técnica le permitirá manejarlas con más facilidad mientras las asa.

3. Rocíe ambos lados de las chuletas con la mezcla de ajo y hierbas.

4. Espolvoréeles pimienta. No les agregue más sal.

Estofado de pollo con paprika (*Hungría*)

4 a 6 porciones

1	**pollo de 2 kg (*4 lb*) limpio**
1 c/da	**aceite de oliva**
1 c/da	**mantequilla**
1	**cebolla morada cortada en cubos**
1½ c/das	**paprika**
800 g	**(*28 oz*) de tomates enlatados y sin escurrir**
2	**dientes de ajo blanqueados y machacados**
1	**ramita de alheña picada**
1	**pimiento verde cortado en trozos y salteado**
	harina sazonada
	sal y pimienta

Precaliente el horno a 180°C (*350°F*).

Corte el pollo en 8 piezas como se ve en la página opuesta. Despelléjelo y cubra la carne con harina sazonada.

Caliente el aceite a fuego alto en una cacerola refractaria grande. Póngale las piezas de pollo y dórela 4 minutos a fuego medio alto.

Póngale la mantequilla a la cacerola; voltee las piezas de pollo y dórelas 4 minutos más.

Agregue la cebolla y la paprika; cocine otros 6 ó 7 minutos. Agregue los tomates con todo y su jugo y el ajo; mezcle bien.

Agregue la ramita de alheña, sazone y ponga a hervir. Tape y hornee 30 minutos.

Ponga en la cacerola el pimiento verde, tape y hornee 15 minutos más.

1 porción	*367 calorías*	*17 g carbohidratos*
41 g proteínas	*15 g grasa*	*2,0 g fibra*

1. Para cortar el pollo, empiece por separar las piernas del cuerpo. Una vez separado, separe pierna y muslo por la articulación.

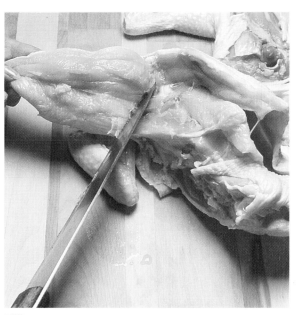

2. Quite las pechugas dejando el hueso y déjelas aparte. Termine separando las alas, asegurándose de quitarles las puntas. Debe tener 8 pedazos.

3. Despelleje las piezas de pollo; enharínelas y dórelas 4 minutos por cada lado en aceite caliente. Esto las conserva jugosas.

4. Agregue la cebolla y la paprika; cocine de 6 a 7 minutos más antes de agregarles el resto de los ingredientes.

Ternera con pepino (*Hungría*)

4 porciones

3 c/das	**mantequilla**
2	**cebollas pequeñas cortadas en gajos**
1 c/da	**paprika**
3 c/das	**harina**
3 tazas	**caldo de pollo caliente**
1	**pimiento rojo cortado en cubos**
2 tazas	**ternera cocinada, sin grasa y rebanada**
½	**pepino pelado y rebanado**
	sal y pimienta
	bollos tostados

Derrita 2 cucharadas de mantequilla a fuego medio en una cacerola. Agréguele las cebollas, tape y sofríalas 4 minutos.

Espolvoréeles la paprika y la harina; mezcle muy bien. Sofría sin tapar a fuego lento durante 2 ó 3 minutos.

Viértale el caldo de pollo, mezcle bien y sazone. Ponga a hervir y cueza la salsa a fuego medio lento durante 12 minutos.

Antes de terminar de preparar la salsa, derrita el resto de la mantequilla en una sartén. Agregue el pimiento rojo, la carne de ternera y el pepino; saltee a fuego medio 3 minutos.

Pase la mezcla de ternera a la salsa y cocine 3 minutos a fuego lento.

Sírvala sobre los bollos tostados.

1 porción	436 calorías	37 g carbohidratos
27 g proteínas	20 g grasa	1,8 g fibra

Pastel de carne con crema (*Hungría*) *6 a 8 porciones*

500 g	(*1 lb*) **de carne magra de res molida**
250 g	(*½ lb*) **de carne magra de cerdo molida**
1	**cebolla pequeña rallada**
¾ taza	**pan molido grueso**
1 taza	**leche**
½ c/dita	**clavo en polvo**
1 c/dita	**albahaca**
½ c/dita	**mejorana**
1	**huevo ligeramente batido**
3 c/das	**crema agria**
1 c/da	**harina**
½ taza	**caldo de pollo**
	sal y pimienta
	paprika

Precaliente el horno a 180°C (*350°F*).

Ponga ambas carnes y la cebolla en un tazón grande. Mezcle y sazone bien.

Remoje el pan por 10 minutos en la leche y agréguelo a la carne. Mezcle bien. Espolvoréele los clavos, la albahaca y la mejorana; mezcle bien.

Agregue el huevo batido y compacte la mezcla en un molde para pan engrasado de 24 x 14 cm (*9½ x 5½ pulg*). Ponga el molde en una charola para asar que tenga 2,5 cm (*1 pulg*) de agua caliente y hornéelo 30 minutos.

Mezcle la crema agria con la harina y el caldo de pollo. Vierta la mezcla sobre la carne todavía en el molde y sazone bien; espárzale paprika.

Hornee 15 minutos más. Si le agrada, acompañe con una salsa oscura o una salsa de cebolla.

Milanesas de ternera (*Hungría*)

4 porciones

4	milanesas de ternera de 140 g (*5 oz*) bien aplanadas
2	huevos batidos
2 tazas	pan molido sazonado
1 c/da	aceite
1 c/da	mantequilla
	jugo de 1½ limones
	sal y pimienta

Precaliente el horno a 190°C (*375°F*).

Ponga las milanesas en un plato y exprímales el jugo de limón; tápelas y déjelas 1 hora macerándose en el refrigerador.

Pase las milanesas por los huevos batidos y cúbralas con el pan molido. Moje de nuevo la carne en los huevos y páselas por el pan. Sazónelas bien.

Caliente el aceite y la mantequilla en una sartén grande. Póngale las milanesas y dórelas a fuego medio por 2 ó 3 minutos.

Voltéelas, sazónelas y póngalas en el horno durante 8 minutos.

Sírvalas con crema agria y verduras frescas.

1 porción	*567 calorías*	*42 g carbohidratos*
39 g proteínas	*27 g grasa*	*1,8 g fibra*

EL TOQUE FINAL

Irresistibles dulces, pasteles, tartas y galletas

Duraznos flameados

6 porciones

3 c/das	jarabe*
6	duraznos pelados y cortados en mitades
2 c/das	vodka sabor durazno
1 c/dita	fécula de maíz
2 c/das	agua fría
1 taza	fresas lavadas y sin hojas

Caliente el jarabe a fuego medio en una sartén grande. Póngale los duraznos y cocínelos 2 minutos por cada lado. Agregue el vodka y cocine 2 minutos más. Flamee.

Saque los duraznos y déjelos aparte.

Mezcle la fécula de maíz con el agua fría e incorpórela a la salsa. Cocine 1 minuto.

Regrese los duraznos a la sartén, agregue las fresas y cocine 1 minuto más. Sirva caliente.

* Para la receta de jarabe, vea la página 484.

1 porción	80 calorías	19 g carbohidratos
1 g proteína	0 g grasa	1,8 g fibra

Budín de duraznos

4 a 6 porciones

540 g	(*19 oz*) de duraznos en rebanadas enlatados y escurridos
1 c/da	azúcar mascabado
2	huevos grandes
2	yemas grandes de huevo
¼ taza	azúcar
½ taza	pan blanco molido
1½ tazas	leche caliente

Precaliente el horno a 180°C (*350°F*).

Unte de mantequilla un molde refractario cuadrado de 20 cm (*8 pulg*) de lado y 5 cm (*2 pulg*) de hondo; déjelo aparte.

Ponga los duraznos en una sartén con el azúcar mascabado; cocínelos 3 minutos a fuego medio. Deje aparte.

Bata todos los huevos con el azúcar ; deje aparte.

Ponga el pan molido en un tazón y agréguele la leche caliente. Revuelva bien y deje reposar 3 minutos.

Mezcle los huevos batidos con el pan molido y revuelva bien. Incorpore los duraznos y vacíe la mezcla en el molde que preparó.

Póngalo al baño María en un molde para asar con 2,5 cm (*1 pulg*) de agua caliente y hornee 35 a 40 minutos.

Coloque el molde refractario sobre la superficie de trabajo y deje que enfríe antes de servir. Si le agrada, sirva con crema batida, helado o miel de arce.

Ensalada de piña, fresas y melón

6 porciones

1	**piña fresca**
2 tazas	**fresas lavadas sin hojas y cortadas en mitades**
½	**melón**
1 taza	**crema espesa**
½ taza	**almendras tostadas**
	jugo de 1 limón
	sal y pimienta blanca

Quítele las hojas a la piña; sáquele el centro y córtele la cáscara de arriba hacia abajo. Siga la forma de la fruta. Para terminar, quítele los ojos.

Píquela y póngala en un tazón con las fresas; déjela aparte.

Con una cuchara redonda para fruta, corte la pulpa del melón y póngala en el tazón con las otras frutas.

Vierta el jugo de limón en un tazón pequeño; salpimiente. Mezcle hasta que se disuelva la sal. Incorpórele la crema espesa y bata hasta que espese.

Rocíe la fruta con la crema y mezcle bien. Espárzale las almendras tostadas y sirva.

1 porción	325 calorías	30 g carbohidratos
4 g proteínas	21 g grasa	3.5 g fibra

Plato de frutas frescas

2 porciones

2	**rebanadas de melón**
1	**tuna roja cortada por la mitad**
2	**rebanadas grandes de papaya**
½	**toronja**
1	**pera cortada por la mitad y ahuecada**
4	**rebanadas delgadas de mango**
1	**chabacano sin hueso cortado por la mitad**
	fresas frescas para decorar
	queso cottage o ricotta (opcional)

Estas cantidades son más que suficientes para dos personas y se pueden repartir en más porciones dependiendo del menú. Lo más importante es elegir frutas frescas. Si no encuentra alguna variedad, sustitúyala por otra.

La forma como acomode las frutas es un factor decisivo para una presentación apetecible; use la fotografía como guía.

Acompañe con el queso cottage o ricotta.

1 porción	*161 calorías*	*36 g carbohidratos*
2 g proteínas	*1 g grasa*	*4,3 g fibra*

Compota de frutas

8 a 10 porciones

12	**duraznos pelados y cortados en 4**
3 c/das	**jarabe***
2 c/das	**vodka con sabor de durazno**
1	**mango pelado, rebanado y cortado en cubos**
1	**papaya cortada en cubos**
1½ tazas	**fresas enteras, lavadas y sin hojas**
2	**kiwis pelados y rebanados**
1 c/da	**fécula de maíz**
2 c/das	**agua fría**

Ponga los duraznos y el jarabe en una sartén grande. Agregue el vodka y cocine a fuego medio de 3 a 4 minutos.

Mézclele el mango; cocine 3 ó 4 minutos más.

Agregue la fruta restante, tape y cueza otros 3 ó 4 minutos.

Mezcle la fécula de maíz con el agua fría; agréguela a la fruta hasta que se incorpore bien. Deje que hierva a fuego lento de 2 a 3 minutos.

Sirva caliente.

* Para la receta de jarabe, vea la página 484.

454

1 porción	116 calorías	28 g carbohidratos
1 g proteínas	0 g grasa	2,6 g fibra

1. Ponga los duraznos con el jarabe en una sartén grande.

2. Agregue el vodka y cocine a fuego medio de 3 a 4 minutos.

3. Mézclele el mango; revuelva y cocine 3 ó 4 minutos más.

4. Agregue la fruta restante, tape y cueza otros 3 ó 4 minutos.

Delicia para enamorados

2 porciones

1½ tazas	frambuesas frescas lavadas
¼ taza	jarabe*
1 c/dita	licor de naranja
12	fresas lavadas y sin hojas
½ taza	crema inglesa**
1	bola grande de helado de vainilla
	crema batida
	zarzamoras

Pase las frambuesas por un colador de malla fina a una cacerola pequeña. Agrégueles el jarabe y el licor; revuelva bien. Deje que empiece a hervir; cocine 1 a 2 minutos. Enfríe antes de utilizarla.

Para armar el postre, elija una copa de vidrio muy grande, con capacidad para 3 tazas de agua.

Ponga la mayor parte de las fresas en el fondo de la copa. Báñelas con un poco de la salsa de frambuesas y crema inglesa.

Agregue la bola de helado, ponga las fresas restantes alrededor y rocíele el resto de salsa de frambuesas y crema inglesa.

Adorne con crema batida y zarzamoras. Sirva con dos cucharas muy largas.

* Para la receta de jarabe, vea la página 484

** Para la receta de crema inglesa, vea la página siguiente.

1 porción	*506 calorías*	*78 g carbohidratos*
8 g proteínas	*18 g grasa*	*3,2 g fibra*

Postre estelar

4 porciones

PREPARACIÓN DE LA CREMA INGLESA:

4	yemas grandes de huevo
½ taza	azúcar
1 taza	leche a punto de hervir
¼ c/dita	vainilla

Tenga lista una cacerola llena hasta la mitad con agua caliente.

Ponga las yemas de huevo y el azúcar en un tazón de acero inoxidable grande y bátalas con una batidora eléctrica hasta que espumen y estén ligeras.

Incorpore poco a poco la leche con la vainilla sin dejar de batir. Coloque el tazón al baño María sobre la cacerola a fuego lento. Cocine la crema hasta que espese lo suficiente para cubrir la parte posterior de una cuchara. ¡Bata constantemente!

Retire el tazón de la cacerola y bata un poco más para que enfríe. Déjela aparte para que acabe de enfriar, tapándola con un papel encerado de modo que éste toque la superficie. Para que tenga mejor consistencia, refrigérela 6 horas antes de usarla.

PREPARACIÓN DEL POSTRE:

3 tazas	frambuesas frescas lavadas
2 c/das	jarabe*
4	rebanadas de pastel blanco, de preferencia cuadrado de 1,2 cm (½ *pulg*) de grueso
4	bolas de helado de vainilla
1 taza	zarzamoras lavadas
	azúcar pulverizado

Muela la mitad de las frambuesas en el procesador de alimentos. Ponga el puré en una cacerola pequeña y mézclele el jarabe; deje que empiece a hervir y cocínelo 2 minutos. Retírelo del fuego, cuele y deje aparte para que se enfríe.

Ponga todos los ingredientes en la superficie de trabajo.

Ponga 4 platos y en cada uno acomode una rebanada de pastel. Rocíe un lado del pastel con crema inglesa y el otro con puré de frambuesas. Ponga una bola de helado encima y decore con las frambuesas restantes y las zarzamoras. Cierna un poco de azúcar pulverizado en cada plato y sirva inmediatamente.

* Para la receta de jarabe, vea la página 484.

1 porción	550 calorías	88 g carbohidratos
9 g proteínas	18 g grasa	6,6 g fibra

Postre supremo

8 a 12 porciones

1	pastel genovés* cortado en cuadros de 1,2 cm (½ *pulg*) de grueso
2 tazas	fresas frescas cortadas en mitades
1 taza	mezcla de otras frutas de la temporada
1	receta de crema inglesa**
1 taza	crema espesa batida
	vodka
	fresas enteras para decorar

Elija una fuente de cristal grande. Coloque en el fondo un tercio de los cuadros de pastel genovés. Rocíeles vodka, póngales un tercio de las fresas en mitades y la misma cantidad de la mezcla de otras frutas.

Vierta un poco de crema inglesa y agregue cucharadas de crema batida.

Repita el procedimiento dos veces más y termine poniendo las fresas enteras. Refrigere un poco para que la crema endurezca ligeramente o, sirva inmediatamente.

* Para la receta del pastel genovés, vea la página 498.

** Para la receta de crema inglesa, vea la página 457

1 porción	325 calorías	37 g carbohidratos
6 g proteínas	16 g grasa	2,1 g fibra

Fresas al licor de café

4 porciones

3 tazas	fresas frescas lavadas y sin hojas
¹⁄₃ taza	azúcar
4 c/das	licor de café
2 c/das	jugo de naranja
1 c/dita	jugo de limón

Ponga todos los ingredientes en un tazón, mezcle un poco y deje macerar de 2 a 3 horas a temperatura ambiente.

Sirva en tazones de vidrio y adorne con crema recién batida y frutillas de su elección.

1 porción	128 calorías	27 g carbohidratos
1 g proteínas	0 g grasa	2,6 g fibra

Mitades de durazno al horno

4 porciones

6	**duraznos pelados y cortados en mitades**
3 c/das	**jarabe***
¼ taza	**agua**
⅓ taza	**azúcar mascabado**
½ taza	**harina**
1 c/da	**canela**
⅓ taza	**mantequilla suavizada**

Precaliente el horno a 180°C (*350°F*).

Ponga los duraznos en una sola capa en un molde refractario grande. Rocíeles primero jarabe y después agua.

Combine en un tazón el azúcar mascabado con la harina. Agréguele la canela y revuelva.

Agregue la mantequilla acremada e incorpórela con los dedos. Esparza la mezcla en los huecos de los duraznos y hornee 20 minutos sin tapar.

* Para la receta de jarabe, vea la página 484

1 porción	*363 calorías*	*54 g carbohidratos*
3 g proteínas	*15 g grasa*	*2,4 g fibra*

Duraznos 'Saint-Germain'

4 porciones

4	**duraznos maduros pelados y cortados en mitades**
3 c/das	**jarabe***
3 c/das	**licor Cointreau**
1 taza	**frambuesas molidas**
	helado
	almendras blanqueadas y rebanadas
	azúcar pulverizado

Ponga las mitades de durazno, el jarabe, el licor y las frambuesas en una sartén; tape y cocine 5 minutos a fuego lento.

Saque los duraznos y deje que enfríen. Cocine la salsa 3 minutos a fuego alto. Retírela del fuego y deje que enfríe.

Para servir el postre, acomode los duraznos con bolas de helado en una fuente o en platos individuales.

Rocíe con la salsa y adorne con almendras y azúcar pulverizado.

* Para la receta de jarabe, vea la página 484.

1 porción	*318 calorías*	*52 g carbohidratos*
5 g proteínas	*10 g grasa*	*4,9 g fibra*

Flan con caramelo

6 porciones

PREPARACIÓN DEL CARAMELO:

½ taza	azúcar
¼ taza	agua fría
⅓ taza	agua fría

Ponga ½ taza de azúcar y ¼ taza de agua en una cacerola pequeña a fuego medio alto para acaramelar el azúcar. Revuelva una vez al principio para ayudar a que el azúcar se derrita, pero no lo vuelva a hacer. Puede untar agua fría en los lados de la cacerola para evitar que los granos de azúcar adheridos se quemen.

Cuando esté a punto de caramelo, agréguele rápidamente ⅓ taza de agua fría (es mejor alejarse un poco cuando haga ésto). Cocine 30 segundos más.

Inmediatamente después, viértalo en 6 flaneras y, con movimientos rotatorios, esparza el caramelo uniformemente. Déjelas aparte.

PREPARACIÓN DEL FLAN:

½ taza	azúcar
4	huevos grandes
2	yemas grandes de huevo
1 c/dita	vainilla
2 tazas	leche a punto de hervir

Precaliente el horno a 180°C (*350°F*).

Coloque el azúcar en un tazón de acero inoxidable. Agréguele todos los huevos y la vainilla. Incorpore los ingredientes con un batiendo suavemente. Evite que se forme espuma.

Viértale la leche poco a poco batiendo constantemente. Cuele la mezcla para obtener una crema homogénea. Viértala en las flaneras y colóquelas en un molde para asar que contenga 2,5 cm (*1 pulg*) de agua caliente. Cocine 45 minutos en el horno.

Deje que el flan se enfríe sobre la superficie de trabajo; luego refrigérelo. Para servir, pase un cuchillo alrededor del borde interior de las flaneras y voltéelas sobre un plato para postre.

1 porción	*251 calorías*	*39 g carbohidratos*
8 g proteínas	*7 g grasa*	*0 g fibra*

1. La caramelización comienza cuando la mezcla de azúcar y agua empieza a cambiar de color, así que esté pendiente para evitar que se queme.

2. Una vez alcanzado el punto de caramelo, agregue ⅓ taza de agua fría (es mejor alejarse un poco cuando haga esto). Cocine 30 segundos más sin revolver antes de vaciarlo en las flaneras.

3. Vierta el caramelo en las flaneras y con movimientos rotatorios, esparza el caramelo uniformemente.

4. Mientras el caramelo endurece en las flaneras, empiece a preparar el flan colocando el azúcar, los huevos y la vainilla en un tazón de acero inoxidable.

Flan de chocolate con caramelo

6 porciones

PREPARACIÓN DEL CARAMELO:

½ taza	azúcar
¼ taza	agua fría
⅓ taza	agua fría

Ponga ½ taza de azúcar y ¼ taza de agua en una cacerola pequeña a fuego medio alto para acaramelar el azúcar. Revuelva una vez al principio para ayudar a que el azúcar se derrita, pero no lo vuelva a hacer. Puede untar agua fría en los lados de la cacerola para evitar que los granos de azúcar adheridos se quemen.

Cuando esté a punto de caramelo, agréguele rápidamente ⅓ taza de agua fría (es mejor alejarse un poco cuando haga ésto). Cocine 30 segundos más.

Inmediatamente después, viértalo en 6 flaneras y, con movimientos rotatorios, esparza el caramelo uniformemente. Déjelas aparte.

PREPARACIÓN DEL FLAN:

½ taza	azúcar
4	huevos grandes
2	yemas de huevo

1 c/dita	licor de café
60 g	(*2 oz*) de chocolate semi-dulce derretido
2 tazas	leche a punto de hervir

Precaliente el horno a 180°C (*350°F*).

Ponga el azúcar restante, todos los huevos y el licor de café en un tazón de acero inoxidable. Bata hasta incorporarlos bien sin que se forme espuma.

Ponga el chocolate derretido en otro tazón de acero inoxidable y bátale la leche caliente. Incorpore el chocolate con leche a la mezcla de huevo batiendo constantemente. Cuele la mezcla para obtener una crema homogénea. Viértala en las flaneras y colóquelas en un molde para asar que contenga 2,5 cm (*1 pulg*) de agua caliente. Cocine 45 minutos en el horno.

Deje que enfríen sobre la superficie de trabajo; después refrigere. Para servir, pase un cuchillo alrededor del borde interior de las flaneras y voltéelas sobre un plato para postre.

Si lo desea, puede servir sin caramelo decorados con crema batida.

1 porción	312 calorías	42 g carbohidratos
9 g proteínas	12 g grasa	0,2 g fibra

Flan de frambuesas

6 porciones

1¼ tazas	**frambuesas frescas lavadas**
2 c/das	**licor de su elección**
2 c/das	**azúcar**
4	**huevos grandes**
2	**yemas grandes de huevo**
½ taza	**azúcar**
2 tazas	**leche a punto de hervir**

Precaliente el horno a 180°C (*350°F*).

Macere las frambuesas 10 minutos en el licor con las 2 cucharadas de azúcar.

Mientras tanto, ponga todos los huevos en un tazón de acero inoxidable grande. Bátale el resto del azúcar; evite que se forme espuma.

Incorpórele poco a poco la leche caliente mientras bate. Cuele la mezcla.

Reparta las frambuesas en 6 flaneras, viértales la mezcla y colóquelas en un molde para asar que contenga 2,5 cm (*1 pulg*) de agua caliente. Cocine 45 minutos en el horno.

Deje que enfríen sobre la superficie de trabajo; después refrigere. Para servir, pase un cuchillo alrededor del borde interior de las flaneras y voltéelas sobre un plato para postre.

Si lo desea, puede poner un poco de crema inglesa* en el fondo de los platos y decorar con frambuesas frescas.

* Para la receta de crema inglesa, vea la página 457.

1 porción	235 calorías	26 g carbohidratos
8 g proteínas	11 g grasa	1,9 g fibra

'Mousse' de chocolate

4 a 6 porciones

4	huevos grandes separados
¼ taza	azúcar pulverizado cernido
60 g	(*2 oz*) de chocolate sin azúcar
1 taza	crema espesa batida

Ponga las yemas de huevo en un tazón de acero inoxidable y agregue el azúcar. Bátalos y ponga el tazón al baño María sobre una cacerola llena hasta la mitad con agua caliente. Cocine a fuego lento batiendo constantemente para evitar que los huevos se cuezan; la mezcla debe espesar en 2 ó 3 minutos.

Retire del fuego; con el tazón todavía sobre la cacerola, continúe batiendo aproximadamente 5 minutos más.

Ponga el chocolate en otro tazón de acero inoxidable; póngalo al baño María sobre una cacerola llena hasta la mitad con agua caliente. Derrítalo a fuego lento. Déjelo enfriar sobre la superficie de trabajo.

Revuelva el chocolate derretido con la mezcla de huevo hasta que se incorpore bien; deje aparte.

Bata las claras de huevo hasta que formen picos suaves; déjelas aparte.

Incorpore la crema batida a la mezcla de chocolate en forma envolvente.

Incorpórele las claras en forma envolvente. Debe quedar una mezcla uniforme, sin embargo puede dejar rastros blancos para un efecto de marmoleado.

Vacíe la 'mousse' en platos individuales y refrigere de 2 a 3 horas antes de servir.

1 porción	275 calorías	11 g carbohidratos
6 g proteínas	23 g grasa	0,2 g fibra

1. Ponga las yemas de huevo y el azúcar en un tazón de acero inoxidable.

2. Ponga el tazón al baño María sobre una cacerola llena hasta la mitad con agua caliente cocine la mezcla a fuego lento batiendo constantemente.

3. Incorpore el chocolate frío a la mezcla de huevo.

4. Bata las claras hasta que formen picos suaves.

467

Crema de chocolate para relleno

140 g	(*5 oz*) de chocolate semi-dulce
4	yemas de huevo
¾ taza	azúcar pulverizado
⅓ taza	crema espesa
1 taza	mantequilla sin sal y suavizada

Ponga el chocolate en un tazón de acero inoxidable. Ponga el tazón al baño María en una cacerola llena hasta la mitad con agua caliente. Deje derretir el chocolate a fuego lento.

Retire el tazón y agréguele las yemas de huevo, el azúcar y la crema. Ponga de nuevo el tazón al baño María y bata la mezcla mientras la cocina 6 ó 7 minutos. El agua en la cacerola debe estar hirviendo a fuego lento.

Retire del fuego y refrigere.

Cuando enfríe, bátale la mantequilla hasta que espese y quede suave.

1 receta	3488 calorías	128 g carbohidratos
24 g proteínas	320 g grasa	3,2 g fibra

Crema de mantequilla

1 taza	**mantequilla sin sal a temperatura ambiente**
1¼ tazas	**azúcar pulverizado**
2	**yemas de huevo**
	licor al gusto

Acreme la mantequilla y bátala hasta que quede ligera y esponjada.

Cierna el azúcar pulverizado y agréguelo gradualmente a la mantequilla mientras bate con una batidora eléctrica a baja velocidad.

Mézclele la primera yema de huevo. Agregue la segunda y bata de nuevo hasta que suavice.

Póngale el licor al gusto y bata una vez más. Utilícelo para cubrir o rellenar pasteles.

1 receta	2544 calorías	160 g carbohidratos
8 g proteínas	208 g grasa	0 g fibra

Budín campesino de arroz

6 porciones

3 tazas	agua
¾ taza	arroz de grano largo enjuagado
3½ tazas	leche caliente
⅓ taza	azúcar
¼ taza	pasas doradas sin semilla
¼ taza	pasas sultana
1	huevo
2	yemas de huevo
¼ taza	crema espesa
	una pizca de sal
	ralladura de 1 naranja
	ralladura de 1 limón

Precaliente el horno a 180°C (*350°F*).

Unte con mantequilla un molde para 'soufflé' con capacidad para 8 tazas y espárzale azúcar mascabado en los lados y en el fondo; déjelo aparte.

Coloque el agua con la sal en una cacerola. Deje que empiece a hervir a fuego alto. Agréguele el arroz, revuelva para que no se compacte y cuézalo 10 minutos tapado a fuego medio.

Escúrralo bien y déjelo aparte para que se enfríe.

Revuelva la leche caliente con el azúcar. Mézclela con el arroz, las pasas y las ralladuras de naranja y limón. Vacíe en el molde que preparó y hornee 1 hora.

Mezcle todos los huevos con la crema en un tazón. Saque el budín del horno e incorpórele la mezcla de huevo.

Hornee 15 minutos más.

Sirva caliente o frío.

1 porción	292 calorías	46 g carbohidratos
9 g proteínas	8 g grasa	1,1 g fibra

1. Ponga el arroz en el agua hirviendo con sal. Cuézalo 10 minutos a fuego medio tapado.

2. Mezcle la leche caliente con el azúcar.

3. Es importante que escurra bien el arroz antes de incorporarlo a la mezcla de leche caliente.

4. Después de hornear el budín 1 hora, incorpore la mezcla de huevo y hornee 15 minutos más.

471

Plátanos vestidos

4 porciones

4	**plátanos maduros**
2 c/das	**jarabe***
3 c/das	**mermelada de su elección**
2 c/das	**licor de café**
	merengue italiano**

Precaliente el horno a 200°C (*400°F*).

Haga un corte a lo largo en las cáscaras y saque los plátanos. Deje las cáscaras aparte.

Ponga los plátanos en un molde refractario y hágales varios cortes. Úntelos con el jarabe y la mermelada. Rocíeles el licor de café. Hornee 6 a 7 minutos.

Coloque con mucho cuidado los plátanos dentro de sus cáscaras y decórelos con merengue italiano usando una duya. Póngalos en el horno hasta que el merengue dore. Las cáscaras se obscurecerán un poco.

* Para la receta de jarabe, vea la página 484.

** Para la receta de merengue italiano, vea la página siguiente.

1 porción	*425 calorías*	*99 g carbohidratos*
5 g proteínas	*1 g grasa*	*4,1 g fibra*

Merengues italianos

1 taza	azúcar pulverizado
4	claras grandes de huevo (sin rastros de yema)
½ c/dita	vainilla
	cocoa para espolvorear

Precaliente el horno a 100°C (*200°F*).

Unte con mantequilla y enharine hojas para hornear galletas; déjelas aparte.

Cierna el azúcar en un tazón de acero inoxidable. Póngalo al baño María sobre una cacerola llena hasta la mitad con agua caliente y cocine a fuego lento.

Agréguele las claras de huevo y la vainilla. Con el agua hirviendo a fuego lento, empiece a batir la mezcla a baja velocidad. Cuando empiece a tomar forma, aumente a velocidad media y siga batiendo.

Justo antes de que esté a punto de turrón, aumente a velocidad alta y siga batiendo. Pruebe el merengue volteando el tazón. Las claras deben quedar firmes en su lugar.

Retire el tazón de la cacerola y bata el merengue a velocidad alta hasta que se enfríe.

Ponga un poco de merengue dentro de una duya con punta regular. Haga merengues de diferentes formas (dedos, hongos, etc.) sobre las hojas para hornear galletas.

Ponga más bolas de merengue sobre algunas galletas con una cuchara sopera lo que les dará texturas disparejas.

Hornéelos 3 horas.

Sáquelas para que se enfríen sobre la superficie de trabajo y espolvoréelas con cocoa.

1 receta	1008 calorías	228 g carbohidratos
24 g proteínas	0 g grasa	0 g fibra

Crema pastelera

2 c/das	licor Cointreau
1 c/dita	vainilla
3	huevos grandes
2	yemas grandes de huevo
1 taza	azúcar
½ taza	harina cernida
2 tazas	leche caliente
1 c/da	mantequilla sin sal

Ponga el licor en un tazón grande de acero inoxidable junto con la vainilla, todos los huevos y azúcar. Bata aproximadamente 1½ minutos con una batidora eléctrica manual hasta que quede ligera y esponjada.

Cierna la harina sobre la mezcla e incorpórela con una cuchara de madera.

Viértale la leche mientras bate; después vacíe la crema a una cacerola de fondo grueso.

Cocínela a fuego medio mientras bate constantemente con un batidor de alambre o con una cuchara de madera. La crema espesará bastante y estará a punto de listón.

Vacíe la crema a un tazón, bátale rápido la mantequilla y deje que enfríe antes de taparla con un papel encerado. Refrigérela (hasta 2 días) para uso posterior.

1 receta	1800 calorías	294 carbohidratos
48 g proteínas	48 g grasa	2,4 g fibra

Islas flotantes

4 porciones

4	claras de huevo
½ taza	azúcar pulverizado
2 tazas	leche
	crema inglesa*

Bata las claras de huevo a punto de turrón; agregue el azúcar y bata 1 minuto más.

Ponga la leche en una cacerola grande y profunda y deje que empiece a hervir. Baje el fuego y deje que hierva.

Tome el merengue con una cuchara para servir helado y déjelo caer suavemente en la leche hirviendo. Cueza los merengues de 1 a 2 minutos por cada lado. Esto se hace en varias tandas para evitar que se peguen.

Saque los merengues con una cuchara perforada y póngalos en toallas de papel para que escurran.

Vierta un poco de crema inglesa en el fondo de un platón. Acomode encima los merengues y sirva. Si le agrada, adórnelos con caramelo.

* Para la receta de crema inglesa, vea la página 457.

1 porción	*331 calorías*	*58 g carbohidratos*
9 g proteínas	*7 g grasa*	*0 g fibra*

'Soufflé' helado de fresas

4 a 6 porciones

3 tazas	fresas frescas lavadas y sin hojas
1	sobre pequeño de gelatina natural
⅓ taza	agua caliente
5	huevos grandes separados
½ taza	azúcar
1 taza	crema espesa batida

Prepare el molde como lo indica la técnica; déjelo aparte.

Muela las fresas en el procesador de alimentos; déjelas aparte.

Espolvoree la gelatina en un tazón pequeño con el agua caliente, mezcle y deje aparte.

Ponga las yemas de huevo y el azúcar en un tazón de acero inoxidable. Bátalos y póngalos al baño María en una cacerola llena hasta la mitad con agua caliente. Cocine 2 a 3 minutos a fuego lento batiendo constantemente.

Retire el tazón de la cacerola y agréguele la mezcla de gelatina mientras sigue batiendo. Incorpórele rápidamente las fresas molidas y congele la mezcla hasta que empiecen a cuajar las orillas.

Mientras se congela la mezcla, bata las claras a punto de turrón; déjelas aparte.

Saque el tazón del refrigerador y bátale cuidadosamente la crema batida. Después incorpore las claras en forma envolvente.

Vacíe en el molde que preparó y congele de 6 a 8 horas.

1 porción	308 calorías	25 g carbohidratos
7 g proteínas	20 g grasa	1,8 g fibra

1. Elija un molde con paredes verticales con capacidad para 4 tazas. Hágale un borde con dos hojas de papel de aluminio lo suficientemente largas para envolverlas alrededor del molde. Debe tener por lo menos 10 cm (*4 pulg*) de alto.

2. Muela las fresas en el procesador de alimentos.

3. Incorpore las fresas molidas a la mezcla de huevo.

4. Después de poner la crema batida, incorpore con suavidad las claras a punto de turrón. Ponga la mezcla en el molde ya preparado y congélela.

Peras escalfadas con chocolate

4 porciones

4	peras sin corazón, con tallo y peladas
¼ taza	jarabe*
½ taza	agua
1 taza	azúcar pulverizado
60 g	(*2 oz*) de chocolate amargo
1 c/dita	vainilla
3 c/das	leche
1	yema de huevo
4	crepas**

Ponga las peras en una cacerola. Viértales el jarabe y agregue el agua; tape y cuézalas a fuego medio de 3 a 4 minutos.

Voltee las peras; tape y cocine 3 ó 4 minutos más.

Saque las peras de la cacerola y déjelas aparte.

Ponga el azúcar en un tazón de acero inoxidable con el chocolate, la vainilla y la leche. Póngalo al baño María sobre una cacerola llena hasta la mitad con agua caliente. Derrítalo a fuego lento.

Revuelva bien y retire el tazón de la cacerola. Mézclele la yema de huevo y deje reposar varios minutos.

Entre tanto, envuelva parte de las peras en las crepas (un poco de jarabe ayudará a que se peguen) y acomódelas en platos.

Rocíe las peras con el chocolate tibio y sirva.

* Para la receta del jarabe, vea la página 484.

** Para la receta de las crepas vea la página, 480.

1 porción	566 calorías	92 g carbohidratos
9 g proteínas	18 g grasa	3,9 g fibra

Peras en almíbar

4	peras sin corazón, peladas y cortadas en mitades
¼ taza	azúcar
1¼ tazas	agua
1 c/da	jugo de limón
1 c/da	ralladura de limón
1 c/dita	vainilla
1 c/dita	fécula de maíz
2 c/das	agua fría

Ponga los primeros 6 ingredientes en una cacerola y deje que empiece a hervir. Baje el fuego a medio y cueza 5 minutos más.

Retire la cacerola del fuego y deje reposar 10 minutos.

Cambie las peras a un platón. Regrese la cacerola a la estufa y deje que el líquido empiece a hervir. Déjelo a fuego alto de 3 a 4 minutos.

Mezcle la fécula de maíz con el agua fría; incorpórela a la salsa. Cueza 1 minuto.

Rocíe las peras con el jarabe y deje que enfríen antes de servirlas. Si le agrada, adórnelas con un poco de crema batida.

1 porción	*161 calorías*	*37 g carbohidratos*
1 g proteínas	*1 g grasa*	*2,9 g fibra*

Crepas amanecer

4 porciones

PREPARACIÓN DE LA PASTA PARA CREPAS:

3 c/das	azúcar
1 taza	harina
3	huevos grandes
1 taza	leche
½ taza	agua tibia
3 c/das	mantequilla derretida tibia
	una pizca de sal

Ponga el azúcar, la harina, la sal, los huevos y la leche en un tazón grande; mezcle con un batidor hasta incorporarlos bien.

Agréguele el agua tibia, bata. Póngale la mantequilla derretida y bata de nuevo.

Cuele la pasta, vacíela a un tazón limpio y refrigere 1 hora.

Haga las crepas.

PREPARACIÓN DEL RELLENO:

1 taza	fresas lavadas y sin hojas
1 taza	frambuesas lavadas
2 c/das	jarabe*
1 c/da	licor de su elección
1 taza	crema batida

Ponga las fresas y las frambuesas en un tazón y agrégueles el jarabe y el licor. Déjelas macerar 10 minutos.

Mezcle con cuidado las frutillas con la crema batida.

Tenga listas 8 crepas (puede congelar el resto fácilmente); esparza el relleno sobre cada crepa. Dóblelas a lo largo y sirva inmediatamente.

* Para la receta de jarabe, vea la página 484.

1 porción	494 calorías	54 g carbohidratos
11 g proteínas	26 g grasa	4,4 g fibra

Crepas rápidas de frambuesa

4 porciones

3 tazas	frambuesas lavadas
2 c/das	jarabe*
1 c/dita	fécula de maíz
2 c/das	agua fría
4	crepas**
4	bolas de yogurt helado de frambuesas
	unas gotas de jugo de limón

Muela las frambuesas en el procesador de alimentos.

Viértalas a una cacerola pequeña y agrégueles el jarabe y el jugo de limón; mezcle bien. Deje que empiece a hervir y deje cocinar de 8 a 10 minutos a fuego lento. Revuelva ocasionalmente.

Mezcle la fécula de maíz con el agua fría; incorpórela a la salsa y cocine 1 minuto.

Vacíe la salsa a un tazón y deje aparte hasta que enfríe.

Al momento de servir, extienda las crepas sobre platos. Espárzales un poco de salsa y póngales una bola de yogurt helado en el centro. Envuelva el helado con la crepa y adorne con la salsa restante.

Sirva inmediatamente.

* Para la receta de jarabe, vea la página 484.

** Para la receta de crepas vea la página anterior.

1 porción	353 calorías	59 g carbohidratos
9 g proteínas	9 g grasa	7,8 g fibra

Copa de fresas frescas

4 porciones

3 tazas	**fresas frescas lavadas y sin hojas**
1 c/da	**ralladura de limón**
⅓ taza	**agua**
⅓ taza	**azúcar**
⅓ taza	**licor de café**

Ponga las fresas en un tazón con la ralladura de limón; deje aparte.

Vierta el agua en una cacerola pequeña y agréguele el azúcar. Cocine a fuego alto hasta que la mezcla alcance los 110°C (*230°F*).

Rocíe las fresas con el jarabe, mezcle y agregue el licor de café; revuelva. Déjelas macerar 30 minutos antes de servirlas.

1 porción	*137 calorías*	*31 g carbohidratos*
1 g proteínas	*1 g grasa*	*2,6 g fibra*

Tarta de fresas con crema pastelera

6 porciones

2 tazas	fresas frescas lavadas y sin hojas
2 c/das	azúcar
1 taza	crema pastelera* o crema batida
1	pasta dulce** horneada en un molde con fondo desmontable de 23 cm (*9 pulg*)
	jugo de 1 naranja

Ponga las fresas en una cacerola con el azúcar y el jugo de naranja. Tape y cocine a fuego medio 2 minutos. Retire del fuego y deje aparte hasta que enfríe.

Esparza la crema pastelera o la crema batida en el fondo de la pasta horneada.

Acomode las fresas con la parte donde estaba el tallo hacia abajo. Báñelas con el jugo de la cacerola y refrigere 1 hora antes de servir.

* Para la receta de crema pastelera, vea la página 474.

** Para la receta de pasta dulce, vea la página 493.

1 porción	*357 calorías*	*53 g carbohidratos*
7 g proteínas	*13 g grasa*	*1,9 g fibra*

Tartaletas arcoiris

4 a 6 porciones

PREPARACIÓN DEL JARABE:

2 tazas	**azúcar**
1 taza	**agua fría**

Ponga el azúcar en una cacerola pequeña con el agua. Mezcle un poco y deje que hierva a fuego medio hasta que alcance los 100°C (*212°F*).

Retire el jarabe del fuego, deje que enfríe y guárdelo en un frasco de vidrio. Úselo para glasear postres con fruta.

PREPARACIÓN DE LAS TARTALETAS:

pasta dulce*
crema pastelera**
duraznos frescos rebanados (puede sustituir los frescos por enlatados y escurridos)
kiwi rebanado
fresas en mitades
huevo batido

Deje la pasta preparada a temperatura ambiente; utilice la mitad para esta receta. Refrigere la pasta sobrante.

Extienda la pasta con un rodillo enharinado sobre una superficie también enharinada y póngala en el número necesario de moldes para tartaletas. Corte el exceso de pasta pero déjela un poco más alta que las paredes de los moldes. Pellizque los bordes con las yemas de los dedos y refrigere 30 minutos.

Precaliente el horno a 200°C (*400°F*).

Pique el fondo y los lados de la pasta con un tenedor y barnice con huevo batido. Hornee previamente de 8 a 10 minutos o hasta que doren. Déjelas enfriar.

Coloque las tartaletas en un platón y póngales un poco de crema pastelera en el fondo. Acomode la fruta y glasee con el jarabe.

Se sirven bien frías.

* Para la receta de pasta dulce, vea la página 493.

** Para la receta de crema pastelera, vea la página 474.

1 porción	*423 calorías*	*64 g carbohidratos*
8 g proteínas	*15 g grasa*	*1,6 g fibra*

Tartaletas con duraznos y salsa de frambuesas   *4 porciones*

2	**duraznos maduros pelados y cortados en mitades**
2 c/das	**jarabe***
2 c/das	**vodka con sabor de durazno**
1 taza	**frambuesas lavadas**
	pasta dulce**
	salsa de chocolate***

Precaliente el horno a 200°C (*400°F*).

Con la pasta dulce forme 4 tartaletas y hornéelas de 8 a 10 minutos.

Coloque las tartaletas horneadas y frías en un platón y póngales la salsa de chocolate en el fondo. Deje aparte.

Ponga los duraznos en una cacerola con el jarabe y el vodka. Tape y deje hervir de 3 a 4 minutos. Voltéelos una vez durante la cocción.

Sáquelos con una cuchara perforada y colóquelos en un platón; déjelos enfriar.

Agregue las frambuesas al jarabe de la cacerola y cocínelas a fuego medio destapadas 2 minutos.

Muela la salsa en el procesador de alimentos; deje que enfríe.

Para armarlas, ponga una mitad de durazno (con la parte redondeada hacia arriba) sobre cada tartaleta. Rocíe con la salsa de frambuesas y sirva.

* Para la receta de jarabe, vea la página 484

** Para la receta de pasta dulce, vea la página 493.

*** Para la receta de salsa de chocolate, vea página 478.

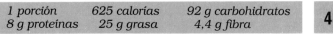

1 porción	625 calorías	92 g carbohidratos
8 g proteínas	25 g grasa	4,4 g fibra

Manzanas al horno con miel y nueces

4 porciones

4	manzanas grandes sin corazón
3 c/das	miel
½ taza	nueces picadas
2 c/das	mantequilla
½ taza	pasas doradas
1½ tazas	agua
1 c/dita	fécula de maíz
2 c/das	agua fría
	jugo de ½ limón
	jugo de ½ naranja
	canela al gusto

Precaliente el horno a 190°C (*375°F*).

Pele sólo la parte superior de las manzanas. Unte de miel la parte sin cáscara y cúbrala con las nueces. Ponga las manzanas en un molde para asar.

Rellene la cavidad de las manzanas con igual cantidad de mantequilla y pasas. Exprima los jugos de limón y de naranja sobre las manzanas y espárzales canela al gusto.

Vierta 1½ tazas de agua en el molde para asar y hornee 40 minutos. El tiempo de cocción depende de la clase de las manzanas.

Cuando estén cocidas, acomódelas en un platón. Ponga el molde para asar a fuego alto y deje que hiervan los jugos.

Mezcle la fécula de maíz con el agua fría; incorpórela a la salsa. Baje el fuego y cocine 1 minuto más.

Rocíe las manzanas con la salsa y refrigere. Sírvalas frías.

1 porción	321 calorías	40 g carbohidratos
2 g proteínas	17 g grasa	3,0 g fibra

1. Unte con miel la parte pelada de las manzanas y cúbralas con las nueces picadas.

2. Ponga las manzanas en un molde para asar y rellénelas con igual cantidad de mantequilla y pasas. Exprímales los jugos de limón y de naranja y espárzales canela al gusto.

3. Viértales 1½ tazas de agua y hornéelas 40 minutos.

4. Cuando estén cocidas, sáquelas y deje aparte. Coloque el molde para asar a fuego alto y deje que empiecen a hervir los jugos. Espese la salsa con la fécula de maíz diluida y cocine 1 minuto más a fuego lento.

Tarta de arándanos azules

6 a 8 porciones

4 tazas	arándanos azules frescos lavados
3 c/das	azúcar
3 c/das	azúcar mascabado
1 c/da	ralladura de naranja
1 c/da	ralladura de limón
2 c/das	fécula de maíz cernida
1 c/da	mantequilla
	pasta para tarta*
	huevo batido

Precaliente el horno a 200°C (*400°F*).

Extienda la mitad de la pasta y forre un molde para tarta de 23 cm (*9 pulg*).

En un tazón, ponga los arándanos, ambas clases de azúcar, las dos ralladuras y la fécula de maíz; revuélvalos y rellene la tarta. Póngale trocitos de mantequilla.

Extienda la otra mitad de la pasta. Humedezca con agua los bordes de la pasta de la tarta y tápela cuidadosamente. Pellizque los bordes y haga varios cortes en la tapa con un cuchillo pequeño.

Barnice la tapa con huevo batido y hornee de 40 a 45 minutos.

* Para la receta de pasta para tarta, vea la página siguiente.

1 porción	387 calorías	49 g carbohidratos
5 g proteínas	19 g grasa	6,8 g fibra

Tarta de manzana tradicional

6 a 8 porciones

PREPARACIÓN DE LA PASTA PARA TARTA:

2 tazas	harina de trigo cernida
²/₃ taza	manteca vegetal a temperatura ambiente
¼ taza	agua helada
1 c/da	agua helada
	una pizca de sal

Cierna la harina otra vez a un tazón junto con la sal. Agréguele la manteca vegetal e incorpórela con una espátula de metal o un mezclador hasta obtener grumos pequeños.

Agréguele las dos medidas de agua helada, amase y forme una bola. Envuélvala en papel encerado y refrigere 1 hora.

Antes de usarla, déjela reposar 1 hora a temperatura ambiente.

Separe la pasta en dos. Enharine la superficie y el rodillo; extienda la pasta y forre un molde para tarta de 23 cm (*9 pulg*). Deje aparte.

PREPARACIÓN DEL RELLENO:

7	manzanas para hornear sin cáscara, sin corazón y rebanadas
3 c/das	azúcar
3 c/das	azúcar mascabado
1 c/dita	canela
2 c/das	fécula de maíz cernida
1 c/da	ralladura de limón
1 c/da	jugo de limón
1 c/da	mantequilla
	huevo batido

Precaliente el horno a 200°C (*400°F*).

Ponga las manzanas en un tazón junto con las dos clases de azúcar, la canela, la fécula de maíz, la ralladura y el jugo de limón; mezcle y póngala en la pasta preparada. Póngales trocitos de mantequilla. Extienda la pasta restante. Humedezca con agua los bordes de la pasta de la tarta y tápela cuidadosamente. Pellizque los bordes y haga varios cortes en la tapa con un cuchillo pequeño. Barnice con huevo batido y hornee de 40 a 45 minutos. Sirva la tarta sola, con queso o con helado de vainilla.

1 porción	*415 calorías*	*56 g carbohidratos*
5 g proteínas	*19 g grasa*	*3,6 g fibra*

Tarta campesina de manzana

6 porciones

2 c/das	harina
1 c/dita	canela
½ taza	azúcar mascabado
6	manzanas grandes sin corazón, peladas y rebanadas
⅓ taza	harina
⅓ taza	mantequilla suavizada
⅓ taza	azúcar mascabado
	unas gotas de jugo de limón
	pasta para tarta*

Precaliente el horno a 200°C (*400°F*).

Tenga listo un molde para tarta de 23 cm (*9 pulg*) forrado con la pasta.

Mezcle en un tazón las 2 cucharadas de harina con la canela y ½ taza de azúcar mascabado. Agréguele las manzanas y el jugo de limón y revuelva hasta que se cubran bien.

Extienda las manzanas sobre la pasta. Mezcle los ingredientes restantes y espárzalos encima.

Hornee 15 minutos; baje la temperatura a 190°C (*375°F*) y hornee 35 minutos más.

* Para la receta de pasta para tarta, vea la página 489.

1 porción	*470 calorías*	*74 g carbohidratos*
3 g proteínas	*18 g grasa*	*4,1 g fibra*

Profiteroles con duraznos y crema chantilly

6 porciones

3 c/das	jarabe*
4 c/das	agua
2 c/das	ron blanco
3	duraznos maduros pelados y cortados en mitades
1½ tazas	crema espesa fría
1 c/dita	vainilla
¼ taza	azúcar pulverizado cernido
6	profiteroles**

Ponga el jarabe en una cacerola junto con el agua, el ron y los duraznos; déjelos hervir 3 minutos. Retire del fuego y deje que la fruta se enfríe en el jarabe.

Escurra bien los duraznos y rebánelos; deje aparte.

Vierta la crema en un tazón de acero inoxidable junto con la vainilla. Bátala a velocidad media hasta que forme picos suaves.

Agréguele la mitad del azúcar pulverizado, bata 45 segundos a velocidad alta. Incorpórele el resto del azúcar pulverizado en forma envolvente.

Rebane la parte superior de los profiteroles. Ponga la crema en una duya con punta de estrella y rellene las bases.

Acomode las rebanadas de durazno sobre la crema y tápelos. Sírvalos de inmediato o, si prefiere, refrigérelos varias horas hasta que los sirva.

* Para la receta de jarabe, vea la página 484.

** Para la receta de profiteroles (pasta para choux), vea la página 494.

1 porción	491 calorías	35 g carbohidratos
9 g proteínas	35 g grasa	1,4 g fibra

Tarta de dos frutas

6 porciones

3 tazas	**arándanos azules frescos lavados y sin tallos**
2	**duraznos pelados y rebanados**
1½ c/da	**ralladura de limón**
1½ c/da	**ralladura de naranja**
1 c/da	**fécula de maíz**
3 c/das	**azúcar**
1	**base de pasta dulce* para tarta horneada en un molde con fondo desmontable de 23 cm (9 pulg)**

Ponga todos los ingredientes del relleno en una cacerola. Tape y cocine a fuego medio de 5 a 6 minutos. Retire del fuego y deje enfriar.

Vacíe la mezcla sobre la base de pasta dulce y refrigere 30 minutos antes de servirla. Si le agrada, adorne con crema batida.

* Para la receta de pasta dulce, vea la página 493.

1 porción	298 calorías	48 g carbohidratos
4 g proteínas	10 g grasa	6,7 g fibra

Tarta con relleno de frutas

4 a 6 porciones

PREPARACIÓN DE LA PASTA DULCE:
(*para tartaletas, tartas y diferentes postres*)

1¾ tazas	harina de trigo cernida
125 g	(¼ *lb*) de mantequilla sin sal y suavizada
⅔ taza	azúcar
¼ c/dita	vainilla
1	huevo grande
2 c/das	agua fría
	una pizca de sal
	huevo batido

Ponga la harina sobre la superficie de trabajo y espárzale la sal. Forme una fuente en el centro de la harina y agréguele toda la mantequilla. Mezcle con las yemas de los dedos hasta que parezca avena.

Forme otra fuente en el centro y agréguele el azúcar, la vainilla, el huevo y el agua. Mezcle hasta obtener una pasta y haga una bola.

Amase la pasta sólo 2 ó 3 veces para incorporarla bien. Envuélvala en un paño limpio y déjela reposar 1 hora en la parte inferior del refrigerador.

Sáquela del refrigerador 1 hora antes de usarla.

Para esta tarta, use la mitad de la pasta. Guarde el resto de la pasta en el refrigerador por varios días.

Enharine un rodillo y extienda la pasta sobre una superficie también enharinada hasta que quede de 0,30 cm (⅛ *pulg*) de grueso. Enrolle la pasta sobre el rodillo y desenróllela con cuidado sobre una base mediana para tarta o uno de resorte. Acomódela con cuidado y quítele el sobrante, dejando los lados más altos que la orilla del molde. Pellizque los bordes con las yemas de los dedos y refrigere 30 minutos.

Precaliente el horno a 200°C (*400°F*).

Pique el fondo y los lados de la pasta con un tenedor. Corte un círculo de papel encerado del tamaño del fondo del molde y póngalo sobre la pasta.

(*continúa en la página 494*)

Cubra la base con pesas para hornear o frijoles secos. Póngala en el horno hasta que dore.

Sáquela del horno y quítele las pesas y el papel encerado; barnícela con huevo batido. Regrésela al horno y hornee aproximadamente 10 minutos.

Enfríela antes de rellenarla.

PREPARACIÓN DEL RELLENO:

½ taza	**jalea o mermelada de albaricoque**
2 c/das	**jarabe***
	crema pastelera**
	duraznos frescos rebanados (o enlatados y escurridos)
	kiwi rebanado
	fresas cortadas en mitades

Ponga la jalea de albaricoque en una cacerola pequeña con el jarabe; cocine a fuego medio 2 minutos. Cuélela y déjela aparte hasta que entibie.

Esparza la crema pastelera en el fondo de la pasta que horneó. Acomode las frutas con cuidado, empezando de fuera hacia adentro.

Barnice la fruta con el glaseado de albaricoque y refrigere 1 hora antes de servir.

* Para la receta de jarabe, vea la página 484.

** Para la receta de crema pastelera, vea la página 474.

1 porción	474 calorías	80 g carbohidratos
7 g proteínas	14 g grasa	1,8 g fibra

'Éclairs' de Chocolate

4 a 6 porciones

PREPARACIÓN DE LA PASTA PARA CHOUX:

1 taza	**agua**
4 c/das	**mantequilla sin sal cortada en trozos**
¼ c/dita	**sal**
1 taza	**harina de trigo**
4	**huevos grandes**
	huevo batido

Precaliente el horno a 190°C (*375°F*).

Unte con mantequilla dos hojas para hornear galletas y enharínelas ligeramente; déjelas aparte.

Ponga el agua en una cacerola de fondo grueso junto con la mantequilla y la sal. Deje que empiece a hervir y cocine 2 minutos hasta que la mantequilla se derrita por completo. Retire la cacerola del fuego.

Agréguele toda la harina y revuelva rápidamente con una cuchara de madera.

Regrese la cacerola a la estufa a fuego lento. Deje que seque la pasta 3 ó 4 minutos revolviendo constantemente con una cuchara de madera. La pasta no debe pegarse a sus dedos cuando la pellizque.

Cambie la pasta a un tazón y deje que enfríe de 4 a 5 minutos. Agregue los 4 huevos, revolviendo bien entre uno y otro. La pasta debe recuperar la consistencia original antes de agregarle el siguiente huevo.

Ponga la pasta dentro de una duya con punta regular. Forme los panecitos con la forma que le agrade, directamente sobre las hojas para hornear ya preparadas, dejando suficiente espacio para que crezcan.

Barnícelas con huevo batido y suavice los picos que hayan quedado con un tenedor; déjelos reposar 20 minutos.

Ponga las hojas en el centro del horno; hornee 35 minutos. Apague el horno, deje la puerta entreabierta y deje que sequen 1 hora.

PARA ARMAR LOS 'ÉCLAIRS'

125 g	(*4 oz*) **de chocolate sin azúcar**
4 c/das	**agua**
¹/₃ taza	**azúcar**
	crema batida

Ponga el chocolate en un tazón de acero inoxidable. Póngalo al baño María sobre una cacerola con agua caliente; derrítalo a fuego lento.

Cambie el chocolate a una cacerola pequeña y agréguele el agua y el azúcar; deje que empiece a hervir.

Retire la cacerola del fuego y deje enfriar; bata la mezcla para que espese.

Corte los 'éclairs' por la mitad a lo largo con mucho cuidado y rellénelos con crema batida. Puede usar otras cremas como la crema de chocolate para relleno (ver página 468).

Moje la parte superior de cada 'éclair' con chocolate y tápelos; refrigere hasta que estén firmes.

Pan de chocolate

6 a 8 porciones

125 g	(*4 oz*) de chocolate semi-dulce
½ taza	azúcar
125 g	(*¼ lb*) de mantequilla suavizada
3	huevos grandes
½ taza	harina para pastel cernida
¼ taza	nueces picadas (opcional)
2 c/das	almendras blanqueadas y rebanadas
2	claras de huevo batidas a punto de turrón

Precaliente el horno a 180°C (*350°F*).

Unte ligeramente con mantequilla y enharine un molde para pan de 13 x 23 cm (*5 x 9 pulg*) de aproximadamente 6 cm (*2½ pulg*) de hondo; déjelo aparte.

Ponga el chocolate en un tazón de acero inoxidable y derrítalo en el horno.

Sáquelo del horno; agréguele el azúcar y la mantequilla. Mezcle bien con un batidor.

Incorpórele los huevos uno a uno y bata bien entre cada adición.

Cierna la harina sobre la pasta e incorpórela con una cuchara de madera.

Mézclele las nueces e incorpórele las claras de huevo en forma envolvente. Vacíe la pasta al molde preparado y golpee ligeramente el fondo sobre la superficie de trabajo para que se acomode la pasta.

Hornee 40 minutos o hasta que esté cocido.

Sáquelo del horno, deje que enfríe dentro del molde y voltéelo sobre una rejilla de metal para que enfríe por completo.

Rebánelo y sírvalo con leche.

1 porción	*362 calorías*	*25 g carbohidratos*
7 g proteínas	*26 g grasa*	*0,9 g fibra*

Cuadros de chocolate y nuez

6 a 8 porciones

125 g	**(*4 oz*) de chocolate semi-dulce**
¹/₃ taza	**azúcar**
2 c/das	**licor de café**
¾ taza	**mantequilla derretida**
4	**yemas grandes de huevo**
½ taza	**harina cernida**
½ taza	**nueces picadas**
4	**claras grandes de huevo batidas a punto de turrón**

Precaliente el horno a 180°C (*350°F*).

Unte con mantequilla y un molde cuadrado para pastel de 20 cm (*8 pulg*) y enharínelo; déjelo aparte.

Ponga el chocolate, el azúcar y el licor de café en un tazón de acero inoxidable. Póngalo al baño María sobre una cacerola llena hasta la mitad con agua caliente. Derrítalo a fuego lento.

Sáquelo del fuego y bátale la mantequilla derretida.

Agréguele las yemas de huevo de una en una batiendo muy bien después de cada adición con una batidora eléctrica.

Cierna la harina sobre la pasta e incorpórela con una cuchara de madera. Mézclele las nueces.

Incorpore las claras en forma envolvente hasta que desaparezcan las claras.

Vacíe la pasta en el molde que preparó y hornee de 30 a 35 minutos o hasta que esté cocido.

Déjelo enfriar un poco en el molde antes de ponerlo sobre una rejilla de metal. Cuando esté completamente frío, córtelo en cuadros y sirva.

1 porción	*422 calorías*	*22 g carbohidratos*
7 g proteínas	*34 g grasa*	*1.1 g fibra*

Pastel genovés básico

6 a 8 porciones

¾ taza	**azúcar**
5	**huevos grandes**
1¼ tazas	**harina cernida**
¼ taza	**mantequilla clarificada tibia**
	licor de café
	crema pastelera*
	hojuelas de chocolate

Precaliente el horno a 180°C (*350°F*).

Unte ligeramente con mantequilla un molde redondo para pastel de 22 cm (*8½ pulg*) y enharínelo.

Ponga el azúcar en un tazón de acero inoxidable sobre una cacerola llena hasta la mitad con agua caliente. Agréguele los huevos. Con el agua hirviendo a fuego lento, bátalos de 4 a 5 minutos. Si lo desea, puede utilizar una batidora eléctrica.

La mezcla se pone espesa y aumenta su volumen. Cuando esté a punto de listón, ponga el tazón sobre la superficie de trabajo. Cierna nuevamente la harina mientras la agrega al tazón. Con una espátula incorpórela en forma envolvente hasta que desaparezca por completo. Ciérnale el resto de la harina y continúe mezclando con la espátula. Agréguele la mantequilla poco a poco mientras mezcla hasta que desaparezca completamente.

Vacíe la pasta en el molde para pastel y colóquelo en el centro del horno de 35 a 40 minutos o hasta que esté cocido.

Déjelo reposar 5 minutos; sáquelo del molde y deje que enfríe sobre una rejilla de metal.

Cuando esté frío, córtelo horizontalmente en 2. Rocíe licor de café en la parte inferior y cubra con la crema pastelera. Tápelo con la parte superior, rocíele más licor de café y cúbralo con la crema restante. Espárzale el chocolate rallado y refrigere 2 horas.

* Para la receta de crema pastelera, vea la página 474.

1 porción	*428 calorías*	*57 g carbohidratos*
10 g proteínas	*16 g grasa*	*1,0 g fibra*

1. Ponga el azúcar en un tazón de acero inoxidable sobre una cacerola llena hasta la mitad con agua caliente. Agréguele los huevos; bátalos de 4 a 5 minutos.

2. La mezcla de azúcar y yemas espesa y aumenta bastante su volumen. Cuando levante la espátula y la mezcla forme listones, sáquela del fuego y ponga sobre la superficie de trabajo.

3. Cierna nuevamente la harina mientras la agrega al tazón. Con una espátula incorpórela en forma envolvente hasta que desaparezca por completo. Ciérnale el resto de la harina y continúe mezclando con la espátula.

4. Agréguele la mantequilla poco a poco revolviendo hasta que desaparezca completamente.

Cuadros de vainilla

6 a 8 porciones

4	**huevos grandes**
¾ taza	**azúcar**
½ c/dita	**vainilla**
¾ taza	**harina cernida**
¼ taza	**mantequilla clarificada tibia**

Precaliente el horno a 180°C (*350°F*).

Unte con mantequilla un molde cuadrado para pastel y enharínelo; deje aparte.

Bata los huevos, el azúcar y la vainilla con una batidora eléctrica de 4 a 5 minutos o hasta que forme espuma.

Cierna la harina sobre la mezcla e incorpórela con una espátula.

Mézclele la mantequilla con la espátula. Vacíe la mezcla al molde que preparó y hornee 30 minutos o hasta que el pastel esté cocido.

Deje que enfríe un poco antes de sacarlo del molde a una rejilla de metal. Cuando se enfríe por completo, córtelo en cuadros y sirva.

1 porción	*200 calorías*	*28 g carbohidratos*
4 g proteínas	*8 g grasa*	*0,4 g fibra*

Pastel de vodka y almendras

6 porciones

¾ taza	azúcar
5	huevos grandes separados
¼ c/dita	vainilla
3 c/das	vodka con sabor a durazno
1¾ tazas	almendras en polvo
1 taza	harina cernida
¼ taza	mantequilla clarificada derretida

Precaliente en horno a 180°C (*350°F*).

Unte con mantequilla un molde redondo para pastel y enharínelo; deje aparte.

Ponga el azúcar en un tazón grande junto con las yemas de huevo, la vainilla y el vodka; bata con una batidora eléctrica hasta que esté espumoso.

Bata las claras a punto de turrón; déjelas aparte.

Cierna la mitad de las almendras molidas y la mitad de la harina; agregue la mitad de las claras batidas a la mezcla de azúcar con yemas. Incorpórelas en forma envolvente con una espátula.

Agregue las almendras, la harina y las claras restantes siguiendo el mismo procedimiento. Incorpore la mantequilla en un chorro delgado mientras revuelve con cuidado hasta que se mezcle bien.

Vacíe la pasta en el molde para pastel y hornee de 30 a 35 minutos o hasta que el pastel esté cocido.

Déjelo enfriar un poco sobre la superficie de trabajo antes de sacarlo del molde; póngalo a enfriar en una rejilla de metal.

Este pastel se puede servir solo o ligeramente glaseado.

1 porción	*543 calorías*	*51 g carbohidratos*
15 g proteínas	*31 g grasa*	*1.7 g fibra*

Delicioso pastel de dos quesos

10 a 12 porciones

2	paquetes de queso crema de 250 g (*8 oz*) a temperatura ambiente
2 tazas	requesón o queso cottage, a temperatura ambiente
½ taza	azúcar
3	huevos grandes
3	yemas de huevo
2 c/das	vodka sabor durazno
1 taza	crema batida
3 tazas	frambuesas lavadas
2 c/das	jarabe*
1 c/dita	fécula de maíz
2 c/das	agua fría
1	base de galletas graham**
	ralladura de 1 limón y de 1 naranja
	una pizca de nuez moscada
	unas gotas de jugo de limón

Precaliente el horno a 160°C (*325°F*).

Ponga el queso crema en el tazón de la batidora; acrémelo hasta que suavice. Agréguele el requesón y revuelva hasta incorporarlo. Mézclele las ralladuras de limón y de naranja. Agregue el azúcar y la nuez moscada; revuelva para incorporarlos y limpie lo lados del tazón con la espátula si es necesario.

Agréguele los huevos enteros, mezcle bien y raspe las paredes si lo requiere. Bata hasta que quede una pasta suave. Mézclele las yemas y el vodka. Póngale la crema batida y bata otra vez. Vacíe la pasta sobre la base de galletas y aplane la superficie con la espátula. Métalo al centro del horno 1½ horas. Sáquelo y deje que se enfríe. Refrigérelo de 6 a 8 horas en el molde antes de servirlo.

Prepare la cobertura de fruta. Muela las frambuesas en el procesador de alimentos; cámbielas a una cacerola pequeña. Agrégueles el jarabe y el jugo de limón, mezcle bien y deje que empiecen a hervir. Cuézalas a fuego lento por 8 ó 10 minutos, revolviendo ocasionalmente. Mezcle la fécula de maíz con agua fría; incorpórela a la mezcla y cocine 1 minuto. Vacíela a un tazón y deje que se enfríe. Refrigérela antes de esparcirla sobre el pastel. Si le agrada, adórnelo con crema batida usando una duya.

* Para la receta de jarabe, vea la página 484.

** Prepare la base de galletas graham siguiendo las indicaciones del paquete. Utilice un molde redondo para pastel de 23 cm (*9 pulg*). Hornee como se indica.

1 porción	440 calorías	27 g carbohidratos
11 g proteínas	32 g grasa	2.5 g fibra

1. Acreme ambos quesos con las ralladuras de limón y naranja en el tazón de la batidora eléctrica.

2. Agregue el azúcar y la nuez moscada; mezcle e incorpore con la espátula lo que se adhiera a los lados del tazón.

3. Agréguele los huevos enteros, mezcle muy bien y raspe los lados del tazón si lo necesita. Bata hasta que se suavice.

4. Mézclele las yemas de huevo y el vodka.

Pastel de Fresas

10 a 12 porciones

3 tazas	**fresas frescas lavadas**
2 c/das	**azúcar**
2 c/das	**jugo de naranja**
2	**pasteles Genovés***
	licor Grand Marnier
	crema batida

Macere las fresas 30 minutos en azúcar y jugo de naranja.

Para armar el postre, parta los pasteles en 2 capas cada uno, para un total de 4 capas.

Coloque la primera capa sobre un platón para pastel y remójelo en el licor. Espárzale crema batida y póngale una capa de fresas.

Repita el procedimiento para el resto de las capas y finalice con una capa de fresas bien acomodadas para una bonita presentación.

Si le agrada, elija otra fruta para adornar el pastel y ponga la crema batida sobrante a los lados con una duya, como se ve en la ilustración.

* Para la receta de pastel genovés, vea la página 498. Para esta receta utilice moldes redondos con resorte de 26 cm (*10 pulg*). ¡Recuerde preparar dos!

1 porción	*475 calorías*	*54 g carbohidratos*
9 g proteínas	*23 g grasa*	*1,8 g fibra*

ÍNDICE

ÍNDICE DE RECETAS